WHAT YOU SHOULD KNOW ABOUT LIFE AMONG AMERICANS

在美生活須知

What You Should Know About Life Among AMERICANS

◎王定和 著

自序

1979 年 5 月 6 日,我移民美國,當時四十二歲,已是不惑之年;以政大教育系畢業的學歷,按美國標準已被淘汰四次;帶來的一千五百元美金是向現在住在紐約市的陳鐵輝先生借的。

在美國這樣高度專精的工商業社會裡,我移民美國所具備的條件是多麼的可憐!因此,內心的惶恐、茫然、困惑和挫折感天天伴隨著我,精神壓力使我整整水瀉三年!

在這樣的困境下,我在《世界日報》登廣告「不論什麼問題都免費回答」,每天電話不斷,我把各種問題歸類,如「向政府借生意貸款有什麼條件?」我去問會計師,「移民、離婚」等法律問題,我去問律師,得到的答案寫下來並登在《世界日報》和《遠東時報》上。

除此之外,參加美國人舉辦的講習會,如 AMWAY 銷售法;到海關拿「入關須知」;向警察局要「個人與家庭安全指南」;向法院索取「小額訴訟法庭管什麼事」等資料並譯成中文,按來美國先後次序編成一本《在美生活須知》。

當我開始做人壽保險這一行時,對投保人提出的問題如「我怎麼知道你賣給我的保險是最好的?」我回到公司問美國顧問,不但找到權威性報告,還譯成中文。

我發現太多的人不會看美國的權威報告和報導,反而是「我聽親戚說……,我聽朋友說……」比權威報告和報導更「權威」!

太多的人也不了解美國各行各業分工分的很細,拿「職業介紹所」來說吧,各種不同的職業,有各種不同的職業介紹所,要從事那種行業得找對介紹所。

　　為了使大家了解美國各行各業的專精和權威性的報告，我又根據各種資料中英文對照編譯成一本《在美求職，賺錢，投資和養老須知》

　　跟美國人接觸、相交，閒談久了，發現中美兩國人基本上的大差異在於中國是個人「拳（權）力統治」，「我」最大！也是「拳（權）力教育」，「我」最棒！人人的「我」最大、最棒，還有什麼合作機會可言呢？因此，人與人之間不但冷漠，也成為一盤散沙！

　　美國人是「法制統治」和「權利教育」，大家的「我」最大，多數人同意或贊成就是「YES！」，否則就是「NO！」，大家都有權利（Rights）表達自己的意見，因此，人與人之間不但可以合作，也互相尊重。

　　為此，我又在《世界週刊》裡寫中國人與美國人的差異、好壞，專欄名為〈王公子開講〉，並集結成一冊出書。

　　美國是一個隨時不行就「改」的社會，1986 年稅法大修改，把1986 年以前在稅法上給大家的好處幾乎全部刪除！從1988年開始的新稅法只留下「生老病死」的好處。於是我又編成一本《生老病死基礎稅法》。

　　1988 年 4 月，我們全家從舊金山搬到洛杉磯北邊一小時車程的蘭卡斯特市（Lancaster），在這一新興區內研究地產投資，得到的答案是：「投資土地不是最快、最好和最安全的方法，但卻是唯一可以致富之道。」（1995 年差一點在土地投資上破產，於是全力研究一個人的財務究竟怎樣才安全，這時才發現房地產是高風險投資。）

　　致富一定要「懂」，懂就是了解「土地大幅增值所具備的條件，適當時機做成 Tentative 或 Tract Map 出售等等」。有憑有據的編成一本《美國地產投資須知》

　　我說這些，只是要問大家一句「你移民美國時的條件比王定和差嗎？！」，再來就是告訴大家「28 年來，王定和不停的學！學！

學！不但學，還要真的懂，懂了再寫出來，今天的王定和已經沒有恐慌、茫然、困惑和挫折感了，他對自己充滿了自信。」

任何人在美國生活得愉快和不愉快，絕不在於他是碩士或博士，也不在於他帶來的錢多和錢少，在於他真的「學」了多少和「懂」了多少，以及他對美國人和美國事了解多少？！

英諺說：「One ounce prevention better than a pound cure.（一兩預防勝於一磅治療）。」

美國的政治、經濟、教育、思想、生活方式等等，完全與中國相反，一個要在美國生活的人，連「一兩預防」都不肯學，不想學，不願意學，甚至連眼睛都不睜開看看美國是怎麼一回事的人，他能不恐慌、茫然、困惑、挫折和沮喪嗎？！

很多碩士和博士不知道美國人會玩「Peter's Principle」的遊戲，一旦進入中年，在高薪的情形下被美國人玩這種遊戲趕出公司，突然之間會有「天下之大竟無我工作之處」的沮喪。

如果知道美國人會玩這種遊戲就應學「一兩預防」，一旦美國人玩 Peter's Principle 遊戲的時候才不會被困住！

太多的人不了解真實的美國社會中不可以動粗的，一旦動粗後果嚴重。

揍不聽話的子女，對中國人來說是理所當然，對美國人來說，這是「Child Abuse 凌虐兒童」不夠資格為人父母，子女會被警察帶走交給社會監護人員。

一旦子女被警察帶走，做父母的能不恐慌、困惑、茫然和挫折嗎？！如果知道美國人用「Ground 禁閉」罰子女在他自己房間內不准出來，等事過再講理，你子女不可能被警察帶走！

朋友，學學「一兩預防」吧！這本《在美生活須知》是根據這28 年來的經歷所改編的，祝福您在美國生活得愉快。

希望、切盼你也能這樣

──難民「見習生」吃苦耐勞任結寧終成甜甜圈大王

　　擁有「甜甜圈大王」（Doughnuts King）美譽的任結寧，1979年11月以難民身分由高棉抵美，他從一句英語都不會說的甜甜圈製作見習生，到今天一看甜甜圈外型就知好吃與否的行家，套句他的話正是「吃苦耐勞與不斷學習」的結果。

　　現年四十歲的任結寧，在橙縣聖塔安那市經營甜甜圈材料、設備的經銷公司，去年年營業額就達八百萬元。在加州從事甜甜圈的材料、設備的供應商不少，但任結寧在眾多競爭者中，仍能脫穎而出，拿到生意，據了解，與不少從事這類行業的棉裔商家，當初起家即靠他協助及傳授經驗有關。

　　「事實上，我有今天要感謝當年提拔我的倪文德。」任結寧以崇敬的語氣談到他的「恩師」倪文德。他說，加州的甜甜圈店之所以會由棉華裔為主的棉裔人士所擁有，主要就是倪文德以及一些有心的棉華人士在推動。「當年在我開甜甜圈店時，由於我的信用記錄有限，倪文德因此幫我在貸款及店面租約上一起簽字。等我有了自立能力，也對其他投入這行的人士提供相同幫助。」倪文德認為，就是在這種大家團結、互相幫助的情形下，加州的甜甜圈店才逐漸由棉裔人士掌握。通常開一個店的資金約九萬元，已起步的鄉親往往會協助新進場的人籌措資金。

　　任結寧回憶，當他剛到美國時，在倪文德的招募下於甜甜圈店工作。「我大清早上班，下班後就去學英文，不過為了應付工作，最先學的英文是各種甜甜圈的英文名字。」他指出，為了在短時間能夠強記所有的名詞，只好在英文旁寫下中文或棉文的發音，有時與客人應對時則要透過比手劃腳。「克服語言上的障礙，恐怕是我在美國做生意時面臨的最大困難。」

　　何以棉裔人士能夠在十年多裡即成為甜甜圈店的「多數族裔」？任結寧說，基本上，開甜甜圈店很辛苦，棉裔人士由於來自因戰亂而顛沛流離的高棉，所以都很能吃苦，「我們一個人可以當二個人用。」此外，棉裔人士所做的甜甜圈均經過大家特別研究過，「我記得幾個最先投入甜甜圈生意的鄉親，常常打電話互相研究，久而久之，就成了專家。」他認為，棉裔人士經營的甜甜圈店，做出來的甜甜圈就是與其他店家所做的不一樣，「看起來，非常賞心悅目，讓人看了就想吃。」

　　任結寧說，任何生意都是有風險，甜甜圈也不例外。「甜甜圈基本上是個看天生意，天氣好，上門光顧的人就會較多；而天氣涼的時候又會比天氣熱的時候好。」他透露，咖啡是甜甜圈店的另一個重要賣點。目前在加州經營甜甜圈店的棉裔商家，大抵都是家庭式經營。對於他們來說，當大家還在被窩裡睡得香甜之際，卻正是他們開始忙碌之際。

　　一個新手如果想要投入甜甜圈店生意，首先要學會如何炸烤甜甜圈，任結寧指出，通常曾烹烤過糕餅的人應該可在一個月內學會，然而這只是入門，要學會如何做生意可是學不完。任結寧自擔任製作甜甜圈的見習生開始後的第五年，才有了屬於自己的第一家甜甜圈店。他最多曾開到二十多家店，但已陸續賣掉，目前留有八家。由於有買賣店面的經驗，因此他也成為其他同行的諮詢對象。

　　任結寧在 1986 年才投入批發甜甜圈材料、設備的經銷生意，雖然他的經銷店生意已上軌道，但他目前每天仍工作至少十二個小時。他的經銷公司有八輛卡車，往返於南北加州送貨，至於辦公室內的作業都是電腦化。他的公司並提供將一個店面從無到有的設備安裝服務。

　　目前為美東柬華協會監事長、橙縣華人聯誼會副會長的任結寧指出，加州的甜甜圈店市場已處於飽和狀態，因此是向外州或是向國外發展的時機。他透露，已有擴張計畫的打算。

1995 年 3 月 3 日／《世界日報》地方綜合版
記者／王善言

在美生活你必須先弄清楚一些觀念

美國不是人間天堂，要是打算在美國長期居留，心理上就要有一切從頭做起的準備。因為美國是一個資本主義社會，以工商立國，資本主義社會最大的特色是「競爭」。因此，人人都自他所從事的那個行業的基本學起，日後憑他的知識、經驗和勤勞而成為這一行的專家。

一個以工商立國的社會，他們的人沒有士大夫思想（做經理有面子，做清潔工沒有面子的觀念）。美國工作只有錢多、錢少和福利好壞之分，沒有貴賤之分。不相信，你去市政府申請當清除垃圾的隊員看看，恐怕很難輪到你！因此，美國人不管你來自那裡，過去地位如何顯赫，若要做他們的工作就得從頭接受他們的訓練。凡是無法將士大夫觀念拋諸腦後，放下身段而從頭學起的人，必然會處處碰壁！朋友，如果打算在美國謀生，就要面對現實、腳踏實地。

美國是法治社會。美國人的觀念是：法、理、情。他們用「法」來約束人的行為。因此，不論做什麼事都是系統化，按次序來。先合法，再合理，情字最不重要！因此，不論你與對方是什麼關係，一旦涉及金錢來往、承諾、合作等，都要在白紙上寫黑字，雙方當著法官或律師的面簽字，付了錢就要拿收據，一旦發生爭執，有憑有據，誰對誰錯，誰是誰非很容易判定。如果你不做這些手續，一旦發生爭執，你向法官說：「他當初答應如何如何……」恐怕很難打贏官司。

在東方社會中，普遍存有一種出了事再說的觀念。到時候向人求情或用人情，或請有力人士出面擺平。在美國，凡事要先預防，一旦出事再找人幫忙那就太晚了！因為美國人只講「法」，不講「情」。因此，誰站在「法」上，誰就有理。因為是法治社會，所

以美國人只認定他所看到的事實。如果你先把「情」字放在前面，鐵定是你吃虧！朋友，如果你不願吃虧、上當，你就得把「法」字先放在前面，千萬不要再有「不好意思」的想法。

美國是工商和法治社會，所以美國有一套管人的辦法。人一生下來，隨便取什麼名字，但是社會安全卡，俗稱「工卡」號碼只有一個。換句話說，人活在美國，只是一個號碼。做工要填這個號碼，報稅要這個號碼，向銀行貸款要這個號碼，買車、買房地產也要這個號碼，銀行開戶、買股票和公債都要這個號碼，就算人死了，也就憑這個號碼狠狠抽一次遺產稅！

為省小錢而吃大虧的人，就是不了解美國這套管人的辦法。舉例：你財產總值一百萬，在你買財產的時候，是不是要經過 ESCROW 和 TITTLE 保險公司？因此，有關你財產的這些資料，就直接送到 CREDIT BUREAU INCOOPERATED 存檔。

你為省錢，只投保汽車意外責任險五萬。一旦你把別人撞傷，對方的律師先到 CREDIT BUREAU 去查你有多少財產，若財產多而保險少，對方律師會把你所有財產都告進去！

除此之外，差不多行行都有一套防止作偽詐欺的方法。所以天天都想走「夜路」和「後門」的人，美國人恐怕沒有「夜路」和「後門」可走！朋友，要是美國沒有一套管人的辦法，這麼大的地方會治理得這麼好嗎？！

中國人不喜歡打官司，這是文化背景造成的。因此，中國人吃了虧，往往以一種阿Q精神「財去人安」來自我安慰，或是自認倒楣！一旦你犯到美國人，他絕不會自認倒楣！不但告你，跟你有關的人全告進去，為的是總會有一個人賠償他的損失！朋友，這是美國，只要你吃了虧，受了損害，你就要以其人之道還治其人之身！

總而言之，美國人的一切制度是為了美國人而設的，你不能用你的看法和想法來衡量這個社會，更不能以你的習慣來適應這個社會。中國人有句俗語：「入境隨俗」，朋友，不能隨「俗」，受苦

的必然是你！我說的這個「俗」是指用美國人的方法來處理美國人的事。

處理美國的事有兩種方式，一種是公事，一種是個人事：

公事：有一定的表格和一定的步驟，只要照著規定把表格填好，按步驟一步一步做完，接下來就是等，急也沒有用！各行各業都是如此。因此，起頭時麻煩一次，以後就沒有麻煩，一開始便怕麻煩，以後麻煩更大！

個人事：自己的事要由自己提供資料，不能期望辦的人為你提供資料。比如辦居留，你要提出一切合乎辦居留規定條件的資料，不是律師為你準備這些資料。只拿一本護照就要辦居留，或是一廂情願的想法：「我在美國買了房地產，他們會讓我移民。」因此花了很多冤枉錢去辦一個沒有「希望」的希望，那些沒有道德的律師不坑你，坑誰？

再比如報稅，要由你提供一切抵稅的資料給會計師或專門代人報稅的人，你提供的資料不完整，報稅有差錯，你自己負責。

因此，個人的事要由個人自己去主宰，期望別人為你辦是沒有用的！在美國，千萬不要有「拿了我的錢，就要替我辦。」的想法，有這種觀念和想法，往往吃虧的是你，變成「錢」照拿，「事」不能辦！

這本書是作者花了時間、心血和金錢去詢問、翻譯、記錄、收集資料而編成的，最終的目的是希望藉著這本書願你不被人坑；願存心坑人的人知所警惕，更願所有中國人集合一股力量，放棄單打獨鬥的「自我」心理意識，進而大家在美生活得愉快和諧。

▲目次▶

現在你工作、汽車、房子都有了 你應該切實了解各種「保險」對你的重要性 197

你要為自己 65 歲退休前存夠錢，否則，人又老又窮，那才痛苦 235

在美 生活須知

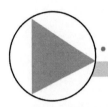

前言

▲ 中國是個什麼樣的國家？

先看自己的缺點，再看美國人跟我們有什麼不同？學學美國人，「身在羅馬，必照羅馬人做的去做。」而不是「身在羅馬，必照中國人做的去做。」！要知己才容易知彼啊！

1776 年 7 月 4 日，上帝把 George Washington 賜給美國人，他奠定了美國民主基礎；上帝再把第三任總統 Thomas Jefferson 賜給美國人，他奠定了美國法制基礎。民主與法制讓美國二百年之內成為世界超強。

三千年前，上天把地痞、流氓、無賴、惡棍和邪惡的人丟到中國做中國人的皇帝，成為中國人精神與肉體的大災難。

中國是一個人治和專制的國家，這是個不把人當人看待的國家，在這個國家裡只培養「大」，也只講「大」，「大」人有權力（power），權力是不可以質疑，不能反駁，不准辯解，不允許反抗，必須沒有理由地絕對服從。中國人最有權力者是皇帝，其權力的最高境界是「君命臣死，臣不敢不死。」民間最有權力的人是父親，其權力最高境界是「父叫子亡，子不敢不亡。」最能代表「大」和「權力」的人就是皇帝和皇帝養的「官」，「官」從宰相到捕快（員警）都是皇帝的奴才。奴才有一句話：「官大一級壓死人」，這些皇帝的奴才就是掌管老百姓的「父母官」。

老百姓要聽「官」的話，因此中國人是 99%的「民」要聽 1%「官」的話，那 1%的「官」要聽最後一個最有權力的人批准或說「好」才算數。

全縣的老百姓都說：「No」，縣長說：「Yes」就「Yes」了，府台大人說：「No」，那就從縣長的「Yes」變成府台大人的「No」，省長說「Yes」那就從府台大人的「No」變成省長大人說的：「Yes」，宰相說：「No」，那就從省長大人說的「Yes」，變成宰相大人說的「No」，最後皇帝說：「Yes」定案。最「大」，最「有權」的那個人說了才算數，這就是人治和專制的特色──多數服從少數。

在中國只有「官」大的人才是「人」，才受人尊敬，也才有「自尊」，「小」的人什麼都沒有，因此人人都想做「大官」，問題是誰給你「大官」做？答案是最有權力的皇帝或專制者。你要做「官」，你就得沒有品格，沒有自尊的想盡辦法依附那最有「權力」的人，一旦專制者給你恩寵，你就「大」了！要是得不到什麼恩寵呢？那就想歪點子得老大「恩寵」。

某官員星期日坐車到蔣經國總統家，門口警衛也不能不讓他進去，但蔣經國總統沒有請他去，他又不能直接去見總統，於是他就去警衛室找警衛人員或去廚房找廚師和女傭打屁，混上一個小時再坐車離開總統家。第二天跟別的「官」說：「經國總統昨天召見我……」，在總統「家」召見不是恩寵是什麼？因此他就「大」了！中國在人治和專制的統治下，人人不能有是非、黑白、對錯觀念，必須混淆不清，也不能有「品」有「格」，更不能有「自尊」，否則結局悲慘。

胡秋原先生寫的《歷代中國英雄傳》，七百二十多位忠君愛國抵禦外侮的英雄，沒有幾位英雄的結局是好的。

岳飛，精忠報國，抵抗金人入侵。如果將軍缺乏是非、黑白、對錯的概念，他要怎麼賞罰弟兄？若是品格卑劣，怎麼做軍中弟兄的表率？他的結局是被昏君斬首，罪名是「批評皇帝出巡車隊最後一具棺材車。」

袁崇煥，明朝抗清大將。將軍能沒有是非、黑白、對錯的概念嗎？能沒有品沒有格嗎？結局更慘，被愚蠢的皇帝下令剮他 308 刀，凌遲而死。這是古代，我們沒有看見，近代呢？

葉公超外交部長、孫立人將軍被蔣介石獨夫幽困到死。王建煊財政部長被混帳李登輝總統趕出內閣。這樣有才幹的人們，他們會沒有是非、黑白、對錯的觀念嗎？「有」的結果你我都看到了！

結論：

因為中國是人治與專制，造成中國是一個強凌弱，眾暴寡，大欺小，上騙下，下矇上，沒有原則，不懂立場，是非、黑白、對錯混淆不清，不自重也不尊重人。人人追求「大」和「權力」的社會。「權力」大的人竟然沒有「義務」。

老百姓「大」不了就自己努力成為「土豪」，有錢了就用錢勾結「官」，竊取更多的「錢」。當選「劣紳」的民意代表，用「權力」壓迫「官」來自肥，等而下之的地痞流氓及員警直接用暴力欺民，大家「怕」他，他就「大」了。只要「大」就有「利」。

中國就是一個這樣的國家——人人的「我」最大，不擇手段的追求「大」！追求「大」的結果是人性殘忍，沒有靈性，缺乏理性又情緒化。

宮廷惡鬥，為了「權力」。宮廷的人什麼卑劣的行為和殘忍的事都做得出來——父皇殺子，母后囚子，嬪妃之間惡意相殘爭寵，兄弟之間為奪皇位而互相殘殺，一旦當了皇帝就殺功臣，歷史稱漢高祖劉邦「豁達大度，知人善始」。他當了皇帝第一件事就是殺功臣，不但殺還要「烹」之（煮了），然後分給大臣們食之（吃）。皇帝要疑臣謀反竟然殺他九族幾百，甚至千人以上，這是「斬草除根」。怕將軍戰功太大而功高震主，威脅自己的皇權。七百二十位為國盡忠勇敢殺敵的英雄竟然沒有幾位結局是好的，全被皇帝殺了！

常言說：「上樑不正，下樑歪」。有這樣缺乏人性及靈性的皇帝，下面就有秦國打敗趙國，秦將白起把趙國四十萬降兵在長平的地方挖個大坑全部活埋。（史書記下「坑趙卒四十萬于長平」），清兵攻進明朝的揚州城，竟然屠城十日，沒有人性及靈性的將軍。「上」和「中」都如此，到了「下」的民間要有「人性」及「靈性」豈不是癡人說夢話！

因為中國人為爭「權力」而扭曲人性及靈性的結果是：中國春秋時代以後就不准許有思想的文化了。

中國的讀書人被「十年寒窗無人知，一舉成名天下聞。」的科舉考試制度把大腦「烤」得壞死，因此，用小腦代替大腦——只往「內看」，不會「觀察」外面。

如果你認為中國是一個「文化的國家」，你的大腦大概被「烤」壞了——不能思考。你仔細想想：中國五千年歷史是有的，藝術方面如畫、書法、音樂、陶器等和廟宇及宮殿的建築等，因為沒有思想或是文人看不起的「匠」用一生的時間做出來的，所以是精緻的。文化除了儒家一種文化以外，沒有其他文化了。因此稱為「犬儒」——不准你有思想！

歐洲文化發源於英國，19 世紀英國有 95%以上的文盲嗎？但中國有 95%以上的文盲，到了 21 世紀的現在，中國大陸官方說仍有一億文盲！一個自稱自己有「五千年歷史文化的國家」，竟有這麼多文盲。這是什麼文化國家？！

中國的文化在春秋時代是黃金時代，那時道家、法家、墨家、陰陽家、縱橫家、儒家等九流十家，誰高與怎麼說就怎麼說。到了秦滅六國統一中國，秦始皇恨讀書人批評朝政，於是下令焚書，只留下農業和醫藥的書不燒，再把讀書人挖個大坑活埋了，你說中國還有文化嗎？漢高祖劉邦滅了秦國，漢武帝又聽董仲舒之意罷黜百家獨尊儒術，只有一種孔子說的思想，這也是文化嗎？到了明朝要朱熹註解的論語才是科舉試題的標準答案，這能是文化嗎？

缺乏文化的結果是文盲太多——愚民。讀書人也是大腦壞死不能思想——比蠢民好一點，這才符合統治者實行人治和專制。

中國不是禮儀之邦！

如果你說「是」，你真的被人治和專制的「權力」教育教得缺乏思考，你仔細想想：

中國人的「禮」是「小」對「大」要有禮。兒女對父母要有禮，夥計對老闆要有禮。「大」對「小」不但不說「請、謝謝」這些禮貌字，只要不高興，開口就罵，動手就打。「下」對「上」要有禮，科員對科長要有禮，科長對處長要有禮，處長對局長要有禮……逢年過節都是「下」給「上」送禮，「上」從不給「下」任何禮。常言說：「現官不如現管。」只要他是「現管」你，你就對他有禮。

我們之間若沒有「大、小」，「上、下」和「管」的關係，則我對你不會有「禮」，我對你有禮豈不是承認你「大」我「小」，你「上」我「下」。中國人對陌生人表現的是冷漠和無禮。

中國人撒謊及聽謊

你聽過「在晉董狐筆」這句成語嗎？董狐是晉朝的史官，他在父親及叔叔被趙盾殺了之後仍然寫下「趙盾弒其君」。趙盾不敢再殺他，再殺，晉朝就沒史官了。史官記下事件是他的職責，一個人吃這行飯，做這行事，有什麼值得後人如此推崇的？只有一種解釋，那就是歷朝歷代所有的史官屈從於權勢，睜著兩個大眼寫下的都是謊話連篇。只有董狐不畏權勢，不顧自己的性命，也不顧九族的性命，忠於自己職責而寫下「趙盾弒其君」，才值得後人崇敬有加。

你想想，如果大家都得誠實面對自己做的「事」的結果，「權力」大的人怎麼可能去殺史官？就因為中國是人治和專制，有「權力」的人不能，不敢也不願意面對自己做的「骯髒事」的結果，所

以要用種種方法去掩蓋他的「骯髒事」，凡是不願意、不肯幫他掩蓋他所做的「骯髒事」的人，他都會殺無赦！奴才「官」為了怕被殺，也怕被罷官，所以極力幫主子掩「骯髒事」，因此中國史是一部「撒謊史」，一個個都是撒謊的領袖，幫著領袖撒謊的父母「官」和一部撒謊史的國家，她的國民會誠實嗎？

常言說：「上樑不正，下樑歪。」領導系統帶頭撒謊，卻能教育出誠實的國民，他奶奶的，說死了我都不會相信。因此，由歷史的根源看來，我肯定中國是一個說謊的和聽謊的民族。

30 多年以前台灣刑警大隊向美國買的測謊器，第一次用在罪犯身上竟然不靈！台灣各大報紙都登了這條新聞！

中國只有「冤屈」沒有正義

因為中國是人治和專制的政治制度，所以中國人只看「權力和勢力」。有權有勢的人欺壓、毆打、凌虐、強取、霸佔、欺騙沒權沒勢的人，他們也不敢去官府告狀，也不敢去法院告人，因為官府的官也怕「權勢」，只要有「權勢」就可以命令官府的官和法院的法官冤判、枉判。因此，中國人有冤沒有地方訴，有理沒有地方伸，被壓迫到絕望的人就「寧為玉碎不為瓦全」，「同歸於盡」或「練武報仇」。人治與專制下的中國人活得非常沒有尊嚴！

按佛的因果說法，你們上輩子一定造了很多業障，所以這輩子為中國人──不被人當人看的活著！

中國培養內鬥，表裡不一，結果一盤散沙而自私自利

你想想：慈禧和光緒皇帝的想法不同，前者要維持清朝的腐敗，後者要變法維新。但慈禧太后比光緒皇帝「權力大」，光緒得聽慈禧太后的，如果光緒把慈禧幹掉而革命成功，那光緒就「權大了」，慈禧太后就「小」了，李蓮英「更小了」，慈禧太后要維持「大」

就得把光緒幹掉，李蓮英因主子「大」，他也跟著「大」。因此，他得把光緒皇帝壓下去，而在慈禧面前搬弄不利光緒皇帝的是非話。中國人明爭暗鬥的就是「大」，「大」就有權力，有權力的人才被人當人看。一旦有「權力」管你，你心裡對他即使有一百個「幹他娘」，只要你見到他，仍須對他笑臉鞠躬，這就是表裡不一！

人人都要爭「大」，結果是人人都要「寧為雞首勿為牛後」，一個人人都要做「雞頭」的社會要怎麼團結？當然成為一盤自私自利的散沙！

中國這個國家的人民因為人治和專制而缺乏靈性！

只看表面，不管事實

2006 年 5 月初，北京電視台在北京一條繁華的十字路口架設攝影機「只要有人走路不闖紅燈就送他一台大電視機」，第一天沒人得獎，第二天從早上拍到下午 4 時才有一對母子等到綠燈，才過馬路，電視台工作人員立刻恭賀她並送她一大台電視機。同樣地在一棟大樓前面拍了 8 個小時才有一位男士為女士開門，這位男士也得獎了，但不是電視機。在中國，沒有男人禮讓女士先進電梯！

這種在京城裡連最低文明水準都沒有的國家，教育出來的國民全是無禮！粗俗的人，竟然要舉辦世界奧運會——讓全世界人看到中國現代化的體育場和都市設計，同時也看到中國首都的人不堪與粗鄙的行為！人民文明水準太低，根本不夠資格辦世運，偏偏還要辦，這不是只看表面不管事實，是什麼？

中國人陶醉在「我們有五千年歷史文化」的口號中，一旦用大腦仔細去研究就會發現「事實和口號之間有那麼大的不同哦！」

先了解因為人治和專制政體使自己變成這樣，這是知己，再睜開眼看看美國人怎麼說，怎麼做，這是知彼，知己知彼才能在美國生活得快樂。

別忘了用一根指頭指著別人罵的時候，還有三根手指指著自己

很多人會說：「美國人種族歧視」。事實是這個世界上最種族歧視的就是中國人！

中國人在人治和專制的政體之下只有「大」和「小」，「上」和「下」，沒有平等。因為皇帝的權力大到無邊，每一個人都知道「伴君如伴虎」，只要皇帝「要……」就得給，絕對不能掃龍興……皇帝要建長城，全國就得建。皇帝要打高麗，全國就得打……皇帝只知道他有「我要……」的人性，從來不知道任何人都有「我要……」的人性。

「上行下效」，每一個中國人只有「上」和「大」就知道「我要…。」，「我可以，你不可以」，請仔細想想：

你是不是喜歡表達自己的意見？被大家尊重？被稱許和鼓勵？但是在人治和專制政體之下，只要碰上「大」和「上」，你的意見只能選 Yes，要是敢說出自己 No 的意見，你一定知道後果可怕，你從小活在這種不被尊重，做「好」不被稱許鼓勵，做「不好」就被打被罵的世界長大成人，自然而然養成「大」人歧視「小」人（官大一級壓死人），男人歧視女人（女子無才便是德），主人歧視僕人（寧給外人不給家奴），官歧視民，讀書人歧視不識字的人，有錢人看不起窮人，城裡人輕視鄉下人……的心理。當你用一根指頭指著美國人說：「美國人種族歧視時，別忘了還有三根指頭指著自己！」

　　台灣，是你在基隆市放個屁，高雄市就能聞到臭味兒的小島，在這個小島上展現的歧視，你自己看看：

　　你把左手五個手指併攏伸出去，小拇指在最下面代表山地原住民，無名指代表客家人，中指代表閩南人，食指代表被共產黨打敗後逃到台灣的外省人，大拇指代表蔣中正家族和他御用的立法委員，國大代表和官員的外省人。在台灣這小小的島上竟然有五種階級的人，而且是一層看不起一層。

　　現在台灣人當家了，山地人和客家人的地位不變，外省人變成中指，閩南人變成食指；至於大拇指是李登輝或陳水扁人馬，清一色閩南人！

　　只要你對不起我、坑我、壓我，我就「君子報仇十年不晚」，中國人報仇的心就是因為中國人治和專制沒有立足點平等，因此有「理」沒地方說，有「冤」沒地方訴，只好自己「報」──蔣中正統治台灣壓制台灣人，現在台灣人當家了就壓制外省人，被壓制的外省人變成「每日無權的小丈夫」，於是心生「共產黨打死台灣算了」，寧為玉碎不為瓦全的心理。

　　中國人「我要……」和「老子高興……」，而觸犯到美國人，美國人「幹回來 Fight back」，使老子不高興就是美國人種族歧視。身在羅馬，必照中國人做的去做，結果挨美國人「K」，這「K」中國人的美國人必然是種族歧視。

　　在美國肯定有種族歧視，王安先生在他的傳記中說：「我不覺得美國人歧視我。」美國人歧視差勁的人！只要美國人說中國不好，不管那不好是不是事實，中國人就會「聞不好而怒」！

　　2004 年 3 月 10 日星期三，《世界日報》頭條新聞標題：「賀梅養父母談話，引發華人反彈」，新聞內容：「……堅持收養賀梅的貝克夫婦說賀梅留在曼菲斯的生活，會比在中國大陸好的多，然而他們的觀點引起華人的不滿……，貝克夫婦表示，賀梅與他們住在舒適的郊區住宅，而在中國大陸，女孩不受重視，被視為二等公民，

指賀梅在大陸無法過像樣生活的說法激怒密切注意這場撫養權爭奪戰的華人……。」

中國人說：「美國是兒童的樂園，中年人的戰場，老年人的墳墓。」照中國人的說法，賀梅留在美國是留在「兒童樂園」，貝克夫婦說得沒錯，只是中國人一聽實話就情緒大壞！

我是第一個在台灣出版《為什麼中國人會這樣？外國人會那樣？》；在美國出版《在美生活須知》的人。我對中國人和美國人有深刻的了解，因此我站在一個旁觀者的立場大聲而清楚的告訴那些「打不過他們也不加入他們」，「身在羅馬，必定照中國人做的去做」，「入境絕不隨俗」的中國同胞說：「貝克夫婦說的都是實話，你們是標準不睜開眼看，不要看，不要學，當然也不用大腦思考的中國人，只用小腦直接情緒化的『聞不好而怒』。這樣在美國生活會快樂嗎？！」

姚明先生在美國走到哪裡都不會受歧視，如果你受美國人歧視或挨美國人「K」，肯定你說的是「驢話」，做的是「驢事」！在罵美國人種族歧視之前，別忘了一根指頭指著別人的時候，還有三根指頭是指著自己的！

對民主與法治應有的基本認知

　　這個世界上富強的國家都是民主與法治的國家,其管理國政的
人是靠個人教養與才能而得到管理職位,因此民主與法治國家人民
的品質與素質也高。凡是社會亂七八糟、沒水準、貧窮、落後的國
家都是人治與專制的國家,其領袖與管理國政的人,靠作踐自己成
為奴才方能得到「大」人的賞識而得到官位,因此人治與專制國家
人民的品質與素質也低下!

　　光是「民主」這兩個字就可以寫一本厚厚的書!

　　簡單舉例:

　　1776 年 7 月 4 日,美國人民用選票選出第一任總統喬治華盛頓
(George Washington),他認為總統只能做二任(共 8 年),以後
就得換別人做,因此華盛頓奠定了美國民主的基礎——從總統到警長
都是民選的,凡是不符合人民期望的領導人,下一次選舉時就被人
民用選票拉下台來,有貪贓枉法實據的政客,甚至不等下一次選舉
就被人民直接罷免,還得面對法律制裁。

　　被領導者任命的官員都知道自己是拿人民納稅錢來為大家做事
的,是公僕(Public Servant),公僕每個人有每個人的責任——分層
負責,在那個環節上出錯就由那個人負責。整個行政體系是從「下」
到「上」,「上」級要聽「下」級人員的意見,最後做成決定。

　　民主是人人都有「權利」(Rights),權利不是絕對的,是可以
質疑,可以批評的,因為人人都有權利,所以每個人都應受到尊重。
當一個人說:「我有權利這麼做或這麼說」時,要 51%的人認可才
O.K.,因此,民主是少數(49%)服從多數(51%),即 49%的人說

「No」，51%的人說「Yes」就 Yes 了；反過來 49%的說「Yes」，51%的人說「No」就 No 了！

民主教育教人分享（Share）和尊重（Respect），所以民主國家的政治人物懂得協商和妥協，謀求大眾共同的利益。因為人民作主，所以人民有言論、信仰、行動、思想和集會遊行自由，大家都有自由，就得彼此尊重對方的自由。

「法制」這兩個字可以厚厚的寫成幾十本書，簡單一點說：

美國第三任總統湯瑪斯‧傑弗遜 Thomas Jeferson 奠定了美國憲法——法制基礎。

法制就是法治，用法律來治理全國人的行為，沒有人可以在法律之上！英文說：「Rule is rule（規定就是規定）」，「法」既定人人一起遵守沒有例外，法院的法官是獨立判案的，因此人民有理有地方說，有冤有地方訴，法院大門八字開，有理有冤就進來。

法治相信每一個人都是好人，一旦一個人被證明是犯法不可相信的壞人，輕者心痛——罰的錢多，重者身心都痛——關入監牢。

民主與法制國家的最高法是憲法，國家或地方議會制定的法律交由執政者去執行，若此法牴觸憲法就無效。

民主與法制使英國成為 19 世紀的日不落國，使美國在 200 年之內成為世界超級強國！

神經病與精神病

　　某年一月二十四、二十五日二天看了由王絹絹女士所寫的「尊重與自重」，個人認為王女士很溫和的指出一種「病態」——不知自重，不懂尊人，我所要說的是這種「病態」是怎麼得的？！

　　任何一種只有「家奴」（從宰相到捕快）和「奴家」（奴隸之家，即老百姓）的社會，都是除了被大家喊「萬歲」的那個人是「人」以外，其他的全不是人！

　　所有人的自尊，任由官大一級和長輩一級的人侮蔑，摧殘和泯滅。稍有反抗就是「冒犯龍顏」，「大膽，膽敢頂撞本官，來人哪！」「對長輩不遜」，於是「君令臣死，臣不敢不死，父命子亡，子不敢不亡。」在這種社會裡成長的人不准許有「自尊」！」

　　但是人性裡有被尊重的慾望，可是在強烈侮蔑，摧殘和泯滅人性被尊重的慾望之下，造成整個社會的人不是神經病就是精神病。神經病是瘋了，大腦小腦都失去功能，或哭，或鬧或逞兇，這種人要關入「病院」、精神病是大腦失去思考的功能，由小腦代替大腦發展出一種很強的補償作用，這種補償作用就是「我」最大，最深，最強。一旦你比我「大」，我的「我」就變小，在你面前矮半截。要是我比你「大」，我的「我」就「大！大！大！」

　　小腦只能分辨誰「大」和「現官現管」，卻不能分辨權利義務，黑白對錯！因此，精神病人最大的特徵是只有「自我（Ego）」而沒有「超自我『Super Ego』（道德約束自我 Ego）」這種人表現出的言行是：我對我的父母可以不孝，但是「我」的兒女對「我」要百

依百順，要「王祥臥鯉」，要「割股療饑」，否則就是對「我」大逆不道！

我說：「一加一等於二」就是二！你絕對不准問「為甚麼等於二不等於三？」敢問問題是對「我」不敬。修理！

「我」賞你一口飯吃，你要聽「我」使喚，教你幹甚麼，你才能幹甚麼，不向「我」請示就膽敢自作主張，滾！

「我」就是要當下去，就是不退！甚麼沒有民意基礎，沒有民意基礎又怎樣？！

這種精神病的特徵多了，舉不完的例子！

生活在美國，按理「沒吃過豬肉，也應該看過豬走路！」事實不然，「吃過豬肉，也看過豬走路」，我就是「大」！

我是銀行董事長，「我」高興怎樣就怎樣，陪審團裁定我 22 項控罪全部成立，法官判我坐牢五年，「我」是對的！「我」沒有錯！

全世界都抵制和撻伐中共殺人，「我」偏要捧場，你們十二個人擲筆拒編，「我」用廣告補版，照樣出報！

你們罷免我，「我」把銀行錢全部提光，「我」當不成主席，你也別當！

這些讀過聖賢書，還受美式教育的人，「我」仍然這麼大，這麼深，這麼強，在「我」心裡，那有空隙對你「尊重」呢？高知識份子尚且如此，低知識份子就不用說了！

「拳力統治」社會，造就出極為龐大的精神病群，有精神病的人，絕不承認自己有「病」，不但如此，也不看，也不問，反正「老子就是這樣」，因為「老子就是這樣」而戮到別人，被別人反刺回來，要是你我，他就「咦！不給面子，老子比你更大聲，也不給你面子！」要是反戮回去的是美國人，他就用五千倍放大鏡對我們大叫「你看，美國人種族歧視！」「我」戮任何人都是應該的，誰反戮回來，誰就是王八旦！

　　只有四年一選總統的國家,他們的人民才瞭解人與人之間要彼此「自尊尊人,一個可以不管憲法,增加臨時條款,一幹就是六任總統,死啦!兒子還要再幹三任的國家,接班人對大家宣稱只做一任就不做了,結果照樣做下去,這種國家的人民瞭解的是人與人之間要「胡來、瞎來、亂搞、甚至蠻搞!」在「拳力統治」之下誰要有原則,有立場,有思想,明對錯,知是非,誰的身心就要受到摧殘──被砍頭、絞死、暗殺,坐非常不人道的牢!沒有原則,沒有立場,不用大腦,只要「老大」指黑為白,說白是黑,對的就是錯的,錯的就是對的,我就立正同意,並努力執行,這些人都成了「大亨」。

　　當不了大亨的人,都得學走正路,所謂「正路」是慈禧太后是李蓮英先生的「正路」,李蓮英先生是許多人的「正路」,大官們是軍公教商等各種人的「正路」,這樣一個人人走「正路」的社會,准許人有「自尊」和「自重感」嗎?!會尊重人嗎?!

　　常言說:「龍生龍,鳳生鳳,老鼠生的兒子會打洞」。王定和這種人明明是在只會「打洞」的社會裡長大的,他的言行如同「打洞」的動物,卻硬說他是「龍」!不是精神病是甚麼?!

　　王先生,奉勸您用大腦注意看美國人怎麼說,怎麼做,好好學習美國事,誠懇向美國人請教,從基礎學起,做起,使「我」變小、變淺、變弱、從此不再「打洞」,我的言行也不可以刺到任何人。這時才精神正常,精神正常的人才懂得「自尊尊人」。

　　只會「打洞」,「我」又無限大的戮到別人,我是不會對你怎樣,可是王先生,我要提醒你,早晚有一天,你會被美國人的「老鼠夾」打的痛徹心肺!

　　金洋銀行老闆是紐約州執業律師,但仍保有「打洞」的習性和「我」最大、最深、最強的精神病態,雖然沒有被美國人的「老鼠夾」當場打死,相信他的後半生將在「痛徹心肺」中渡過。

　　常言說：「好漢不吃眼前虧」，您要瞭解美國是一個高度權力義務和法治的國家，絕不容許人使出「打洞」的本領，也不接受「我」大的不管別人為所欲為的言行！

　　不論多有本事的好漢，一旦使出「打洞」的本領和「我」最大不管別人的言行，必然要吃「眼前虧」的！

　　好好想想吧！

來美之前的心理準備和應知

英文說：「One who earns the respect（被人尊敬的人是他賺來的）。」

賺得大家的尊敬是靠學識、風度、儀態、談吐、品德、誠懇等。

同樣地「One who earns the despite（被人輕視的人也是他賺來的）。」

▲ 知己知彼

關係

老美只有在政治上才有關係，這種關係叫做 BROTHER SYSTYEM。像故甘迺迪總統，在當了總統以後，把他的幾個兄弟都提拔上來，這叫做 BROTHER SYSTYEM。除此之外，各憑本事競爭，根本不攀什麼親戚、主從、上下等等關係。

因為大家不講關係，所以老美做起事來要規矩的多，而且麻煩也少。

為什麼美國人不講關係

當英國清教徒坐著「五月花」號輪船抵達美國的普里茅斯之後，他們第一個面臨的問題是面對現實。在這個新的地方、新的環境裡生存下去。為求生存，他們就得奮鬥。因為地方大，一個人跟一家人奮鬥都不夠的，因此發揮了高度的守望相助，互相幫忙的精神。這也是後來美國人對陌生者很友善，給予幫助的本源。為了不願意被英國人壓迫，就得與英軍作戰，打敗英軍獨立。為了理想，他們向南部再向西部開墾、移民，跟印地安人爭奪土地，引起戰爭。在在都要努力、奮鬥和犧牲。也因此，養成了他們奮鬥的精神。

法國人提出自由、平等、博愛的口號，美國人推翻了英國人的統治以後，立刻提出民有、民治、民享的主張。為了維護爭來的自由，美國人實行了民主自由的制度，在自由民主制度下，尊重個人的信仰、言論和行動自由。因為自由，所以准許人民批評政府的措施，准許大家自由競爭，准許發明創造。因為社會准許有本事的人

出頭，所以父母要鼓勵自己的子女參加競爭，要參加競爭就要有獨立自主和奮鬥的精神。也因此，兒女在長大之後，以依賴父母為可恥，所以在美國把一個不能獨立自主、依賴父母的人叫做 Mom's boy，這是一個很大的輕蔑。因為在美國，做父母的人從小就鼓勵子女獨立自主。為了維護民主制度，子女從小在家就有表達自己意見及主張的自由。因此，美國年輕人不知天高地厚，處處要冒險、比刺激（賽車、賽船等）、有衝勁兒、有創造力、也有朝氣，這也是造成美國富強康樂的原始動力。所以在美國是各憑本事競爭，是立足點平等的競爭。換句話說，誰行誰就出頭，在這樣的社會裡，「關係」也者，有什麼用處呢？

　　我們常說因為美國人不講關係，所以社會現實、冷酷，沒有我們的人情味濃，這是事實。但是，有一點，老美雖然不講關係，可是人家有服務的觀念。隨便你到哪裡，詢問台的小姐馬上起立，笑臉相迎，問你：「有什麼事要為你效勞嗎？」只要你有疑問去問別人，大多數老美會很熱情的，甚至不厭其煩的向你解釋清楚。他們出自內心的微笑，誠懇的回答，不會使一個需要幫忙的陌生人感到不自在，或是失去張口求助的勇氣。我們人情味很濃，但是我們的人情味只限於「有關係的」或「打過招呼」的人，這樣的人情味，往往連法律、規範都受到人情味的左右。各位有沒有這樣的經驗？當你到一個地方去辦事，你一個人都不認識，你希望能得到幫助，不是沒有人理你，就是一問，他就說：「不知道！」、「不曉得。」、「你問他！」、「我又不是給你看著他的，他什麼時候回來我怎麼知道？」、「等會兒再來！」、「你真囉嗦，討厭死了！」絕少有人主動的問你要不要幫忙，或是給你熱情的解釋及耐煩的指引，我們的社會對於一個沒有關係的人，沒有打過招呼的陌生人來說，是更現實、更冷酷、更無情，你說呢？

　　美國人的孩子長大之後就都走了，他們的老年人沒有天倫之樂，晚景淒涼，這也是事實，但是他們的父母有把子女養大了就是

盡了責，日後是他們的天下，讓子女為他們自己的家而努力。父母有不從中干預的觀念，而且社會有良好的救濟制度，有養老制度。多數的老夫妻，在老年的時候相偕遊歷美國各地或是到世界各地走走，也不是完全沒有好處吧？工業社會講的不就是小家庭制嗎？

我們有天倫之樂？兒女長大了要結婚，父母要管，好像是雙方家長要結婚，不是我們要結婚！結婚以後養太太，養女兒，還要養父母。孝順的兒女還得秉承父母的意思，自己教訓兒女時，爺爺奶奶要出面干預，婆媳之間為小事嘔氣，兒子夾在中間左右為難，如果父母有病，自己家當盡賣光，舉債來為父母醫病，置妻子兒女於衣不蔽體、食不果腹之境地，於是大家說他是孝子，既然是孝子，是國家給他五萬、十萬呢？還是誰養他的妻兒？我想，由於社會的進步，教育水準的提高，如果上一代的觀念不變，會使得「代溝」愈來愈深，如果我們不能接受這個事實，天倫之樂也者，實在也樂不到哪裡去，你說呢？

老美的官是公僕，這是因為英國人在地方上由大家出錢僱人替這個地方上的人做事。英國早期移民到美國的人，也是這樣，所以他們的官是拿大家的錢（人民繳稅），做大家的事。因此，老美認為「官是替大家做服務的」，官自己也認為「我是替大家服務的」。既然大家都有這樣的觀念，「關係」就難建立。只要我一切合法，按照規矩來，你當官的就得好好的服務，所以美國的官，對美國人來說，實在沒什麼了不起。一旦你見了美國的官，只要你認為自己都對，朋友，挺直腰桿跟他說話，眼睛跟他平視，而且平起平坐。要是沒說話，先九十度躬一鞠，雙手送上一枝菸，他包準看不起你！對美國人千萬別來這一套！

平等競爭

美國人的社會對美國人來說是立足點的平等，也就是說，只要你花的勞力愈大，時間愈多，你得到的代價就應該愈大。比如說，小學裡的老師有博士、碩士、學士、師範畢業的老師，做的都是教書的工作，但是博士的薪水比碩士高，碩士的薪水比學士高，學士的薪水比師範畢業的老師高，絕不是不分青紅皂白，薪水一律一樣。

因為立足點平等，所以大家各憑聰明才智競爭，因而人人都有「優勝劣敗」的觀念。因此，只要你有本事，憑誠實賺美國人的錢，盡可帶走。只要你有本事發明出東西來，盡可申請專利；只要你有本事追得上美國女人，你盡可跟她結婚，絕少有人用「衛生眼」看你，只要你憑本事贏球，老美就鼓掌為你叫好。這種風度，坦白的說是立足點平等、公平競爭培養出來的，也因此，老美做起事來不肯投機取巧，他知道投機取巧永遠不會有成功的一天。

既然社會准許平等競爭，所以美國人是以進為進，不是以退為進，請各位朋友注意這一點。

自古以來任何動物都是「優勝劣敗」，「弱肉強食」，「適應環境者生，不適應環境者亡」。人又何嘗不是如此？因此在一個社會中，若是用「權」來保護不優良的後代，用「關係」把不好的變好，把不行的變行，這種情形傷害了全體國民的身心，最明顯的是青年人對國家的事不感興趣，青年人學會投機取巧，走「捷徑」，不正幹，青年人一走了之，在別人的國家或出人頭地，或終生打工流落異域。

我跟美國人相處二十幾年了，我沒有聽過他們開口問過一句話：「有沒有什麼路子可以走？」「有沒有什麼門路可以鑽？」這一類的話，而我們有多少青年人開口「門路」閉口「辦法」社會沒有公平競爭，真是害人哪！朋友，你說呢？

公私分明

　　老美之所以公私分明，是基於他們從小就培養出來的權力義務觀念，一個人有多大權力盡多大義務，他們明白的很清楚，所以一個老美在辦事的時候，除了權力範圍以外的事，是不會層層請示的。此外，老美有良好的制度，任何人都得隨制度走。保羅來了是這麼做，彼得來了也是這麼做，瑪麗來了還是這麼做！絕不是保羅是保羅的一套，彼得來了又是彼得的一套，瑪麗來了，又是瑪麗自己的一套。因為老美知道權力義務，因為民主，所以要自尊尊人，加上良好的制度，公私之間於焉分明。

　　人人都有被尊重的慾望，當人被當人看時，很少有人會亂來，可是當人不被看重，不能有自己的主張與決定時，當人不被人當人看，只是一種轉達「意見」的中間人時，一個人是不會有責任感、榮譽心的。如果多數人有：「我說了也不作數，我幹什麼要負責！」簽上去，上頭怎麼批，就怎麼辦。這種作法，受害的又是大眾。我看過一張公文上大大小小的印章不下二十幾個，這充分表現了不負責的幹法。一個人蓋章不行嗎？

　　你不願意負責，我也不願意負責，於是等因奉此，層層請示，結果是整個辦公室的人好像都在做事，好像都不在做事，好像都在負責，好像都不在負責。於是積壓公文，公文旅行，做起事來，你推我，我推你，成了慣例。辦起事來手續繁多，這是準備萬一出事，大家有責的幹法。這樣做，當頭的人固然可以滿足權力的慾望，但是成堆等著批閱的公文，也能活活把人累死。採分層負責制，誰有多大權力，誰說多大的 O.K.，錯了，後果責任自己負！因為枉法而辦錯，那受的責罰就更大！人人有權決定他所承辦的事，人人可以表達他自己的意見和主張，人人遵從一定的制度去做，請問這樣做有什麼不好嗎？

相信別人

老美先相信每一個人的話與人格,如果一個人被證明是壞人,有證據證明他做了壞事欺騙了大家,那麼這個人的信譽就遭到社會大眾的唾棄。因此當一個人被認為說謊時,那就是極大的不名譽。所以英文裡說:You Lie!是很大的侮辱。

美國軍法裡有一條不名譽退伍的判決,不名譽退伍既不需坐牢,也不要坐禁閉。但是,凡是被判不名譽退伍的人,他的一輩子就完蛋了,在美國的社會裡,他什麼權利都沒有,走到哪裡都受人白眼。

一個人從小受父母、受社會大眾的尊重與信任,一旦長大了,想去做壞事而又付諸行動的人,究竟是少數。但是從小在家裡一說實話就挨揍,長大了社會又不信任大家,被立法的人先認定是壞人,然後再立法圍堵,因而使人有:「說實話不如說謊話」的感覺。當人有了這種感覺時,榮譽的心就會大減。因此,睜著兩個大眼說瞎話的人真是太多了,立法的人又針對圍堵,被圍堵的人就想盡辦法再說謊,於是惡性循環,養成大家說謊臉不紅氣不喘的習慣。(政府領頭說謊更糟)!

錢的觀念

美國是一個工商立國的國家,一個以工商立國的國家講的就是錢。既然講的是錢,那碰上錢的問題,大家就要把話說清楚,合約條款寫得明明白白。

因為美國人在錢的觀念上很清楚,所以跟錢有關的事情上也就不馬馬虎虎。像是收稅制度、銀行組織、保險業等等跟大眾發生金錢往來的地方絕對不是衙門。

錢不是從地下長出來的,也不是從樹上搖下來的,是憑一個人的血汗、努力、智慧賺來的。我們不是常說:「一毛錢逼死英雄漢

嗎？」既然錢這麼重要，對人的影響又是這麼大，那麼遇上錢的問題時，大家談談清楚不是很好嗎？先小人而後君子，比先君子而後小人要少很多誤會，傷很多感情吧？

是非、對錯

美國人對於個人的權利與義務分得很清楚，因此，當你侵犯到我的權利時，你就是錯，我就是對。舉例說：老美開車經過斑馬線是一定煞車停下來，這是行人有權利走斑馬線，開車的人非停不可。如果不停呢？如果不停就是侵犯到全體的權利。因此在斑馬線受害的不知是誰，所以受起罰來是很厲害的。如果在快車道上被撞死了呢？活該倒楣！開車的人不但不賠，還要提出賠償要求，因為快車道是汽車走的，不是人走的，因為你的錯誤引起我精神上、時間上甚至財產上的損失，你死了，可是你的家人還要賠錢。

此外，美國的社會是法治的。法治的社會是尊重人，把人當人看，人既然被人當人看，就得先把自己當人看，尊重自己。人有了自尊尊人的觀念，對於是非，對錯就會分得清楚，因此不會亂來。

誰輩份大，職位大，官位大，誰就得聽誰的，沒有人要聽輩份小的，職位低的，官微的。多數的人只是有權人的附屬品；只是聽訓挨揍的兒女；只是聽從命令，簽請鑒核的辦事人，只是大爺有錢僱你來做事的人，加上「關係」，「後台」，「情面」等等因素，也難怪會產生是非，對錯混淆不清的情形。因此，當我聽到：「管他的，公司垮了是老闆的」，「有什麼關係，別人也會這麼做」時，當我看到那麼多受過高等教育的人不守公共秩序與道德，把自己不當人看時，我不會覺得奇怪，也沒有悲傷。但是每當我想到：「國家垮了是誰的」時，心裡就久久難以平息。因為一個垮了國家的人，就像猶太人被德國人關在集中營裡，要怎麼殺就怎麼殺一樣！一個垮了國家的人，就像日本人攻入南京以後，中國同胞只有引頸就戮

的份！每次想到記錄片裡猶太人被殺的慘狀，日本人殺同胞的悲慘，不禁悵然淚下。唉！何必呢？

客套與廢話

老美對於真實的事情，不來虛套，對於不可能的事，他就說不可能。

工業革命始於英國，但是由美國人發揚光大，為什麼美國人能工業化呢？那是因為美國人腦袋裡發明出來企業化的經營跟工作認真，不來邪門外道的精神所得的結果，為什麼美國人搞的出來企業化的經營呢？沒有別的──自由與教育使然。

既然落後的國家要向美國看齊，拚命的想進入工業化，那麼在心理上就得早有個準備，準備工業化給人帶來的副產品──忙碌與精神上的壓力，因為工業化要求的是完美，有條不紊，要快速，要準時，要安排的分毫不差，各方面要互相配合，因此，忙碌與精神上的壓力是可以想像的。

如果大家都忙，說話就得縮短！二句話能講完，不要用五句！三分鐘能講清楚，不要用二十七分鐘兜圈子說廢話。最後講三分鐘正話，這種說話法，說的人跟聽的人都費時、費心、實在太累了！你說呢？

為什麼要開會呢？開會可以「集思廣益」。既然是集思廣益，那大家認為對的意見就該執行！議而不決，決而不行，那又何必開會呢？在大家不肯「行」以免得罪人的原則下，要做一件事得向每個人去拜託！拜託！成為靠「人緣」辦事，靠「會做人」辦事，「靠運氣，上路」辦事，於是一小時可以辦完的事，要花七小時去拜託，跟每一個人說盡了好話，也說盡了廢話，才把事馬馬虎虎辦好，實在太累了！

尊重個人的隱私與強人所難

美國這個國家講的是人權，講人權就得把人當人看，把人當人看就得尊重自己尊重別人，所以不可以在見過一兩面之後隨便亂問屬於個人的私事或秘密。如果你不該問而問了，表示你沒有教養，不知自重，恐怕要遭對方的白眼。搞不好對方就會說：None of your business（不干你的事！）真是自討沒趣。

因為尊重個人，所以老美不會強人所難，因此，吃飯的時候，老美絕不會往你碗裡挾菜，愛吃什麼，自己動手，自己來，老美也不會對著你把頭一揚一杯酒下了肚，然後對你晃晃杯子說：「先乾為敬。」因為老美認為愛喝不愛喝是我的事。不是你叫我喝，我就得喝，要是我不喝呢？你先乾為敬，難道我就得喝得死去活來啊！老美不但尊重個人的事，連個人的私生活都受到尊重。他們在去看朋友之前，或有事得登府相商，事前先打個電話聯繫一下，約好時間見面，約好幾點就是幾點，到時候遲到，或是該交來的東西，交不出來，都是不知自重，不知自重的人是被人看不起的。所以突然的登門拜訪會被認為是打擾私人生活，很不禮貌的事。

此外，不管是他管的事也好，你請他幫忙做事也好，只要他說了：「No」大家也尊重他說的「No」。不會用盡辦法讓他把「No」說成「Yes」，這是侵犯了他的權利，不尊重他，他就會跟你沒完，搞不好跟你豁上了，而且讓他把「No」說成「Yes」的那個人在大家的心目中也是站不住腳的。

每個人都有他自己的問題，都有他自己的秘密，你問我：「一個月賺多少錢？」我告訴你「馬馬虎虎過得去。」問話的人白問，回答的人白答，多沒意思！自己做自己該做的事，在不侵犯別人的情況下，做自己喜歡做的事，大家都這麼做有什麼不好嗎？他不吃雞，也不吃魚，我往他碗裡又挾雞肉，又挾魚，我的筷子「乾淨」嗎？他對著雞跟魚，吃也不是，不吃也不是，心裡是什麼滋味兒？

這頓飯他吃的愉快嗎？他不喝酒，我對著他連乾二杯，這是那門子「敬」！你叫他怎麼辦？是喝？是不喝？喝，沒有那個酒量，不喝，不給面子看不起人那之類的話就出籠了。請朋友吃飯聯絡聯絡友誼，是件愉快的事呢？還是請朋友來受罪，接受被整，看他出洋相？

他已經說了「不要」、「不行」、「不可以」他的話就應當受到尊重，對不對？幹什麼把他大爺、叔叔、他的長官、同學都抬出來給他打電話，寫信，非逼著他把「不可以」變成「可以」呢？他說了「不要」，就表示他不願意，又幹什麼一個勁兒的想盡了辦法纏著他叫他「願意」呢？

常聽人說：「老美才傻呢，一騙就騙住了，那有咱們精。」我常常想，世界上真的有傻瓜嗎？我相信你，你就把我當傻瓜看是吧？上過一次當，當過一次大頭的人，會一而再，再而三的當傻瓜上當嗎？有誰在被騙了以後，心平氣和的對人說：「騙的好，我真心甘情願被他騙！」不要多，只要上一兩次當，是人都會變精，這種精是不信任你，看不起你，既然你不尊重自己，我也沒有必要尊重你，你精，我也會精！於是沒有本事的人，跟朋友談起話來用刻薄的字眼批評被騙的氣憤。有本事的人就不同了，一篇報導寫下去，登在「紐約時報」「TIME」或是「NEWSWEEK」之類的報紙或雜誌上，那就影響大啦！

孔子曰：「已所不欲，勿施於人」這就是自尊尊人，權利義務，誠實不欺的意思，你說呢？

話說到這兒，我要說一聲，我不是「美國月亮圓」的那種人，照社會、文明、文化與人民的思想及生活情形來說，歐洲人的「月亮」要比美國人的「月亮」圓得多。如果一定要選擇「月亮圓」的地方去住，我會毫不考慮的選擇歐洲或是澳洲，絕不會選擇美國。

常言說的好：「家家有本難唸的經」，國家也是一樣，美國人裡多的是亂七八糟見不得人的人。美國人有黑白種族糾紛，青少年吸毒及性氾濫，越戰拖累經濟，以致通貨膨脹，美金貶值，暴力犯

罪日趨嚴重等等比我們嚴重的問題，但是這些問題無損於他們的基本權利義務，自尊尊人的觀念。而我所說的，也只是了解了解美國人的基本觀念及做事的習慣跟我們有什麼不同，跟「月亮圓不圓」毫不發生關係。如果我說美國人穿迷你裙、露背裝、嬉皮、抽大麻菸，口裡嚼著口香糖，一副吊兒郎當的樣子就是「性格」，開口兩句美文，閉口兩句美語，自我主義強烈就是好，那才是「美國月亮比較圓」的那種人。這種人常常染黃了頭髮，戴藍色隱形眼鏡，所有的朋友最好全是美國人，可惜皮膚黃了一點。至於我王定和，還是老樣子，頭髮很黑，戴黑框眼鏡，說的是標準國語，最洩氣的是朋友也都是中國人，不管怎麼說，我終究是中國人，你說呢？

權力和權利

　　不論個人以什麼理由要住在美國，相信絕大多數有綠卡的人，一旦居留期滿可能考慮要入美國籍。沒有綠卡的人，也想盡辦法要弄張綠卡。如果我說的沒錯，那麼從現在開始是不是應該好好考慮一下「如何適應美國社會的生活方式」呢？

　　要適應美國社會的生活方式絕非一知半解就能適應。應該徹底了解中美兩國傳統的不同，然後才能進一步適應。中美兩國人在基本思想和行為上有什麼不同呢？關於這一點我提出個人的觀察：

中國人「權力」至上

　　中國是權力統治社會。權力英文是 Power，Power 是絕對的，不可以質疑的，不能批評，要絕對服從的。「君教臣死，臣不敢不死；父教子亡，子不敢不亡」這就是權力統治最好的證明！

　　中國人為爭取權力不遺餘力。因為誰「大」就得聽誰的。只要官做得大，人格和學問也同時偉大起來，「小」的什麼都沒有。有權力就是老大，老大不必有義務。

　　納稅是人人應盡的義務，但有權力的人去世，沒人敢調查他有多少財產。他的一切財產都不公佈，更何況抽遺產稅了，誰敢？！

美國人講求「權利」

　　美國人講的是權利，權利英文是 Rights。Rights 不是絕對的，可以質疑的，可以批評的，也可以不服從的。

任何人的權力都是由大家通過以後賦予的。

有權力的人一樣要盡義務。美國總統去世以後，遺囑認證法庭（Probate Court）照樣清查並公佈他的財產、徵收遺產稅！沒有人例外！

權力與權利二種社會產生出二種互相想不通為什麼對方這麼做的國民。試舉幾個例子供大家參考：

老師說的就是標準答案

中國是權力統治，教育也是權力教育。老師說的就是標準答案。如果老師說：「人之初，狗咬豬……」，考試的時候，試題問：「什麼是人之初？」學生就得答：「狗咬豬。」至於什麼狗咬豬？什麼狗不咬豬？學生是不可以問的。老師教 1＋1＝2。這「2」就是標準答案。中國學生不必自己去想！

美國是權利。老師教「人之初，狗咬豬」。學生就有權利問：「什麼樣的狗才咬豬？什麼樣的狗不咬豬？」老師就有義務回答。老師教 1＋1，至於等於幾？則由學生自己去找答案。學生要有自己的想法和見解。

中國人對於「吃也得吃，不吃也得吃」的讀書方式（強背死記）比老美好。一旦要他說出自己的想法和見解時，恐怕就傻了眼。

強塞硬吃的權力教育法，使中國人一聽要「學」就害怕，甚至就要嘔出來。在美國，凡是不想學的人，尤其不想從頭學起，要學也是找捷徑的人，注定要被淘汰或吃大虧！因為美國是一個快速轉變的社會。一切的一切日新月異。不論是碩士還是博士其頭銜只管五或六年。五、六年之內沒有進步或停止學習就被淘汰！學，要實實在在地學。

「命令」遍走天下

中國人是一頭大，父親是家裡的皇帝，老師是學校的皇帝，老闆是伙計的皇帝。

49

　　請想一想，你我父親、老師、老闆叫我們做事的時候是不是都是命令式的？在命令的口氣裡有沒有加個「請」字？！做完了有沒有說聲「謝謝」？！

　　這種一頭大的社會是不會尊重人的！中國人覺得誰要說了「請」和「謝謝」就有失身分低人一等！要是說了「對不起」就好像自己人格忽然矮了一大截，真是奇恥大辱！因此，人與人之間充滿了暴戾之氣。隨時隨地準備幹架，吵嘴或相罵！

　　美國人人都有權利，彼此之間就得互相尊重。不論是誰都要學會說 Please，Thank you，Excuse me 和稱呼別人 Sir 或 Ma'am。人與人之間以禮相待。此外，美國人也常用 May I……Would you……等禮貌字眼。

　　大家都說這些禮貌字，人與人之間的暴戾之氣下降。忘了誰說的，「你捏著二個拳頭去找人，別人必然捏著二個拳頭等你！」

什麼樣的行為惹人反感

　　要尊重別人，別人才會尊重自己。自己不尊重自己，也休想別人尊重自己！

　　什麼樣的行為使別人不尊重自己呢？

　　例一、吃自助餐，一拿一大盤子，吃不了剩下，或不喜歡吃的堆在一邊又再去拿。（老美是吃多少拿多少。）

　　例二、聚餐時旁若無人大嗓門兒說話，為自己愉快而放任孩子在餐廳裡亂跑，電梯門一開不等人全出來，也不讓女士們先進，自己一頭就往電梯裡鑽。

　　例三、別人在櫃台前辦事，不等別人辦完，一大家子人湧向櫃台七嘴八舌。

　　例四、在掛有「禁止入內」牌子的地方無視於不准，偏要進去（中華航空公司班機一到，在海關出口那一塊地方不准接機的人進

去，但是就有人偏偏要進去，我親眼看見老美海關人員以極為卑視的眼光轟這些人走）。

多了，不勝枚舉，「要想別人怎樣待你，你就怎樣待人。」一個沒有禮貌而又不管別人的人，在美國社會一定遭人白眼相待。一旦遭人白眼就認為美國人歧視中國人。朋友，想想自己的臉是不是長臉？自己用的字眼是不是使人聽起來不舒服？自己的行為是不是惹人反感？子曰：「行有不得反求諸己。」

不願意，就說 No！

中國人的權力打擊力是很殘酷的。「大」人要你做事，這個事不論對錯，不論你能不能做，更不管你願不願意做，你都不能說「不要、不行、不可以、不願意」，「不」就是「反」的意思，反還得了！在家挨大嘴巴子，在社會要被整，在官輕者丟官，重者砍頭，說不定還會滿門抄斬！

中國人明明心裡百分之百「不要、不行、不願意」，但嘴上硬是不敢說「不」，怕說了「不」以後其後果可怕！因此中國人說話要用猜、推測、察顏觀色來判斷他的唯唯諾諾或模稜兩可的話究竟是 Yes 還是 No。

美國是個人獨立主義。人人都有權利拒絕不願意做的事，也有權依規章說不行。任何人只要說了 No！大家就尊重他說的 No。如果你心裡不願意而又習慣性的因為不好意思拒絕而言不由衷的敷衍敷衍，把 No 說成 Yes，這會為你招來更大的麻煩！只要你不願意，你就直截了當的說 No！美國人絕對不懂中國人說話要用猜、推測和察言觀色這一套！

法律站在權力那一邊

「朕即天下，天下即朕」中國的法律是站在有權有勢那一方面的。我們有句俗語說：「衙門大門八字開，有理沒錢莫進來。」有

權有勢的人更可以命令法官冤判、枉判，這叫做「奉命起訴」。也可以命令法官不准判，這叫「奉命不起訴」。

當我們說：「沒有王法了嗎？」這王法指的是皇帝的法，不是大家的法，要伸冤還得遇上青天大老爺。因此，中國人對法的觀念薄弱。對去法院視為畏途。往往有冤無處訴。

一個人治社會，國家的治理是由上而下，上位者以自我為主，下位者事事都要報告。使整個社會缺乏制度與體系。尤有甚者大家都不負責。

美國是權利社會，既然人人都有權利，那誰的權利是對的？誰的權利又是錯的呢？於是立法規定。因此，美國的法是大家的法。英文說：「Rule is rule（規定就是規定）。」法既定，則人人一體遵守沒有例外！

這種以法為基礎的社會，不但使美國人有冤有處訴，也使美國人制定完整的制度和社會體系。國家的治理是由下到上，人人對他所主管的事有權決定，亂來的人自己負法律責任！

要在美國生活，不但要有法的觀念，還要進入美國體制內。凡是自以為這麼做沒錯；心存僥倖；對法無知或不按美國體制做事的人，一旦遇上法，肯定吃不了兜著走！

生意愈做愈小

幾千年來中國人的權力觀念使中國人「寧為雞口，勿為牛後」的思想根深柢固。雞口雖小是吃米的，牛後雖大是拉糞的。這種權力大於一切的觀念使中國人沒有容人的氣度，眼光短淺又變得自私自利，所有的精力幾乎都耗在爭權上！上位者鮮有為部屬夥計著想的，股東與股東之間也是為爭誰大而爭而鬥，因此，中國人的生意是愈做愈小。

當中國人說：「我有權這麼做」或「我有權這麼說」的時候，這個「權」自然而然指的是權力。如果趙、錢、孫三人各拿出相等

的錢做生意。趙先生為防止別人吃錢於是提出「我太太做會計」。錢先生也要防一招於是提出「我妹妹做出納」。孫先生也說了「我小姨子做總務」。不論出納、會計和總務有沒有經驗或能力勝任，老子出錢你們就得聽！三個老子誰聽誰的？！不合夥做生意還是好朋友，一合夥做生意反而成仇人。

美國人是基於有什麼權利要盡什麼義務。同時按照一定的體系去做。英文說：「Small frog in the big pond.（大池塘裡的小青蛙）」看誰跳得高！彼得、約翰、瑪麗三人合夥做生意，他們都很清楚自己的權利是什麼，如果彼得提出「我太太做會計」。那麼彼得的太太必然是做過會計，有這方面的學識和經驗，而且有能力勝任。否則，他知道提出來也是白提！股東與股東之間為事而爭論時採取Compromise（和解或折衷）或少數服從多數的方式來解決問題。

權力：「我」最大；權利「大家」最大

當一個老美說「I have the rights to do that.」或是「I have the rights to say that.」時，他是不是有 Rights 這麼做或這麼說，要大家認可，大家不認可，他說的 Rights 也沒有用！除非我們把權力的觀念改為權利，我們大家的觀念才會容易溝通，才能談合作。因為權力是「我」最大！權利是「大家」最大。權力是絕對的，沒有商量餘地的。不論別人認不認可都得接受。權利不是絕對的，可以商量、和解與折衷，甚至可以否決的！自己的權利不被大家認可時，就得接受大家認可的權利。要從權利轉變成權力時，就要由大家通過後賦予。在權力的觀念和心理狀態下，二個中國人要談合作太難了。有權利的觀念，二個人也好，五個人也好，就容易溝通合作。

在美國這樣工商業發達的社會裡，要資本集中才能成大事，資本集中要合作。在各行各業出人頭地後，再培養人才進入政治圈為

中國人爭取利益。否則，個人有三五十萬或三五百萬又怎麼樣呢？
在資本大吃小的社會裡，這些錢一下子就被人打垮！

「路」是因人而異

權力統治社會猶如有汽車沒有公路。有駕照可以開，沒駕照也
可以開。「路」要看人怎麼走，有權有勢的人其「路」四通八達。
不論什麼規則都可以因人而異。

一旦發生「車禍」要看是什麼人，「大」人就沒事，有「關係」
有後台的人可以大事化小，小事化無。至於「小」人就問題嚴重了！
要負「車禍」責任！

法治社會是有汽車也有公路。人人都要考取駕照才能開車。「路」
是為人開的。人人都得照著既定的「路」走並遵守法規。「小」人
如此，「大」人也不例外！凡不照「路」走而違反法規的人要自己
負責，整個社會是以法和制度控制人的行為。

任何人都可以不遵守規則，違反規則的人不被逮到則已，一旦
被逮到，輕者使人心痛——罰的錢多；其次頭痛——上法庭，付保證
金、請律師麻煩多多；重者身心都痛——關入監牢。

以上我所說的這些是以百分比多少為準的。每一個社會必然有
各式各種人。任何社會有禮貌的人佔百分之九十五就是好。沒禮貌
的佔百分之八十以上就是不好。百分之九十的人開車守規矩就是
好，百分之九十開車的人不守規矩就是不好。

切盼大家在大池塘裡跳得高。要跳得「高」，必須把權力的觀
念改成權利，否則連跳都跳不起來！

不要再往自己臉上貼金

誠實認清自己，勇敢面對自己，然後才能贏得別人的尊重。

紐約市未具名和留地址的讀者，您寫來的信我收到了，如果您用理性的眼光來看我的文章，相信您會快樂一點。如果您以「長他人志氣，滅自己威風」感性的眼光來看我的文章，您必然不會快樂。因為您認為中國人的好，像是我們是禮儀之邦，我們有勤勞節儉的美德，我們也是有頭腦的民族……我們有吳健雄、楊振寧、丁肇中、李政道等等國際知名的博士。這些我都知道，問題是禮儀、美德、有頭腦必須人人表裡一致才行。最低限度也要百分之八九十的人表裡一致，吳健雄、李政道等博士的成就才是錦上添花。百分之八九十的人表裡不一致，吳、李等博士的成就是雪中送炭，還是熱不起來！

我們有句俗語說：「家家有本難唸的經」，這意思是說每一個家庭都有自己的問題和困難。「龍生龍，鳳生鳳，老鼠生的兒子會打洞。」這句諺言是說什麼樣的家庭教出什麼樣的人。為鼓勵人人進取，又有一句俗語說：「將相本無種，男兒當自強。」

一個家裡的任何人都代表這個家。如果我有惡劣言行，大家的語氣是：「王定和粗言粗語，行為下流，你少跟他來往！」、「你看王定和那副德行！我看他爹娘也好不到那兒去！」、「你不看看他爹娘是什麼人，還會教出有出息的兒女！」

國，是由許許多多的家庭組成的。因此「國國有本難唸的經」。每一個國家的政權不同、社會不同，因此，什麼樣的社會產生出什麼樣的人民。

任何一個家庭的成員，親戚鄰里願不願意與他往來，決定於此人的言行。一個國家的國民對另一個國家的人來說，他代表其國。中國人住在美國，美國人只看中國人的言行符不符合美國社會言行的模式，而後決定自己對中國人的觀念是好是壞。

任何一個家族（也許三五十人，也許三五百人）出了一個舉世聞名的人物，並不代表此一家族都是了不起的人。任何一個國家出了幾個美國培植出來的科學家，也不代表這個國家的人民都是優秀的。要被美國人民看重，必須全體都有水準以上的演出！

德國在第二次世界大戰結束的時候，真是國窮才盡。國窮是因為打仗，才盡是因為科學家被美蘇二國擄到自己國家去了。但不到二十年，德國人從國窮才盡中站起來，再度成為西歐強國，這是全體演出成功！

日本，一個什麼資源都沒有的小國，竟敢對中、美、英、澳大國開戰。其敗的之慘，尤甚德國。四十年後的今天，美國仍然被日本的電視機、音響、汽車、電腦、鋼鐵打得招架不住！美國人不念舊惡，竟然倒過來向日本人學習，這是日本舉國上下演出成功！

以色列的土地面積只有二萬四千平方公里（比台灣還小二千平方公里）。人口只有二百二十萬，四周都是要消滅他的回教國家，還有與她有不共戴天之仇的巴勒斯坦游擊隊時時準備與她拚命。

論土地、論人口，一個埃及就大過她幾十倍！但是以色列人毫無懼色，在三次中東戰爭中，三戰三勝！以色列人憑什麼跟八個國家打？！每次都打贏？

當以色列與鄰國戰起時，全球猶太人有錢出錢，有力出力。美籍、德籍、法籍猶太人紛紛向駐在國公司請假或辭職，儘快搭機飛回以色列向國防部報到，然後全身披掛開赴前線。

最使我折服的是，他們不是以色列籍，他們根本不必回以色列為以色列打仗。但是他們知道自己是猶太人，他們是自願回以色列上前線抵禦敵人而視死如歸。

當第三次中東戰爭結束後，以色列大學有六位教授在前線陣亡。以色列政府說：「沒有國家就沒有這六位教授。」國家，幾乎所有的以色列人不分男女都願為國犧牲。

1976 年 6 月，暴徒劫持了法國航空公司的班機降落在非洲烏干達國的恩德比機場，並扣留了所有的以色列人質。以色列突擊隊做了二千五百里長程飛行，在九十分鐘內突擊恩德比機場救回全部人質。以色列突擊隊司令官約尼‧尼坦雅胡中校當場背部中彈陣亡。約尼為美籍猶太人，在賓夕凡尼亞大學教猶太史，為以色列捐軀時才三十一歲！

以色列人的所作所為就是「求人不如求己」。他們沒有口號，沒有高調，沒有表裡不一，也沒有逃避自己應盡的責任。因此，他們贏得全球人士的讚佩，也贏得很多國家的友誼與幫助。德國為了與以色列建交而與其他八個國家斷交！

要別人尊敬，要靠自己做出來的是不是讓別人尊敬。光說不做，窮喊口號，猛往臉上貼金，即使喊啞嗓子，臉上貼金貼成金磚也沒有用！別人認為那是滑稽，絕不會心生尊敬！

1970 年 3 月，以色列空軍副總司令耶魯汗‧阿米索說：「假如以色列是一個無法保衛自己的民族，那麼，她就不再有存在的意義。我們被迫不惜付出更高的代價，去換取更多的自由。

我們為了維護人道主義的殿堂（The Temple of Humanity），我們寧可犧牲家庭中的成員，也不願自貶身價。

在敵人鐵蹄下求取生存或苟延殘喘，那並不是我們所希求的。我們要在自己的意願下，走向自己的安樂天堂。假如我們出賣自己的良知去換取生命的延續，那麼，不管你是哪一個民族的人，都會變得一文不值！」。

以色列人的所做所為給了我很大的啟示——人必自重而後人重之，人必自強而後人助之。個人如此，國家亦不例外！

美國人會小看、輕看猶太人嗎？

美國自 1776 年立國迄今，只有二百三十二年的歷史。猶太人來到美國不知道有多少年，但是中國人來到美國已經有百年左右了。今天猶太人在美國所把持的經濟地位和政治是他們全體合作演出的結果。中國人是個人演出，個人演出成功並不代表全體演出成功！

我不必長他人志氣，因為人家已經很有志氣了；我也不必滅自己的威風，因為自己實在沒有威風可滅！

你對別人說：「敬請批評指教」的時候，別人心裡明白的很——不可以說實話。要撿好聽的說，所以您聽慣了順耳的話。我是正好相反，我永遠都是說實話，真是江山易改，本性難移，敬請多多包涵。

有綠卡而無「身分」的中國人——我看華人

John Macduff

　　在美國定居的中國朋友很多都擔心所謂的「身分」問題。常常有人問我怎麼辦綠卡？怎麼樣才可以把太太接過來？等⋯⋯諸如此類的問題，而我每次這樣被問都會覺得有一點不舒服。一方面我是在這個地方生的，而不是移民過來的，我並不熟悉美國的移民法，因此我也不知道怎麼辦綠卡。更重要的是我怕這些人拿到綠卡或者公民之後會很失望。他們需要的不是美國政府所發的那些文件，而是一種對自己的認識及承認，他們最應該關心的身分不是紙上的身分而是他們在這個世界上的真正「身分」。一個人必須清楚自己是誰才能跟他的環境建立關係；也就是說一個人要認識自己，才會在任何一個地方（也包括美國在內）有一種有意義的「身分」。

　　太多中國人在美國已經住了很久，而且很早就拿到了美國政府的那個認可他是美國人的寶貴文件，但是他們自己很清楚那個文件是騙人的，他們根本不屬於美國；美國也不屬於他們。這些人每天感覺自己流落異鄉，有的還想在美國住個幾年，賺一些錢就回到老家，問題是小孩已經變成美國人不願意回去，結果居留在美國或者回去中國都很痛苦。我認為這群人之所以這樣悲慘是因為他們沒有「身分」，因為他們不認識自己。

　　我為什麼會這樣認為呢？當初我開始接觸中國人的時候，我的感覺是東方人跟西方人的差別相當大，我以為我四周圍都是一些從事「莫名其妙」的事情的怪物。

　　但是我這個想法慢慢改變了。到今天我覺得東方人跟西方人沒有什麼差別，基本上就是「人」。我們看到那些不一樣的地方只不過是表面上的！就是人的辨別能力並不太好。我們常常會分不清「表面」和「事實」。這點是非常重要的，它就是這篇文章所談的問題的根源。我在下面會提到三個中國人跟西方人不同的地方，而我希望讀者不要忘記這些差別都只是表面上的，就是因為人誤以為表面上的差別就是事實上的差別，才會產生問題，就是這點害得很多人很痛苦。

　　世界上的每一個社會都會教養小孩子，而教養的目的在於將小孩灌進一個模型，讓他的行為適合當地社會，也就是給他一個適當的形態。把小孩灌進模型的這個現象，在美國、中國都有，不過程度上有差異。中國社會的模型比較緊，人比較沒有表現自己的餘地。我想中國人到了美國以後的第一個發現可能就是這點。在課堂裡就很明顯：大家都知道在中國喜歡提出問題或有自己的意見學生是不太受老師歡迎的，學生只能默默無聲地聽老師講課。但在美國老師會鼓勵學生問問題或提出異議，那種在中國被認為很乖的學生反而在美國會被認為是問題小孩！

　　模型的鬆緊是我要提出的第一個差別。第二個差別是我前面約略提到的，也就是人容易分不清表面跟事實的這個現象。人生的事免不了有一大部分是很表面的；我們都忙著扮演社會分配給我們的角色（就是因為我們被灌進模型，我們才懂得去扮演這些角色，才會在舞台上有適當的反應）。我們一般注意的是生活表面的這些角色、生活的形式而並不是生活的實質，因此我們對實質的認識不是很好的，我們甚至會以為「形」就是「實」。中國人和美國人在這點也有一種程度上的差異；中國的社會比較強調形式，所以中國人比較容易把「形」當「實」看。

　　中國人以形為實的這個傾向很普遍，從中國人對一般事情的看法及分析就很容易看出來。我在這裡舉一個非常簡單的例子：以前

我在台北讀中文的時候，很多中國人跟我講學中文要用注音符號，不要用羅馬拼音，認為學注音符號發音會比較標準。這個想法簡直太荒謬，用怎樣的符號代表語言的聲音根本沒有關係，那些聲音是不會變的，「笨」這個字的音不管你寫注音符號「ㄅㄣ丶」、pen' 或 ben'都是唸「笨」。因為這些符號只不過是形式上的東西變，跟那個不會變的聲音的實質是分開的，可是我很多朋友就是不肯接受這個道理。對他們而言，有不同的形式就是有不同的事實，而我的看法是這幾個符號是同一個事實的不同表現。

　人被灌進模型和人容易「以形為實」的這兩個現象就會使人不認識自己。我們會以為我們從模型出來的形狀是我們的「真面目」，我們會以為我們扮演的那些角色是我們的真實身分，而問題就在這個地方產生。一個人在中國大概可以過得相當愉快，因為他熟悉那兒的形式，他在中國社會的舞台上一直會有適當的反應，因為他知道他扮演的角色，也知道別人扮演的角色。可是要是他不認識自己，他來到美國可能會感到很陌生（除非他一直跟中國人在一起），而且這個陌生的感覺也許會一直存在。他不熟美國的生活形式，無法在美國的舞台上扮演適當的角色，他自然就會覺得他四周圍都是一些怪物；不過要是他認識自己，要是他能夠把自己的「形」跟「實」分清楚，他就不會有太大的問題。因為美國人的「實」跟中國人的「實」是一樣的，只是在這兩個社會有兩個不同的表現，就「ㄅㄣ丶」跟「ben'」都是同一個事實的不同的表現。

　這個世界上那麼多不同的文化也只是人類共同的、實質的不同的形式。所謂「認識自己」的意思也就是認識到自己的那層人類共同擁有的本性。一個能夠辦到這點的人就不會覺得他四周圍的人是怪物，而且他會有辦法用不同的社會形式把自己的個性表現出來。然而，由於我在上面談到的那兩個因素，中國人在這方面較困難些。曾經有中國人問我：「怎樣跟美國人聊天，要跟他們說些什麼？」一個會問這個問題的人一定會聽不懂答案，因為他可能掌握不住自

己，而這個問題唯一有意義的答案是「先去認識自己，然後再去當自己！」

編輯人語

作為少數民族，華人對於自己在美國社會環境中扮演的角色還不很確定。「我看華人」這個專欄希望能夠提供一塊討論的園地，由一段距離外觀察華人的少數民族角色。只要是有助於澄清華人少數民族角色的文章，無論由那個角度出發，我們都表示歡迎，來稿請投本報「今日華人版」。

本期所刊的意見由美籍 John MacDuff 所寫，他曾在台灣居住四年，中文說寫流利，現住紐約市。

1984 年 11 月 6 日／中國時報

當個實質的「美國」人

　　拿了綠卡入了籍，不要存著「和尚敲鐘」閉關心態過日子。否則，人家把你當怪物；結果你眼中也把人們都看成了怪物；多悲哀。

　　美國移民局發的綠卡只是准許一個人可以長期居住在美國並在美國謀生，入籍證明是美國政府承認外國人可以入籍美國成為美國公民。如果自己不承認自己屬於美國，是以一種「異域作客」，「流落國外」或「只要賺到美國錢就回國光宗耀祖」的心態住在美國，必然與美國環境和美國人格格不入，甚至與下一代也無法溝通，綠卡和入籍證明又代表什麼呢？！

　　中國有句俗語說：「做一天和尚撞一天鐘。」就算當和尚也絕不是只要剃光了頭就可以住到寺廟裡那麼簡單，也有很多事要學吧？！」

　　舊金山北邊開車三小時，有一個地方叫做 UKIAH，這裡是萬佛城的所在地，在這裡出家的藍眼黃髮的美國和尚和尼姑用國語唸經、唱經，也能說流利的國語。因為萬佛城的主持是宣化法師，宣化法師是中國人，而且只會說國語，宣化法師幾位弟子更可以看中文印的經文，宣化法師用國語講經，其弟子當場譯成英文。

　　他們的身分是和尚和尼姑，他們的實質也是和尚和尼姑。他們不但在他們所處的那個環境與人彼此建立起關係，與萬佛城外的善男信女也建立起深厚的關係。

　　如果這些和尚和尼姑不承認自己屬於萬佛城，是以一種「經濟不好，等經濟情況好了就立刻還俗」、「我丈夫回心轉意了我就回

家」的心態住在萬佛城，那就是身分上來說他們是和尚和尼姑，實質上他們不是和尚或尼姑。他們不但無法適應萬佛城環境，也難與他人建立起關係，更不可能得到城外善男信女的支持！

同樣的道理，身分是美國人，實質上根本不屬於這個社會，那張綠卡或入籍證明只是一份文件而已。凡是實質上不屬於美國的，往往把美國人當怪物看，美國人也把他當怪物看，其結果是美國人還是美國人，他自己卻覺得身心痛苦不堪！

既然拿了綠卡移民美國，也宣誓入了美國籍，就應該謀求身分與實質合一，關於這一點我提供個人的經驗供大家參考：

了解憲法人權

美國的最高法律是憲法，憲法所標示的原則是自由、平等、正義。在憲法保護下人民有言論、信仰與出版自由。也保護人民的權利，因此人民有集會及請願的權利，有公平、快速受審判和保釋金的權利，有家庭安全的權利，也有自由遷居的權利。

美國是聯邦制，五十州如同五十個國家，由聯邦統其大成。聯邦法由國會制定（國會的權力乃是由人民及憲法賦予）交予總統執行，法有質疑則由大理院大法官解釋。各州有各州憲法，州法由州議會制定。州法不得與憲法和聯邦法牴觸，州法由州最高法院大法官解釋。

美國是一個人人有權利的國家，只要不違法、不犯法，不妨礙他人，任何人高興怎麼說就怎麼說，高興怎麼寫就怎麼寫，高興怎麼做就怎麼做，因此美國人個性比中國人開朗。

任何人的利益受到侵害就可以訴之於法，循法律途徑爭回損失。這是一個天理、國法、有冤有處訴，也有人為你伸冤的社會和國家，因此美國人做事規矩。

英文會說會看

英文會說會看還不夠,還要養成發問和看資料,看說明的習慣。問的愈多了解事物愈快,愈早進入這個社會。資料看的愈多,常識吸收的愈多,常識豐富的人判斷力也強,遇有好事,好機會可以當機立斷逮到機會。

以退為進不退縮

1979 年 5 月 6 日我來到舊金山,在弟弟家住了一夜,第二天到舊金山紀利大道一家 David Varner 雪弗蘭車行找銷售經理,我拿著「台視周刊」劇照對他說:「我在台灣演電視,所以在中國人社區很有名,如果你僱用我,我保證你用對了人!」

天知道,我除了雪弗蘭這個牌子以外,雪弗蘭出產的車我一部都不認識!銷售經理可能看我是有兩下子就用我了,實際上,那時候我連一下子都沒有!但我不退縮。

建立人際關係

我把從台灣帶來的袖釦、領帶、領帶夾等小東西送給其他的 Salesmen。早上常買一些美國人喜歡吃的甜甜圈請大家吃,或請他們吃個午餐。我每換一個工作就用這種方法,很快地建立起人際關係,當我有問題的時候,我得到的幫助足可收回成本。

在這兒我特別提醒大家,不論你與美國人的關係如何密切,友誼多麼深厚,你對自己所希望的職位或有興趣的工作要採取「有話講,有屁放」的態度,否則你以為「憑我們的交情,銷售經理出缺一定是我!」偏偏就不是你!

如果他認為你做銷售經理的本領還不夠,他也會直截了當的告訴你:「你本領還不夠看!」對於這種拒絕大可不必耿耿於懷,等本領夠大的時候再提出來就是了。

　　「說不說在我，給不給在你」，這次講了不給下次再來，務必把「說出來人家不給多丟臉」的這種觀念徹徹底底從大小腦中剔除！

參加社區社團

　　美國人不但各掃門前雪，還管他人瓦上霜。因此，參加社區組織貢獻一己之力，不但可以擴大社交範圍，還可以得到很多經驗。

　　我個人參加舊金山日落區獅子會，獅子會主要目的是幫助盲人。獅子會有各行各業會員，年過半百的會員最有時間和耐心回答我的問題，我隨著他們到處聚會聚餐眼界大開。凡是獅子會內的會員費、聚餐費、盲人捐助、慈善捐款等可以抵稅。

　　此外，凡是需要我捐款的，像是救世軍、警察局、消防隊、殘障兒童、學校等我都捐，沒有多少，「我掃門前雪，也管他人瓦上霜」。

加入政黨

　　我加入美國共和黨。因為根據 TIME 雜誌的統計表指出，每當共和黨當選為美國總統，美國的經濟情況就上升。每當民主黨人當選為美國總統時，美國經濟情況就下降。經濟上升對我所從事的職業才有利，因此我參加共和黨。

　　我對美國的事、美國的人和美國的現況有興趣，進而參與美國事。

　　來美國十七年，我畢業於美國最大的大學——USA（University of America Society，美國社會大學）。我畢業論文的題目是「問，再問，弄清楚。學，再學，弄明白」。在這兒所提供給各位的是實務不是理論，此一開講的目的是「說不說在我，聽不聽在你」。

　　即使看破紅塵出家當和尚做尼姑，還是有很多事要學的。身分是和尚或尼姑，實質上也是和尚或尼姑，不參與也不學寺廟裡的事，這樣的人也難容於四大皆空的出家人。更何況我們處在一個周圍都是四大不空的凡人世界了！

在不同的人生舞台要用不同的表演方式

「關係」對中國人來說非常重要，要辦一件與政府有關的事，必須要「關照」說項。

「關係」對美國人來說沒有用！他們認為政府是替大家辦事的地方，政府官員是拿大家付的稅，當然要為大家做事！

在中國的人生舞台上，我們非常熟悉自己所扮演的角色，一旦來到美國，在美國的人生舞台上，他們的「表演」方式與我們是一百八十度的不同，只有學習他們表演方式的人，才能與他們同台「演出」。現在我們來比較一下中美兩國人「表演方式」。

中國人表演靠關係，美國人演出靠實力

「關係」對中國人來說非常重要，要辦一件與政府有關的事得問「你跟××部，××局有沒有關係？」或是「你在××部，××局有沒有熟人打聲招呼？」被託的人說：「有，××部長的秘書是我同學（或表弟，親戚等），要辦事的人說：「我有這麼一件事……請幫我關照一聲。」要辦事的人和被託者的「關係」夠好，被託的人十之八九會承諾去「關照，說項」。

這種「關照和說項往往又可以顛倒黑白；大事化小，小事化無」；使「Yes」變成「No」或使「No」變成「Yes」，這叫做「朝中有人好辦事」。

　　至於個人要成為「大演員」，「中演員」要看他的「關係」，
找好了「關係」，很快就成為「大演員」。

　　「關係」對美國人來說沒有用！他們認為「政府是替大家辦事
的地方，政府官員是拿大家付的稅，當然要為大家做事，要辦事的
人，只要按照已定的規則，自己去填表格申請就是了，自己不懂，
可以找專門辦這種事的人替你辦，付錢就是了」。

　　舉例：

　　在中國，想當電視演員：

　　中國人找立法委員，管電視台業務的大亨（官位愈大，越現管
也愈有用）寫八行書和推薦書信，用「關係」迫使電視台接受他成
為電視演員。如果電視台不接受，後果恐怕「吃不了兜著走」！

　　在美國，想當電視演員：

　　自己到洛杉磯好萊塢日落大道，翻開電話簿，找專門介紹表演
的經紀，把自己在哪裡受過表演訓練，演出過什麼舞台劇或電影等
學經歷（Resume）交給經紀，雙方訂立合約，經紀從他演出酬勞中
分得 30%或 40%，然後經紀人為他安排演出機會。

　　如果你跟美國總統是至親好友，你想進 IBM 工作，請總統幫你
「關照」一下，總統只能對 IBM 的主事者說，「能不能給我一個 Favor
（恩寵）？」

　　主管人用你，是 Do 總統的 Favor，二天就發現你沒有這個能力，
立刻請你走路！

　　在中國人生舞台上，能扮演到什麼「角色」，「關係」為第一
要素，在美國人生舞台上，能扮演到什麼角色，90%要靠自己的實力。

中國人表演以「我」為尊，美國人表演以「對方」為尊

　　中國人如老師請學生，主管請部下吃飯是以我上為尊，所以「長」
說：「明天晚上來我家吃便飯」或「明天晚上請你在××餐館吃飯」，

學生或部下不可以也不敢推辭，否則會使「我」龍心不悅，認為「你不識抬舉」！

美國人請客吃飯是以被邀請的人為尊，他要先問：「明天晚上你可以不可以來我家吃飯？」或「明天晚上我想在××餐館請你吃飯，可以嗎？」被邀請的人願意去當然說「Yes」，不能去就說：「明天有事不能去。」既然是你請我吃飯，我可以告訴你：「後天晚上行不行？（後天晚上我可以，你可以不可以呢？）美國人的「我」是雙向的。

中國人是「我」直接問你個人的私事，如「你房子多少錢買的？」「你每個月賺多少錢？」「那個住在你家裡的女孩是你什麼人？」被問的人不好意思給你釘子碰。這種「台詞」立刻引起美國人反感！

美國人問到個人私事的時候，要先禮貌的聲明「如果你不介意，我可不可以問你一個問題？」對方說；「可以」，你再問「你的房子是多少錢買的？」或是「我只是好奇，如果你不願意回答就說：「不關你的事 None of your business」對方說：「可以」，你再問：「住在你家裡的那位女孩是你太太嗎？」

中國人表演時「面子」很重要，美國人表演時「實際」很重要。

中國人的面子是「一張紙上畫一個鼻子，好大的面子」！這個面子在政治、經濟、日常生活裡都無所不在其極，你聽說過這樣的「台詞」嗎？「把罰單給我，我去了就消掉了，這點小事辦不到就太沒面子了！」、「我跟他講，他不會不賣我面子！」、「我先乾，給不給面子在你了！」，「你請他，他不出來，太沒面子了！」，中國人的面子是「我」壓得住你，我就有面子，「我」壓不住你，我就沒有面子，為了這誰能壓住誰莫名其妙的面子，中國人可以反臉成仇，甚至殺人！

　　美國人的面子只在於個人和家庭，李政道、楊振寧、丁肇中、李遠哲四位先生得到諾貝爾獎，面子十足。這種面子是個人憑真才實學得到的。

　　前後左右鄰居都把前後院整理得乾乾淨淨，偏偏王定和就是不整，家家鄰居開林肯，鵬馳（賓士），就是王定和開三流車，在鄰里之間，王定和的面子就差多了！

　　中國人還有一種虛偽的面子，那就是沒錢裝有錢！一個中國人會不會進了餐館問：「我有五元，能吃什麼？」進了醫院對醫生說：「我只有政府的醫療卡，我沒有錢？」你我都是中國人，當然知道這是沒面子的話。

　　但是美國人問和說這種話非常自然！

　　如果我們希望在美國人生舞台上「表演」得愉快一點，最簡單的辦法就是把我們習慣表演和說台詞的方式轉一百八十度。

　　中國人「關係」很重要，美國人實力很重要。

　　中國人以「我」為尊，單方面，美國人我的「我」和你的「我」一樣大，雙方面。

　　中國人直接問個人私事，美國人要先禮貌請問「能不能問。」

　　中國人「面子」範圍很大，是壓力的，虛偽的，美國人的「面子」是個人實力掙的，範圍很小。希望你能舉一反三而「知己知彼，百戰百勝」！

請別耍大爺脾氣—— 要學會等

咱們老中習慣於託人打招呼辦事，快一點兒！或是後來先進，表示罩得住！老美偏偏是一步一步，一個一個來，進飯館吃飯排隊，辦事排隊，看電影排隊；先來先進，先到先辦認為是理所當然的事。所以，他們那股子等的勁兒還真大，真耐煩。

這種等候往往是老中不耐煩的。最好來了就進去，後到先辦，有辦法！人一到，「丁副官」出迎就更罩得住了！

別忘了，中國人在美國人公司做事，吃的是美國老闆飯。美國人辦起事來不慌不忙，一個個，一件件的辦。什麼都入境隨俗。你老兄要照老中的規矩，叫他辦事快點兒，他想快，又有誰會理他？

比如，你閣下找我買車。我太清楚了，你是最大的大爺！無奈，只要你買車，你就得等前面買車的人把手續辦完才輪到閣下辦。

你叫我進去跟財務經理說先給你辦。這種打招呼辦事，老中百分之九十九可以忍受不提抗議，換個老美便是「什麼？我先來，他卻在我前面，老子不買了！」你大爺不知道有這種事，我可知道。因此，我不能進去跟老美的財務經理說：「那是中國大爺，先給他辦辦。」不講還好，說了也是白說，還得遭人白眼兒自討沒趣。在亞美利加國，不論什麼大爺都得等！有一天，你大爺的車有了毛病，按老中的方式，把車開來交給我：「老王，幫我把車子看看，快點兒，我沒車不行。」於是我就得按我平時跟服務部門建立好的關係去打交道。這一套在美利堅合眾國是百分之百行不通，因為賣車的人只管賣車，只要把車賣出去，責任就沒了，車子有毛病，買車的人得找服務部門——修車的只管修車。

　　所以你大爺的車出了毛病，只好勞你尊駕自己把車開到車行服務部門去修了。我能做的只是幫你做翻譯而已。我去跟服務部門的修車人員打交道，讓、請或求他們快給你修，你看他們理不理？

　　可以找經理呀！中國的經理權大大，部下見經理是立正又鞠躬，經理的話就是命令。美國的經理正好相反，部下不大理經理的，你做你的經理，我只做我該做的，誰也不犯誰！經理管的不對，部下連理都不理！除非老闆告訴服務部門經理先給你修，我去跟服務經理打招呼，我是老幾呀！

　　朋友，咱們老中也說：「國有國法，家有家規。」你們家晚上七點鐘吃飯，做飯的人按部就班到七點鐘開飯。我大爺跟你說了：「我肚子餓，五點半開飯，我先吃！」什麼話！這話說出來是不是難為你？敬愛的祖國大爺，這是美國，如果你要住這兒，最好改變一下你自己，改變不了自己，美國這個鬼地方處處都是不順心，不但血壓會高，心臟也會氣得受不了。

　　說實在的，我很想幫你打招呼辦事，表示我吃得開又兜得轉。無奈，老美不理這一套！你大爺就包涵著點吧！

※註：中國人的觀念是：想要就得馬上拿到！

　　　美國人的觀念是：想要不可能那麼快，等一等是理所當然的。

　　　舉例：張三的車被撞壞了，送修車廠，修車廠要先訂零件，零件來了才能動手術。美國車子那麼多，那一家汽車廠能準備那麼多零件？所以一部車往往修理的時間少，等零件的時間長。

　　　張三今天剛買的汽車保險，第二天撞壞了李四家的門，李四要張三的保險公司賠，李四得等張三的保險用電腦打到記錄上以後才能賠。同樣的，如果你投醫藥保險，因為你在美國沒有看病紀錄，保險公司要你以前看病的紀錄，看看你是不是有病，沒病就接受，有病就拒絕。

　　　有些同胞說：「中國人不幫中國人忙！」不是不幫，而是沒辦法幫，所以要學會等。

切忌道聽途說亂作主張

　　美國是一個各行各業分工極細的社會，動輒牽涉專門知識和法律問題。因此，一旦你發生事故，最好找專門辦這種事的人而不要東打聽西問問，因為我們的傳統是士、農、工、商，「萬般皆下品，唯有讀書高」。既然是讀書人「足不出戶也應知天下事」。人家問到我，我說「不知道」豈不有失讀書人的顏面！不出點主意豈不是不夠朋友！

　　如果是為了讀書人的顏面，那就要把朋友所問的事從頭到尾弄清楚。如果不懂就不要亂出主意。「知之為知之，不知為不知。」就夠朋友了！否則親友照著你的話去做，一旦發生問題，誰負責呢？！

　　在美國凡從事公眾利益有關的行業，像是保險，房地產經紀等都要考取執照才能做。考執照的題目約有百分之二十是考法律規定。要是這些人亂說騙了你的錢，或讓你吃了虧上了當，你可以告他們，他執照要被吊銷的，朋友說的話，他不負任何責任，所有的後果都得你自己承擔！

　　以下是華人在美生活闖禍的小故事，闖禍的原因，就是不請教專家，而道聽途說的亂作主張。

　　董先生開車撞到別人的車，連車都不下，對方也不下車，只從車窗看看董先生，雙方都把車開走。董先生的朋友告訴他，到保險經紀那裡就說：「你的車停在路邊被人撞了，不知道是誰撞的，保險公司會賠。」

　　保險經紀根據他的報告報到公司賠償部門為他修車。報告在當天就寄出去了。第二天董太太來保險經紀這裡說他們接到警察局通知，要他們去問話。保險經紀一看通知單，是被撞的老美控告他們。董太太只好說實話了，是他先生撞到人家，來這裡謊報自己的車停在路邊被人撞，是她的老闆教她這麼說的。車子被撞的報告已經寄出去了，第二天再來說實話已經太晚了。謊報車禍犯的是聯邦法，要坐牢的！保單上寫得清清楚楚，董太太當場臉都白了。

　　撞車是民法，雙方得下車來互相交換駕照，登記對方姓名、地址、電話及保險經紀人的姓名、地址、電話就好了。最大的不得了是自己的保險費增高，但如今董先生卻要去坐牢！

　　另一個故事是：范先生沒有居留權，但是已經取得理工碩士學位，到一家專門製造軍火的公司求職，這家公司同意僱用他，給他的表格上要他填是美國公民，有綠卡，還是非居民。

　　他朋友教他跟公司說：「我的兄弟已經幫我申請移民，移民局也批准了，正在等名額。」公司教他把批准文件的號碼拿出來影印存檔，他拿不出來了！

　　以他現在的情形，只要在美國大學取得碩士學位，而那家公司又有意用他，那家公司會替他申請 H-I 一年短期工作簽證。在這一年裡，只要他真有兩把刷子，公司非要他不可，公司會為他提出居留權的申請。

　　他當時可以跟公司說：「你們僱用我一年。為我申請簽證。這一年之內認為我確有兩下子，就幫我申請居留權。」這是最合理的說法，也是合法的途徑。

　　如今朋友說不負責的話，他照著說，謊話在先，連轉圜的餘地都沒有了！

　　還有一個移民的故事：金先生聽朋友說，跟老美辦假結婚可以取得居留權，他就找了一位白人女人辦假結婚。結婚了，兩人天各一方，等移民局要兩人前去問話的時候，金先生打電話通知女方，

告訴他什麼時候要來，那家航空公司，幾點的班機，機票也買好。等到了移民局，移民局把金先生打電話的錄音帶和機票影印本放在桌上，當場驅逐出境！

辦假結婚一定要注意下列各點：

1. 要像個結婚的樣，雙方演也要演出來像是真愛情，不能一副做生意的樣子！
2. 雙方要半斤八兩，身材、年齡、教育背景、職業背景等都得配合得上。
3. 一定要兩個人住在一起。

親友只說找個老美辦假結婚可以取得居留權，沒有告訴他要注意這些事，結果落得被驅逐出境的下場。

趙先生要借 S.B.A.貸款做生意。問他朋友怎麼辦？他朋友教他去找錢四，問題是錢四這個人與趙先生所託的朋友只有點頭之交，表面上看是不錯的人，實際上拆爛汙大王。趙先生聽朋友的話去找錢四，趙先生豈不是上了賊船！

正確的做法是趙先生去 Better Business Bureau 查錢四有沒有登記，沒有登記就不要找他，登記了也要看他有沒有不良紀錄，有不良紀錄當然更不找他辦了。甚至可以請 Better Business Bureau 推介找什麼人辦。

李先生只聽王先生把自己說得多神多神，就介紹自己的親戚孫先生與他合作，孫先生只相信李先生的話就把錢拿出來與王先生合作，殊不知王先生就靠一張忠厚的臉型和自我吹噓來行騙。

正確的做法是孫先生要王某人把姓名、地址、電話；與那一家銀行有往來；向什麼銀行貸過款；汽車什麼牌子；在那一家車行買的；現在在那裡工作；主管叫什麼名字；地址；電話；以前工作的公司；再列舉二個最要好的親友名字、地址、電話。這些資料一一寫下來，有了這些資料，孫先生只要在家裡撥幾通電話就知道王先生是什麼人了。

　　林先生向許先生投了人壽保險。林先生把投保的事告訴親友，於是親友提意見了：「別只聽保險經紀一面之詞，要比較比較。……」，「你投保的那家公司沒有聽過呀，要考慮考慮。……」七嘴八舌弄得林先生改變主意不保了，就在改變主意不保之後發生不幸，好意提供各種意見的親友負不負責給林先生家人十萬元？要提供意見除非是真的懂！

　　正確的做法是林先生要許先生提出他們公司成立於那一年，每年的投資所得成長報告，此外，更得有一家專對各保險公司就其內部作業、控制花費、投資所得等做分析調查，且由獨立 A.M Best 公司來評定許先生這家保險公司是好是壞。這調查各保險公司是好是壞的 A.M Best 公司，就好像消費者報告（Consumer Report）說某家公司的產品優良或不良是一樣權威的。許先生提出這些報告和證明，林先生就應該相信自己向許先生投保是正確的。

　　美國一切都講求制度和專業化，專業化的人員都有執照，也有人管這些人，這些人說錯話讓你利益受損，你可以把他們告上法庭！

　　凡是懂得運用美國社會制度和找專業人員解決自己問題的人，就像你知道在哪裡搭公共汽車，然後再轉什麼車到目的地。不懂得運用這種制度和找專業人員解決問題的人，永遠搭的是「無軌電車」。聽親友的話而坐上「無軌電車」，怪誰呢？！

千萬不要「我以為……」，「我覺得……」，否則，你就吃眼前虧

6月15日，星期五，《洛杉磯世界日報》地方綜合版頭條刊出「華裔受警察侮辱事件又添一樁！」詳讀內容後深知這又是一件中美兩國人因為處事不同而起的誤解，並導致林×琴女士後來的受辱。

在加州考駕照筆試，有一題問「行車速度六十哩，應該距前面的車多少呎？」。在高速公路上為防止反應時間不夠而發生追撞，所以車與車之間一定要保持相當的距離，一旦你開車距離前車太近就犯了 Tail Gating，要吃罰單的。林×琴女士正犯的是這一條，據林女士自己的陳述說：「一名白人警員開警燈並示意我出去。」只要警車在你車後面閃起警燈，在內線快速道，你得立刻換線讓警車通過。你換了線，警車也換線並在你車後閃起警燈，那就是你得轉線並停於路邊，汽車熄火，雙手扶在方向盤上，等候警察前來問話，警察叫你怎麼做，你就怎麼做，不可以跟警察爭論。警察叫你在罰單上簽名，絕對不可以拒簽，拿到罰單心中不服可以上法庭做無罪（Not guilty）申訴，服了，就繳罰款並上交通課取消記錄（十八個月一次），不使自己的汽車保費增高。

絕大多數的美國人遵循此一規則。如果林女士也遵循此一規則，在罰單上簽字收下罰單，到此為止警察和林女士之間沒有「誤解」。

但是警車在林女士後面閃起警示燈後，林女士說：「我原以為是警察要我讓道，或是向別人示意，並覺得自己沒有犯規，而猶豫

了一下，但發現這名警察正在背後拚命地叫罵，我覺得警察是針對我，因而趕緊將車開到路旁的緊急停車道停下。」

警車在你車後閃起警燈，就是向你示意，只有你知道，你前面一部車絕對不知道，但是林女士「以為……」「並覺得……」而不停車，這使美國警察「認為她是故意的」，所以在背後拚命地叫罵。

這時她才警覺到是針對她，趕緊把車停到路邊，為時已晚，因為惹火了警察。所以警察「氣沖沖的嚷嚷要狠狠地罰她（Big fine）」。

如果林女士鎮靜而誠懇的向警察道歉，請他不要生氣，並解釋自己不是故意不停車的原因，警察氣歸氣，罰單照開，事情到此也就是這樣了。但是林女士的後續動作犯了不聽警察命令的大忌。林女士說：「我交出駕駛執照，汽車牌照等資料讓警察抄寫時，覺得我將車停得太靠行車道，便上車想將車駕駛到遠離車道的地方，但我剛停好時，警察馬上走上前將我全身搜查，將汽車全部翻搜一遍，並將汽車鎖匙拿走。」

這時你是「犯法的人」，汽車熄火，兩手放在方向盤上等候警察的處置。

林女士「覺得……」自作主張把車開走，這個動作傷了警察的「自重感」──你根本不把我放在眼裡，再來他直覺反應你要「逃」或是車裡有「鎗」或「毒品」，所以搜林女士的身和車內。（關於這一點請看看洛杉磯地區星期一至星期五，每晚七至七點半CBS電視台的「Highway Patrol」節目，你一定有概念）。

林女士應該向警察說明：「車停得太靠近行車道，很危險」，並請求：「可不可以把車開到裡面一點？」警察說：「可以」，再開；警察說：「不行」，停在那兒別動。

林女士沒有問就把車開走，招致警察的「誤解」。

身和車都搜了，汽車鎖匙也拿走了，坐在車裡等拿到罰單再說吧！事情到此還不至於惡化。但是林女士說：「由於我從未經歷過這一場面，便想打電話向夫婿求助。當我跑到高速公路上的電話打

電話時，這位警察一手將我拉住，把我推倒在地上，然後反手將我銬起來。」

　　林女士這一個突然跑上高速公路要打電話的行動，警察立即的反應是「她逃了」（關於這一點請看洛杉磯 Fox 電視台星期一至五晚上十一點到十一點半，星期六晚上八點到九點「COPS」節目，你一定有概念），於是不加思考的「追」，追上以後就是壓倒銬手銬，這是一連串的動作。到此，事情真正惡化。

　　林女士被警察逮到拘留所以後的事，我沒有資格評論誰是誰非，那是法官的職責。我唯一想跟大家談談的是「好漢不吃眼前虧」，一旦「吃了眼前虧」就說這是「種族歧視」、「華裔受辱」，事情真的是這樣的嗎？

　　六、七年前有位仁兄帶著叉燒上了紐約地鐵車內就吃起來，旁邊老美予以制止，這位仁兄認為老美干涉他的「只要我高興，有什麼不可以」而吵起來。於是老美把地鐵警察找來，地鐵警察立刻開出一張罰單給這位仁兄制裁他！

　　這位仁兄告到紐約中華會館說美國警察「種族歧視」，中華會館一問才知道「紐約地鐵車內禁止吃喝，違規者受罰，警察開的罰單是罰他在地鐵車內吃叉燒。」為了「好漢不吃眼前虧」，要多學，多問，多看美國人處事的方法。千萬不可以「我以為……」、「我覺得……」、「我高興……」，如果這樣，一旦「好漢吃了眼前虧」，後面的事就很難說了。

「龍年」真的有種族歧視嗎？

──剖視華人社會對種族問題的矛盾看法

孫隆基

　　「龍年」一片的上映，在美國的華人之間引起很大的反響，一般咸認為該片子有辱華的傾向，因此由東岸到西岸都觸發了一連串華人的抗議示威。就我個人的觀點看來，這類抗議與示威不妨進行一下，因為中國人平常並不讓別人感到自己的存在（Do not make a Presence）。在美國這個社會中，講究的是彼此施壓力以爭取己方的地位，因此，藉這個事故鬧一鬧，實在也是無可厚非。

　　但是，認可這一類行動的社會效果，與「龍年」這部電影是否存心種族歧視，以及中國人是否在原則上反對「種族歧視」，卻是三個不同的問題，「龍年」是否種族歧視，可謂是見仁見智。中國人反對別人在種族上歧視自己，也不等於說自身從原則上反對種族主義這種偏見。現在讓我們先從最後這一點談起。

　　根據筆者的觀感，如果在美國「種族歧視」是被當作一種偏見而存在的話，在中國人之間歧視其他種族卻往往被當作理所當然的事，換而言之，它絕少被視為一種「偏見」，反而是一種常態。筆者認識一些在美執教並已娶了美國太太的香港人教授，以及有幾個以上白種人男朋友的香港女士，提起老外來口頭上總不離一個「鬼」字，而且，似乎並非叫慣了改不了口，乃往往含有貶損的味道。這種作風，到底是貶低了別人，還是侮辱了自己，讀者可自予定奪。

　　中國人之歧視「黑鬼」，則更被當作是天經地義之事。一位暑期完了從台灣回美國的留學生，帶回一些禮物想送給鄰居，發覺左

右的白人都搬走了，卻搬進了一些老黑，於是到處對人說：「真不幸！我們這個鄰里有色人種多起來了！」言下之意，好像自己已經變成了榮譽性的「無色人種」似的。筆者在阿拉斯加碰到一位赴該地開學術會議的中國人教授，則公然歧視愛斯基摩人。

上述這類在口頭上表示自己比「有色人種」優越的作風，到底是真正表達了一個客觀事實？還是暴露了自身的心智水平？讀者也不妨自予定奪。在美國，這類明目張膽的種族歧視，乃中下階層與沒有知識的白人幹的事，因為他們已淪於白種人的最底層，必須還有東西在下面讓自己踩踩，方能確立自己的價值。至於一般中產階級，縱使有種族歧視者，也多半藏在心裡，以作「開明」狀，並避免自暴其短。但中國人之種族歧視卻是存在於各色人等之間的，包括高等知識份子、教授等等。看來，中國人向來自詡的「泱泱大國」之風，必須從唐代的考古發掘去找尋了。

至於「龍年」是否種族歧視，則是本文要評論的第三個問題。電影的故事，一般流於誇張，誇張則易流於「美化」或「醜化」，而好萊塢所拍的電影，其「醜化」的對象，幾乎無所不包，從美國總統、國會議員、中央情報局，甚至軍方，無一倖免。近年有一部 War Game 就將五角大廈的將領描寫成白痴狀，另一部 D.A.R.Y.L 則將一位美國將軍描寫成一副殺害兒童的納粹戰爭販子嘴臉。這類題材，如果出現在台灣，製片與編導不被冠上「為匪張目」的罪名才怪！

的確，容忍度之不夠，反映出來的往往是自己一方站不穩。現在黑人的電視節目中有拿自己的膚色開開玩笑的。這種情形，在六十年代黑人爭取民權的時候，就很難想像。現在美國的華人，大概還必須經歷黑人爭取民權、確立自己的一段過程。

不能否認，好萊塢確實也作過將華人與其他有色人種類型化的電影。在這個以白人為主的國家中，這種情形實在不足為奇。反過來說，在中國人拍攝的電影中，外國人的形象又會好到哪裡去？大陸的電影在「抗美援朝」時代，描寫的美軍是用刺刀挑刺嬰兒的野

獸，到了近年的一部「第二次握手」，出現的西方傳教士，仍是奸狡滑賊的形象，在反對「精神污染」運動中，則請來一批老外在電影中大跳狄斯可，作為「反面教材」（妙在還請外賓觀賞這類鼓吹「童子軍道德」的餘興節目！）。從邵氏製作的一些香港電影到李小龍的影集，西方人與日本人的形象也總不離壞蛋加笨蛋的組合。近年來香港甚至還出現了一些醜化菲律賓人、大陸人的電影，但社會上也不見有什麼進步的意見與之抗衡。

在各地破票房紀錄的 Rambo，是一部具有政治動機而刻意塑造由越南人代表的東方人陰險殘忍形象的電影，但卻風靡了中國大陸，從北京到內蒙都是一片叫座。這固然與中國人仇越有關，但也可能是事不關己，才不致對它所塑造的東方人形象產生敏感。至於像 Indiana Jones and the Temple of the Doomed 之印度為背景，卻不見得是存心找政治上的打擊對象，只是製片為了賺錢而擺的「異國情網」的噱頭，但是筆者認識的一些印度人看了之後，都覺得受了侮辱。然而中國人觀眾卻不見得會受到反印度人宣傳的感染，頂多將它當作是娛樂罷了。在該部片中，一位華裔童星扮演一個相當重要的角色，還被中文報紙當作華人在美國電影界中已經嶄露頭角的喜訊來加以渲染。但在「龍年」中，華人演員獲得更吃重的角色，同一些報紙卻又說：華人演員縱使擠進了美國的影劇界，也不會受到器重，頂多是去扮演一些醜化自己民族的角色……云云。可見是非標準多半是以我劃線作為定奪，此乃人之常情。

「龍年」的題材本身到底是否歧視華人，抑或它只是有關一位歧視華人的警長之故事，實不易下結論。認為它是一部種族主義的電影者，固然可以舉出頗為有力的證據：導演施米諾在其得獎的 The Deer Hunter 一片中，就曾醜化過亞洲人（越共、西貢堤岸的華人），而且該片具有很明顯的美國愛國主義色彩，因此，在也是由他執導的「龍年」中，作為主角的警長常將越共與華埠的黑社會混為一談，就很可能有導演自身的影子反映在其中。

　　但是，在另一方面，「龍年」的白人警長的這種偏見，卻又是
被公開點出來的，不只是他的華裔女朋友指出他具有反華的種族主
義，他的上司也不只一次地道破他從越戰退役之後，心中懷著仇視
亞洲人的這個非理性的結，甚至他的華人助手到最後忍無可忍，也
力斥其非。華人助手的一段話——謂當白種人還未進入文明以前，中
國人已經發展農業與航海，並幫助白種人開化云云所佔的時間，與
白人警長在華埠幫派頭子面前大罵中國幾千年文化的表白幾乎相
等。可見在該片子中，並非只有一種意見在獨霸講壇。

　　由這樣心理不平衡的警長去殲滅華埠的罪惡，其故事之足以迷
惑觀眾的程度，就遠遜於約翰・韋恩（港譯尊榮）大義凜然地在銀
幕上剿滅印第安人、墨西哥人、日本人等等。今日的好萊塢之所以
不再傾向製作約翰・韋恩式的電影，是因為時代不同了。在六十年
代以後，整個社會的風尚已經變得有點冷嘲，因此電影的故事也不
再能夠很有說服力地塑造出一些大義凜然，為公而忘私的英雄形
象，而能作出超乎常人之舉的英雄，不是為金錢所驅策的話，就是
有點心理不平衡。

　　「龍年」一片中警長之造形其實並無新意，而是繼承了其他電
影中一連串警長角色之前身。例如 Serpico 描寫的不肯同流合污，力
反警界貪污的警員，就不是一位毫無瑕疵的人物，他有一點自以為
是（self-righteous），連女朋友也受不了而終於離開他。The French
Connection 中的警長在辦案時是一位「拚命三郎」，但他在性方面有
被虐的傾向，而且喜歡亂開槍，並因而誤殺同僚。克連・伊士威特
扮演的警長角色，也多是心理不平衡的，在 Dirty Harry 中，他與暴
徒一般嗜殺，只不過殺的對象是暴徒，因此才代表了正義的一方；
在 Tightrope 中，他扮演的警長與兇殺犯具有同樣癖好——從妓女身
上獲得性虐待的快感；其與兇徒的差別只在毫髮之間——他沒有進一

步將女性虐殺，卻殺死了進行性虐殺的兇徒。這類電影故事所標榜的是對人性陰暗面的寫實，認為在現實的人生中，從無可能是善與惡的絕然對立，所謂代表正義的一方如果沒有攻擊性或虐殺傾向的話，就根本不可去剿滅惡人。

「龍年」一片中的警長也是一個「拚命三郎」，他可以不顧市議員以及警察總監與華埠幫派之間達成的相安無事的協議，越出了任務範圍（掃蕩華埠街頭的不良少年）去打擊黑社會老大，且不受後者之賄賂，最後在被免除職務的情形下，仍單鎗匹馬地去將對方剿除。如果將這樣的警長描寫成大義凜然的話，就很難具有說服力，因此必須將他塑造成是自越戰退役以來就懷有仇視亞洲人的結，並且是自以為是的一個人物。雖然如此，筆者認為該片的故事情節仍然缺乏說服力。因為，按照美國式生活的不成文的邏輯，這個吊而郎當，情緒不穩定、與現實脫節、家庭生活失敗的警長是符合「失敗者」（Loser）的形象，而他的對手華埠幫派的頭子卻具有組織能力與意志力，能控制全局，理應屬於「成功者」（Winner）。但是，最後故事卻由偶然的因素——誰先中鎗——而定勝負之局，卻破壞了角色發展的完整性。如果「龍年」的結局也像 The French Connection 上集那樣，警長雖然破獲了毒案，卻不能將後者繩之以法，就更為接近社會的現實。

「龍年」這部影片到最後雖然仍不離「邪不勝正」的俗套，但是故事中的所謂「正面人物」既然是如上述一般加以處理的，觀眾與他之間就應該存在一種「疏離效果」，縱使是同情這個角色的話，也不至於在每一點上都產生「代入感」。然而，在華人對「龍年」的抗議聲中，最常聽到的一種意見莫如：在這部電影中華人很少以「正面」的角色出現——女主角是白人的洩慾工具、一位奉公守法的老人戲很少，因此剩下的只是充當小配角的警長助手，云云。事實

上，該片中所謂「正面」的白人角色也很少，警長的上司與警長總監都是容許罪惡現狀存在的人物，而原因則是白人市議員受了華人幫派的好處；意大利裔則是與華人幫派合作的黑手黨。至於具有越戰後遺症的主角，無論其如何自以為是地以美國正統自居，卻終究是一位波蘭裔。事實上，片中除了出現中文對話之外，描寫到警長的生活圈時則出現波蘭語，因此毋寧是反映出紐約區少數民族雜處以及彼後此間矛盾的情形。

然而，中國人無論看待任何事物，都很少具有「疏離效果」的，對待電影也不例外。從前，一部由李麗華主演的影片，因其中的壞人是一位理髮師（任何角色總不免有一種社會身分），就引起理髮師公會的抗議。今日大陸的演員劉曉慶因為演過一個壞女人的角色，其本人就被社會當作是「壞女人」，幾乎導致她因「人言可畏」而自殺。中國人一般也較缺乏冷嘲的態度，因此總是將人的「正面」與「反面」外在化、客觀化為社會期待的角色，而不是將其視為每一個人內在的兩個方面。大陸一直到最近還可以相信有雷鋒式的人物。在這方面海外的中國人也只是程度上有差別。即使在今日，中國人對政治權威一般地仍缺乏冷嘲的態度，並無限信賴地認為政治權威應該是照顧自己的，一旦發覺待自己「不好」，才會發發牢騷，很少認為必須對它設立制度性的控制。這種過份「理想化」的態度就是不想看見權力使人腐化這一個事實，自然更不懂縱使對方動機純正，也要防止他將「自以為是」的一套硬加在自己頭上。這種「理想化」的傾向，也表現在中國人整個社會化的過程中，一般地造成對父母缺乏冷嘲的態度，看不見他們作為具體的個人之問題與局限，而是將他們的社會所期待的角色予以理想化。在這個過程中，也易產生一個「理想化」的自我形象，那就是：一方面不願承認自己身上有陰暗面，另一方面卻將這個人所共有的一面外在化地投射到別人身上，作為非難的對象，因此出現「寬以律己、嚴以待人」

的雙重標準。甚至於滿足正常的生理需求如性愛者，不是躲躲閃閃地去幹，就是將事情的責任賴在客觀環境甚至或別人頭上。這樣的文化媒介，也就容易產生汲汲於到處搜索表面化的「正面」與「反面」的範例，並從中獲得「教材」，吸取「教訓」的傾向。

(作者為史丹福大學歷史系博士，現任教於聖路易華盛頓大學)

來美國之前美國領事館
簽證及應注意的事

居留權及簽證問題的研討

——申請親人移民和入籍須知

　　想要在美國居留，完全要看個人的條件。比如要做一道糖醋排骨：糖、醋、油、鹽、排骨都有了，交給律師炒一炒，快得很！若是缺糖又少油，再好的律師也難炒出來。這裡所提出來就是最基本的條件。

　　來美國有兩種方式，一種是移民簽證；一種是非移民簽證。

移民簽證包括

一、血親，即父母、子女、兄弟、姐妹、夫妻。

二、專門技術人才。如科學家，拿到美國碩士或博士學位，在美國公司做事，由公司幫他申請。或中國廚師，必須是美國當地缺乏人才，要勞工局批准。

三、設立分公司，如果在台灣的總公司做了一年以上的經理，被總公司派到美國分公司來主持業務，分公司成立一年以上也可以申請綠卡。

四、投資，現在已有配額，在富裕地區投資一百萬美金並僱用十人，在高失業率地區投資五十萬並僱用十人，就可申請投資移民。

　　今年一月十九日勞工法修改了，在 1976 年時，醫生申請永久居留不容易通過。現在在某種條件之下可以申請綠卡，不需要經過勞工局批准。

1990 年移民優先簽證改為四種

P1.第一優先：係指美國公民的配偶及未婚子女。

P2.第二優先：係指有永久居留權者的配偶或未婚子女。

P3.第三優先：係指公民的已婚子女。

P4.第四優先：係指滿二十一歲美國公民的兄弟姐妹。

非移民簽證包括

一、觀光、商務考察或探親簽證，來了以後，或許可以改變為學生身分。

二、E-1 這是說台灣或中國的貿易公司，有一半以上的業務是跟美國做的。有相當的業績，派人來美國做業務代表，這個代表就是 E-1 簽證。

三、E-2 這是指台灣或中國有相當財產和收入。再來美國投資，這是 E-2 簽證。

四、H-1 這在加州來說，有碩士以上學位，由服務的公司替他申請的短期工作簽證。

五、H-2 這是指由他在美國的服務公司，幫他申請在美國短期工作。但是需要勞工局批准。

六、L-1 這是指台灣或中國有貿易公司或大企業跟美國有業務往來。被派來美國分公司的人必須要在台灣或中國的公司有一年以上的工作經驗。L-1 簽證並不是只限於經理級的人。技術性的人員也是 L-1 簽證。

商業簽證四項要件

辦理 E-2 簽證，基本上是「非移民類簽證」，申請人應該「無移民之意圖」才能申請，其主要條件可分下列四點：

一、申請人必須持有與美國有商約國家的護照。譬如台灣和中國與美國有約,而香港就沒有商約,因此香港居民只要向中國申請一本護照,成為中國國民,就具此項條件。

二、投資的條件。法規上對 E-2 簽證,並未有具體之規定,但言明有相當數額的資金,及相當人數的僱工。至於相當數額的資金是多少,則要視每種事業而定,在美國投資開設鋼鐵廠及餐廳,其投資金額當然大不相同。僱工人數亦無具體規定,要視實際情形及個案才能決定。

三、經驗。法規對申請 E-2 簽證者,雖不規定他一定要與原來經營的事業相同,但申請者須有做生意的經驗,有能力管理在美國的投資。

四、原居地還有相當財產及收入。這個要件就是美國對簽證 E-2 的申請,基本上認為無移民美國之意圖,才符合標準。譬如,申請者應在原居地仍有相當的房地產,有公司股份及其他事業,證明他不會一來美國就作長期移民的打算。

E-1 跟 E-2 兩種簽證都可以帶太太跟孩子來。延期也沒有限制。

L-1 申請簽證的要件

外國公司派經理職員或技術人員,前來美國的分公司服務,這些被遣來美的人可以申請簽證。

一、外國公司有必要的理由在美國開設分公司,並派員前來管理。申請的外國公司可以擴展營業,爭取美國市場,或其他與該公司有關的理由證明該公司有必要來美國開設分公司。當然,這家外國公司也同時要能證明它有能力來美開設分公司。

二、派遣來美的經理或技術人員,至少有一年以上在該公司的工作經驗。

三、原則上，擁有該外國公司的東主不能派自己來美主持分公司申請 L-1 簽證，而是要派經理級或特殊才幹的職員，才能適用 L-1 簽證，但如果是合夥投資公司，只要合夥人所投資的資金不超過百分之五十，仍可由公司派其前來美國分公司，申請 L-1 簽證。

L-1 簽證與 E-2 商業簽證，性質略有不同。譬如，申請 E-2 必須持有與美國有商約國家的護照才能提出申請，如持香港護照的香港居民就不合乎條件，他們必須向中華民國申請一本護照，然後才能據以申請 E-2 的商業簽證。L-1 簽證，則沒有此限制，持香港 C1 者只要符合條件者，就可申請。其次，L-1 簽證在目前情況，不能變換身分，申請永久居留權。當然，如果將來美國修改移民法，要是能通過「投資居留」的法規，E-2 簽證持有人若具備「投資居留」條件，則可取得居留權，但此項目前尚在國會審議階段，情況未完全明朗。

申請 L-1 簽證的主要步驟，可分下列三項：

第一步驟，外國公司應先在美國開辦分公司。

第二步驟，該公司為派來美國的人員，向移民局提出申請。

最後，還要在美國駐外領事館，取得 L-1 簽證。

將來，持有 L-1 簽證的經理級人員，可以不經過勞工部審核，直接向移民局申請居留權；如果是特殊技能工作，則要在勞工部批准後，才能向移民局申請。

非移民簽證的人要切實注意下列二點

一、凡是要改變身分的人，在進入美國海關以後二個月再提出改變身分。否則會遭移民局批駁。甚至──I-20 入學許可也要過二個月再拿。否則移民局會懷疑他進入美國的目的就是要長期居留。

二、在進美國海關時，美國海關所發連在護照上的那張 I-94 紙並不是簽證。有人改變了身分，移民局蓋在 I-94 紙上的許可。並不是表示他已經拿到美國簽證，可以自由出入美國。一旦出了美國，I-94 就被美國海關收回，再進美國，護照上沒有簽證就麻煩了！

　　有些簽證如 E-1，E-2 並不需要美國移民局批准。可以直接向美國駐外領館提出申請。美國駐外領事館在你護照上蓋的簽證才是真正簽證。憑護照上的簽證才可以自由進出美國。

有關移民之問答

Q1：有 P.R.可不可以申請父母或兄弟姐妹來美？

　　　不可以，這個沒有優先！

Q2：收養兄弟姐妹的孩子來美有什麼條件？孩子的父母以後能不能來美國看他？

　　一、孩子必須在十四歲以下。

　　二、必須證明父母雙亡、或無力撫養、或棄養。

　　三、養父母在收養孩子之前，必須對孩子行使兩年以上的監護和撫養的責任。

　　四、養父母收養孩子辦理移民來美，養子女不能申請親生父母來美。

Q3：有錢人家僱請管家能不能留下來申請 P.R.？

　　　原則上可以，但有很多限制。

　　一、僱主的財力是否真的強大？

　　二、被僱的人是不是有管家的經驗？以前有沒有做過管家的工作？

　　三、當地是不是缺乏這種人？如果登報徵求，在一定的期限裡是否有這種人來應徵。

　　四、最重要的是得經過勞工局批准。

Q4：已經為兄弟姐妹申請 P-4 移民簽證，但是要等太久，能不能在美國先辦 E-2 留在美國等 P-4？

　　　美國的移民簽證和非移民簽證是兩種水火不相容的簽證。只要有移民美國的念頭或已有實際行動最好不要申請非移民簽證，否則會增加很多麻煩。

Q5：父母有 P.R.，要把孩子從香港、台灣、中國等地接來美國可以不可以？

　　只要父母有綠卡，就能申請未婚的子女。未婚的子女，含離婚的子女，子女的年齡不受限制。這是 P-2 簽證。

Q6：在美國買了房地產可以不可以辦移民？

　　不可以！這是你一廂情願的想法。

Q7：非移民簽證能不能變成移民簽證？

　　那要看個人的條件了。比如你閣下吧，拿的是 H-1 短期工作簽證，咦！你有福啦，硬是被珍芳達看上了。你瞧瞧，他非要跟你成親不可，那你就從 H-1 短期簽證變成永久居留啦！

Q8：沒有身分打工，萬一被移民局抓到，有沒有補救的方法不被強迫驅逐出境？

　　唯一的辦法就是上訴拖時間。如果勢必被強制出境，乾脆自動要求離境。這樣可以不留紀錄，以後還可以再進來。

Q9：以上所有的條件都不合，就是要留下來。有律師以五千元包拿到綠卡，這是真的嗎？

　　只提醒閣下，一切要走合法的途徑，非法途徑早晚會出紕漏！

　　移民法少說有三四尺厚。一定要問清楚，如要萬無一失，最好請一位有名而信譽良好的移民律師。

Q10：美國要為親人申請移民要辦那些手續？

　　一、由在美國的親人寫信給要移民來美國的親人，把他的出生證明，親屬關係證明（戶口謄本），結婚證明書等先蒐集齊全，其次蒐集有關的相片，來往書信，戶口登記證明，蒐集全了，就寄給在美國的親人幫他提出申請時用。

　　二、在美國的親人把申請表格填好，隨同被申請人寄來的證明文件送到移民局，等移民局批准。

注意：由於移民簽證優先種類不同，所填的申請表格也不同：

1. 父母、子女、夫妻、兄弟姐妹有親屬關係的移民，要填 I-130 表格。

2. 僱主跟被僱用關係的移民，也就是 P-3 跟 P-6 有專門技術的人或非技術工人的移民，首先要由僱主填好 MA7-50A 資歷證明的表格及 MA7-50B 工作職位證明的表格，兩種表格一起送到勞工局，等勞工局批准發下勞工證明書以後，僱主再填 I-104 表格隨著勞工證明書一起送到移民局。

Q11：被申請的人在中國大陸或在台灣的申請手續：

一、在美國的申請人向移民局申請獲得批准後，移民局就簽發一張准許入境通知書 I-94 寄給要申請來美國的人，並說明是那一類移民。

　　同時，移民局將所有的檔案寄到當地的美國大使館或領事館，將來申請移民來美者，其移民簽證就由當地的大使館或領事館負責簽發。

二、在美國的申請人，一收到 I-171 准許入境通知書後，要馬上寄給被申請人。

三、被申請移民來美國的人若是在大陸，當他收到 I-171 准許入境通知書後，要立刻把通知書送到當地公安局及有關政府機關提出出國申請。

四、凡是要移民來美國的人，必須先由本國政府批准出國拿到護照，才能到美國大使館或領事館辦理移民簽證的手續。

五、美國大使館或領事館收到美國移民局送去的檔案以後，會安排時間通知申請移民美國的人前去談話，經大使館或領事館人員的約談及審查案件，認為合格，由大使館或領事館簽發入境美國的移民簽證。自簽證日起四個月內有效。

Q12：申請入美國籍要那些條件及辦什麼手續？

一、申請入籍的基本條件：

1.必須年滿十八歲以上。

2.在取得永久居留權以後，連續在美國至少住滿五年。

3.在連續住滿五年的最後六個月，不得離開申請的那一州。

4.在這居留約五年之內，可以短期出國，出國時間不可以超過一年。

5.申請入籍的人在連續居留約五年之內，最少要有一半的時間，實際上是住在美國。

6.美籍公民的配偶，在合法進入美國取得永久居留權以後，只要三年就可以申請入籍。

二、入籍時必須要填寫的表格及證件：

1.N400 申請入籍表格。

2.G325 自傳資料表格。

3.打手印兩張（一定要用黑色筆填打手印表格）。

4.二吋×二吋近照三張。

三、面試：

1.申請入籍的人把文件送進主管入籍的部門後，看人數多少，通常要經過六個月到一年的時間才會接到面試通知。

2.去面試的時候千萬不要忘記帶你的綠卡，社會安全卡及二十五元的 Money Order。

3.面試的重點包括自傳資料，美國開國的大事及歷史，美國憲法及重要修正案，政府組織及其權力等等。

四、宣誓：

面試以後，大概過三個月左右，申請人會接到一張宣誓通知書，你親自到指定的法庭宣誓。是集體宣誓，宣誓完畢，你就是正式公民。

公民證可以當場發給你，也可以寄到你住的地方。如果是跟父母入籍的未成年兒童，要向移民局要一份 N400 黃色的表格或 N600 白色的表格。

五、不會英文怎樣辦？

1979 年新法令規定，凡是五十歲以上合法進入美國，取得永久居留權的人，只要在美國住滿二十年，就可以不用英文考試，可以用中文代替。

申請移民簽證切莫謊報事實

富廉明律師撰／夏玲譯

你撒謊和作假，相信十個同胞有十個不怪。因為中國的社會是不能說實話的。說實話的人，其後果相當痛苦，撒謊和作假反而容易過關。於是漸漸的養成睜眼說瞎話和作假的習慣。

美國人極為痛恨謊話和作假。
不查到是你運氣，查到會讓你後悔得捶頭擂胸！

許多外國人滿懷信心在美國境內及國外等待綠卡（移民簽證）多年，結果卻未能取得綠卡，這倒是事實。其基本原因在於有些人申請簽證時（有些是好多年以前的事）謊報若干情節。若該外國人當時在美國境外，則拒發移民簽證（綠卡）的後果就意味著他此後再也不能合法進入美國。若該外國人在美國境內，則拒發移民簽證的結果，可能使他打一場押解出境的官司或被押解出境。

美國法律規定：「凡已經或正在申請或業已取得簽證以謀進入美國的外國人，若用欺騙手段或故意謊報某項具體事實，即無資格取得簽證。」這條法律的嚴重性在於，除極少數例外，有謊報事實的外國人此後便永遠無資格取得任何簽證。這種情況和企圖通過欺騙手段進入美國的外國人截然不同，因為用欺詐方式進入美國的人只是在進入美國時不得許可，但並沒有永遠不准他獲得簽證。移民官或領事在決定外國人因謊報而無資格取得簽證前，必須查明：

97

一、該申請人確有謊報實情；

二、謊報是故意的；

三、所謊報事實是具體的。

謊報可能出現在口頭接談之時，也可能包含在書面申請中，例如在簽證申請表中，或者在所遞文件中含有虛假資料，例如假履歷信之類。

尤應指出者，若外國人委託律師或旅行社為他辦簽證，而該律師或旅遊公司若有謊報的行為，申請人亦知此謊報的情形，則申請人應為此謊報情形負責，因此這時候如果你到時為自己的謊報辯護，說那是別人建議你這樣做的，也無濟於事。不管是誰謊報，及時承認反而可能有助於使移民官員不認為你是故意謊報。

若有以下事實則視為具體謊報：（1）若報出真正事實，則該外國人便不能取得簽證，或（2）謊報所瞞事責，將導致對該申請人的一系列調查，而調查結果可使他無資格取得簽證。

在第二種情況，所謊報情節必須是存心隱瞞一系列調查行動，而調查所獲實情又可能使當局拒發簽證者。有許多情況可以發生謊報的情況。最普通的例子是，一個申請非移民簽證的外國人在申請時未說明他已提出移民簽證申請。例如，可獲得第四優先的美國公民的兄弟、姊妹在申請非移民簽證，如 B-2 類簽證時，未在申請書中同時指出，他們已申請第四優先或其他優先的移民案件。領事官和移民官若查出此事實就會認為這是犯了具體謊報，因其移民意願與非移民身分不合。

由於移民意願和申請非移民簽證的原則不符合，故持有非移民簽證的外國人，在其申請永久居留簽證或非法受僱時就發生困擾。

例如，若一個持有 C 簽證（過境簽證）者留居美國而又非法工作，就發生嚴重謊報問題。又如，若有人申請 C 簽證在申請時說他要去南美洲與家人團聚，而實際上他的家屬就在美國，此外持該 C 簽證者進入美國後即在美國住了下來，則在他想申請移民簽證時，

就會發生嚴重的謊報問題。若一個需移民外國人入境後立即非法受僱，或立即想調整身分為永久居留，則領事官或移民官會有理由說，這個人在申請非移民簽證時就謊報了他的真實意圖。非移民簽證持有者的行動與其在申請晤談時所述意願不符，這件事本身雖然並不足以證明他企圖謊報，但是他為此受到任何移民官員或領事官員仔細查問，是自然可以預料到的事。

許多謊報問題往往出現在與美國公民或具永久居留身分者結婚而申請移民的簽證案件上。如果婚姻是虛假或騙人的，持證者便犯了騙取簽證罪，他此後就永不能取得任何入美簽證，除非得到豁免。由於有人可能利用婚姻情況騙取簽證，故法律規定，若外國人入境後，與其配偶的婚姻關係在兩年後告終，則除非他能證明該項婚姻並無欺騙之情，不然他就可能被當局押解出境。又如，若簽證申請人的美國配偶已提請離婚，而他在申請時未透露此情，則法院也認為這是具體謊報。

關於以前申請非移民簽證而後來又申請移民簽證的謊報，若無其他情節，並不認為是具體謊報。又以前申請移民簽證後來又在申請移民簽證過程中涉及謊報，在大多數場合下並不認為是具體謊報。

非移民簽證申請者若謊報他以前曾被拒發過非移民簽證，這種事本身也不視為具體謊報。在缺乏其他證據的情況下，必須假定以前之所以被拒發非移民簽證，乃是由於當地移民官員認為申請者不合簽證條件。由於情況在改變，對每次新的申請，必須重新決定是否可發簽證。例如，假設申請 B-2（觀光）簽證者未申報他以前會被拒發 B-2 簽證的事實，這種情況在大多數情況下不算具體謊報，申請者尚有資格取得其後的 B-2 簽證。

為了確定所查出的謊報是具體謊報，移民官員必須證明申請人所隱瞞或謊報的資料，與其他資料相比是具有相關性的。例如，若一外國人提供偽證來證明他在國外有重要親屬關係，而事實上他具有其他值得考慮的親屬關係，那麼這種謊報就不算是實質的。具體

的說，若有一美國公民的子（或女）為取得第一優先身分而謊報其婚姻情況（將已婚謊報為未婚），而實際上只具有第四優先的資格，而當時第四優先並無配額，則此謊報屬於非實質性。但若當時第四優先有配額，則此謊報屬於實質性。

一旦經查明申請人在取得簽證時有謊報之情，則謊報等必須設法證明，他若透露真情後，仍有資格獲得簽證，或證明的領事官員如知道真情後不會依法拒發簽證。若領事官員對申請拒絕簽證，則這些案件常會轉交簽證官員俾查明申請人是否有具體謊報之情。

若外國人在申請調整身分時，移民法官判斷申請人有向領事或移民官作謊報之情，則此案可向移民上訴理事會和聯邦上訴法庭申請覆核。

若犯了謊報行為的外國人是美國公民或永久居民的配偶、父母或子女，則他可請求豁免押解出境或失去簽證資格，如果他除了謊報的行為之外，應可獲准進入美國的話。

總之，凡申請移民簽證者，在進行移民簽證晤談之前，必須徹底檢查一下以前他自己或別人代他辦過的一切申請簽證手續。這樣，他才能藉此安心以前沒有犯過嚴重的謊報行為。

非移民簽證類別及申請程序

李亞倫律師
1995 年 1 月 15 起「世界週刊」連續四期

　　這一系列文章目的在於幫讀者加深了解美國移民法律容許哪些簽證類別。雖然長期閱讀我們文章的讀者現在對於移民法律大多已有所認識，可是許多新讀者對於美國移民方案並不熟悉。我相信對非移民簽證和移民簽證分門別類地作一介紹會有助於讀者明白移民法律是如何作業的。

　　美國移民法律是隨著國家的發展而逐漸進展的。美國是一個年輕的國家，隨著 1787 年簽訂憲法而誕生。憲法統一了各獨立州，使之緊密相互依存。在以後歲月中，美國移民法律的重點是接受人們移居新國土之際也注意阻止不良份子和犯罪份子一併混入。直到 1921 年才通過法律來限制准許移居美國的入境人數；因對受戰爭破壞的歐洲國家大量移民湧入，人們普遍感到恐懼。

非移民簽證廣泛使用

　　雖然「非移民」這個詞語在 1952 年移民及國籍法中才正式使用，但是隨著 1924 年移民法簽訂，非移民簽證已廣泛使用。1924 年移民法認為每位入境外籍人士都是移民，某些類別除外，一般認為非移民簽證起源於 1924 年移民法，因它對外籍人士被准許入境多久以及如何保持身分準時離境等都作了規定。

自從二十年代起美國移民法律趨於嚴密以適應人民和國會所覺察到的國內不斷變化的情緒和需要。當時沒有關於移民的中央計畫。各屆政府和國會對於如何修改移民法律使之適應政府目標，都有自己不同的觀點。移民法的變化時多時少，但總的來說，由我們兩黨制內各屆政府之間在移民目標問題上既有分歧又競相關心，美國的移民方案仍然是慷慨大方的。雖然我們不再歡迎世界各地疲勞、饑餓、窮苦大眾或渴望自由呼吸（正如自由女神像上銘刻的那樣）的人士大量湧入，但是美國仍是全世界移民政策最寬大的國家。

非移民簽證

現在有三十多種非移民簽證供人們來美國作時間長短不一的居留。非移民簽證類別計有從 A 簽證至 R 簽證，其中許多更細分為多種小類。細看一下各類簽證及其用途會有助於人們決定他們能以哪一種非移民簽證才夠條件來美國。

• A 簽證

A1、A2、A3 是為外國政府官員所使用，如大使、部長、領事等，包括他們的家屬和傭人。這些簽證只限於少數人士。

• B-1 簽證

簽證是用於來美國從事商務。這是一種使用廣泛的簽證，持有人在美國可換成別的簽證。B-1 簽證者可以進行商業交易（不可收取工資）；商洽合同；與貿易夥伴商談；上法庭打官司；參加科學、教育、專業、交易會議（包括行政人員討論會）；獨立研究；在美國受訓且向海外僱主領薪，而向美國方面只領經費或津貼安裝、維修美國國外的公司的商業或工業設備機械（服務費用海外製造廠商負擔）；來美國探索符合 E-2 簽證投資人身分的投資機會；來美國開設或受僱於外國僱主的子公司或分公司以便取得 L-1 簽證公司內

部調配人員簽證身分等等。B-1 簽證是向在國外的美國領事館申請的，通常需要護照、OF-156 簽證申請表格、外國僱主證明信說明確是需要申請人去國外。按商務性質及移民官對 B-1 持有人的估量，入境時通常批准居留不超過六個月。延期總共可達一年，再要續延就需書面證明，理由充分才行。B-1 的家屬可申請到 B-2 簽證。

B-2 簽證延期可達一年

• B-2 簽證

B-2 簽證是用於來美作短期消遣的，通常用於旅遊、探親或求醫。大多西歐國家不用 B-2 簽證，因為這些國家有豁免簽證的試行方案，其國民不必向美國領事館申請簽證就可旅行來美。B-2 簽證與豁免簽證的區別在於以 B-2 入境者可能延長簽證或轉換身分，可是豁免簽證入境者不能。從入境方便考慮，豁免簽證試行方案不失其有利之處，但缺點是過了移民局當初批准的居留期以後就不能延期或轉換身分。以 B-2 或豁免簽證入境的人士不准在美國工作。B-2 簽證直接向國外的美國領事館申請，通常需要有效護照、OF-156 簽證申請表格、說明去美國理由的文件、與本國關係密切的證據以及美方親友的經濟擔保（若有的話）。按訪美理由及移民官對 B-2 持有人的印象，入境時通常批准居留不超過六個月。延期總共可達一年，再要續延就需書面證明，理由充分才行。B-2 的家屬也可申請 B-2 簽證。

• C-1 簽證

C-1 簽證是用於過境的。持有人只准在美國停留最多一週，而通常只是一天，不准延期或在美國轉換身分。只有美國公民的近親（父母、配偶或子女）在美非法居留才有可能在美調整身分而不必回原地去面談移民簽證。不過，面談時可能有這個問題——申請人當時在美國領事館申請簽證時是否犯有欺騙行為。若是，則須向移民局申請豁免且獲批准才能移民——美國允許許多旅客通道進入美國不需

簽證，然而不是任何國家的國民都能享此特權。合格者須證明他們可以入境，且已證實預訂了去美國下一站國家的機票，且於入境八小時以內將按原航線或轉航線繼續旅行。

· D-1 簽證不得延期

D-1 簽證是為來美國的乘務員所用，無論他們服務於火車、飛機或輪船。D-1 簽證不得延期或轉為別種簽證。持有人將來不能在美國調整為永久居民身分，除非移民局為他們實施特別方案或他們符合政治庇護的條件。

· E-1 簽證

E-1 簽證條約國商人簽證用於行政人員、經理或專業技術人員來美國為其本國公司工作。申請 E-1 簽證時須能證明公司有巨大貿易額且主要是與美國的貿易。E-1 身分的好處是持有人可長期留在美國，因它不像其他簽證那樣有規定的年限，E 身分是一直可以繼續延期的。此外，申請 E-1 身分並不是非有海外分公司不可，只是要在美國的公司為外國利益集團所擁有而申請人是該外國國籍，準備擔任行政、經理或專業技術方面的工作。

E-2 簽證沒有規定年限

· E-2 簽證

E-2 簽證與 E-1 簽證有許多共同之處。兩者主要區別在於 E-1 期望大量貿易而 E-2 期望大量投資。投資金額多少沒有統一規定。在討論投資金額多少時國務院僅僅說開糖果店所需資金比開汽車廠低得多。然而，總是越多越好，因為美國領事館總要覺得有道理才會發簽證給申請人來美國投資。E-2 簽證可以發給獨立投資者，也可發給獨立投資公司僱用的經理、行政人員或專業技術人員。百分之五十 E-2 投資額必須是申請人原居國的股權。就像 E-1 一樣，E-2 簽證

的好處是沒有規定年限，許多持有人已在美國居留了很長時期。只要達到以上要求，申請 E-2 身分也不一定需要有海外分公司。

E 簽證身分人士只准在擔保他的公司或他自己投資的公司工作，工作若有任何變化，必須通知移民局。

E-1 和 E-2 家屬不准工作

E-1 和 E-2 身分人士的家屬也持 E-1 和 E-2 身分，不過不准工作；儘管移民局說只要 E-1 或 E-2 人士本人身分合法，就不會向其家屬採取行動。不過，若家屬想留在美國調整為永久居民身分又未經許可非法工作，若被移民局知道，移民局可能不會任其在美調整身分。結果可能是 E 身分本人可在美調整身分而其家屬須去海外面談。

E 簽證可直接向海外的美國領事館申請；若申請人已持別種簽證身分在美國，也可向美國的移民局申請。向領事館申請須有效護照、OF-156 申請表格、貿易或投資證明文件，有時尚須當地領事館 E-2 表格。在美國申請須向移民局地區服務中心申報，須交 I-129 表及 E 補充表、I-94 出入境卡副本、貿易或投資證明文件。向移民局申請的有利之處是移民局比領事館對貿易額或投資額的要求可能低些，因移民局經辦很多國家的 E-2 簽證申請案。向移民局申請的不利之處是移民局無權發簽證，只發書面通知（I-797 批准通知）表示申請人已轉為 E 簽證。由移民局批准而轉為 E 簽證的人士可去加拿大和墨西哥不超過三十天。若去了三十天以上或去其他國家，則須去美國領事館申請到簽證才能再回美國。

• F-1 簽證

F-1 簽證用於學生。他們可在學院、大學、神學院、女子中學、普通中學、小學讀書，也可在其他學術機構或語言訓練班學習。家屬則用 F-2 簽證。F-1 持有人繼續上學就可保持其身分，須有學校發的未過時的 I-20AB 表格。F-1 簽證可在海外美國領事館申請；若已

在美國，則可申請換成 F-1。向領事館申請通常需有有效護照、OF-156
申請表格、I-20 A B 表格經濟擔保書或美國不必工作而有錢讀書的證
明。若已有有效簽證身分在美國，則可向移民局申請改為 F-1 學生身
分，須交 OF-156 申請表格、I-20 A B 表格經濟能自我負擔的證明。
向領事館申請簽證與在美國轉變身分的區別在於移民局無權在 F-1
申請人的護照內蓋印簽證。因此，移民局只是在 I-94 小白卡的反面
註上持有人身分的改變。然後當事人（已是學生）可去加拿大、墨
西哥、加勒比海諸島國（古巴除外）不超過三十天，不必簽證可以
回美國。若超過三十天或去其他國家，則須去美國領事館簽證才能
回美國。

F-1 學生有六種工作許可

一、校內工作。每週至少可工作二十小時，須與學生服務有關。假
　　期內可做全工。這類工作許可不需事先批准。

二、接半工半讀或實習方案等參加的工作，通常是校外工作，只要
　　與學生課程方案直接有關且由外國學生顧問推薦，工作即告合
　　法。工作許可由外國學生顧問批准。學生填 I-538 表格申請，連
　　同未過期的 I-20AB 表格一起交給外國學生顧問。外國學生批准
　　時就簽註「准許從某日期到某日期在某處僱主全時（或半時）
　　實習」。

三、校外工作。已讀完一學年的學生可以工作。公司須已招聘了六
　　十天，向勞工部報告有職務空缺以吸引合格的美國工人已六十
　　天，但是職位仍空著。於是公司就申報 ETA9034 表格並獲勞工
　　部的批准。學生把 I-20AB 表格與勞工部許可證一起交給外國學
　　生顧問。外國學生顧問在 I-20AB 表格反面註上該僱主的半工許
　　可。上課期間每週可工作二十小時，假期內可做全工。

四、學業完成後實習。為期一年。為此，學生須於一百二十天（畢業前九十天至畢業後三十天）限期以內向外國學生顧問提出申請，而外國學生顧問須寫推薦信以建議批准實習。學生就去地方移民局辦事處申請工作許可，須帶上外國學生顧問的推薦信，填寫 I-765 表格並付六十美元申請費，按著移民局辦理該案，批准時會給學生一張 I-688 工作許可卡。

五、學業完成前實習。上課期間每週可工作二十小時，假期或學完全部必修課程以後可做全工。不過，學業完成前實習用去多少時間都要從學業完成後一年實習期內扣除。這類工作許可由外國學生顧問推薦，可是必須向移民局申請才能獲得 I-688 工作許可證。

六、照顧有嚴重經濟困難的工作許可。申請的學生須能證明有嚴重經濟困難且是無法預料的，例如失去了經濟援助或校內工作（非由學生之故引起），貨幣價值或外匯兌換率的波動，學費或生活費用的劇漲，經濟擔保人經濟情況的突變，醫藥費賬單，其他未料到的大筆開支。申請這種出於經濟需要的工作許可時，申請人須能證明他無法按第三種工作許可，即校外工作方案，找到工作。這類工作許可也必須由移民局批准且獲得 I-688 工作許可卡才能開始工作。

・**G 簽證**

分有 G-1、G-2、G-3、G-4、G-5，用於指定的國際組織（例如聯合國和亞洲開發銀行等）代表或僱員，他們的家族和傭人也是 G 類簽證。他們應擔任他們本國政府或國際組織聘用之職，而傭人則為他們服務。G 身分的家屬不能工作，除非國務院推薦（用 I-566 表格。須填用 I-765 連同用 I-566 表格交給移民局等候批准。移民局是發 I-688 工作卡以示批准的。

四種人士符合用 H-1 簽證

・H-1 簽證

目前有四種人士符合 H-1 簽證。

一、H-1A 用於專業性的註冊護士。

二、H-1B1 用於來美其一專門行業臨時服務。

三、H-1B2 用於來美提供特殊性質的服務，與國防部合作研究開發項目有關。

四、H-1B3 用於來美做時裝表演的國內外有名的時裝模特兒，須有傑出功績和才能。

H 簽證人士的家屬都是 H-4 簽證。我們將集中討論 H-1A 和 H-1B 簽證，因這兩種是 H-1 簽證中大多數讀者符合條件申請的。

・H-1A 簽證

H-1A 簽證註冊護士，須有不受限制的執照可在其本國任專業護士之職；或須能證明是在美國或加拿大接受護理教育的。另外還須通過外國護士學校畢業生管理委員會的考試；或有永久執照可在受僱之州任專業護士之職；或有永久執照可在美國各州任護士之職，並有在受僱之州擔任護士的臨時許可。

註冊護士不難找到擔保者

註冊護士通常都不難找到擔保者，因美國嚴重缺乏合格護士。擔保者通常是診所、醫院、療養院等。擔保機關向移民局遞送 H-1A 申請文件之前必須先向勞工部申報誓證書，證明若無外籍護士則服務將受嚴重影響，僱用外籍護士不會影響在職本籍護士的工資和工作條件，外籍護士的工資將與在職護士的工資相同，正採取措施徵聘美國護士，本單位沒有護士罷工或勞資糾紛，每申請一個外籍護士都通知了本單位護士代表或進行張貼以告示本單位護士。

• H-1B1 簽證

H-1B1 簽證是最常用的 H-1 簽證，用於來美臨時服務於專門行業，須有高度專業知識的理論和實踐能力，須完成專業課程並獲有學士學位。僱主在向移民局遞送 H-1B1 申請文件之前須先通過勞工部勞工情況調查的批准。僱主須聲明工資低於公司對於該職位的實付工資或該地區的市場通用工資；該地區同類工作的工作條件不會受不利影響；公司沒有罷工或勞資糾紛；已貼出佈告關於申請勞工情況調查事項。僱主還須於申請勞工情況調查一天之內將文件準備完畢以供公眾檢查之用。與外籍人士工作相同的所有僱員的付薪紀錄須予保留且於勞工部要求查閱時提供之。

H-1B1 工作學位須相稱

任何有學士學位或與之同等學歷（三年教育和三年經驗）的人士若有其所學方面或相關方面的工作需用其教育背景或加上其工作經驗，都可申請 H-1B1。移民局把三年實際工作經驗視同一年教育。因此，有會計學士學位者可能有資格當會計師。學過三年商業並有三年會計師經驗者也可能有資格當會計師。上過二年大學且有六年會計師經驗者也可能有資格當會計師。此外。只要有相關的工作經驗，教育背景可以是不同的領域，兩者結合可以構成相當於學士學位的同等學歷。

H-1B1 簽證當然不可能人人都能取得。教授或工程師擔任大樓門房或清潔工就不夠資格，因為工作和學位必須相稱才能獲得 H-1B1 身分。另外，電工和職員也不能獲得 H-1B1，因為電工這一行業只需證明，不需學士學位，而職員通常不需有學位。

申請 H-1A 和 H-1B1 身分的手續非常近似。兩者都須交 H-1B1 表格，連同 I-129 補充表各其他證明文件，包括向勞工部作證 ETA9029 表格（申請 H-1A 用）ETA 9035 表格（申請 H-1B1 用）。

H-1A 護士可在美國居留五年或在某特殊情況下可達六年。持 H-1B1
身分的人士可在美國居留六年。首次批准時移民局會給 H-1A 和
H-1B1 人士首期三年在美為 H-1 僱主工作。H-1A 護士可要求延長二
年。H-1B1 人士可要求三年。申請人在國外，須等移民局批准 H-1B1
申請後寄往他們住處的美國領事館。然後他們可用 OF-156 申請表格
和 H-1 批准通知原件申請 H-1 簽證。最好帶上申請文件的副本以防
萬一領事館尚未收到移民局寄去的原件。申請人若在美國，須劃出
I-159 表格第二部份中的 4C 以示將在美國改變身分。獲准以後若護
照內蓋印多次入境 H-1 簽證，就可自由出入美國。否則只能去加拿
大和墨西哥不超過三十天而不需向美國領事館申請簽證就可以重返
美國。

領 H-1 表格注意事項

關於 H-1 表格有幾點應注意。1992 年起使用的新的 I-129 表格
像報稅單那樣有各種附件和費用。移民局最近在與新草表（1992 年
11 月 30 日）同時發佈的聲明中說，「移民及國籍法是很複雜的，尤
其是非技術勞工的種類及各類的具體要求」，按舊法有一張申請表
格和一張轉身分的表格。可是按照新法就是 I-129 表格；若有家屬，
家屬須填 I-539 表格和補充表格。I-129 表格包括主要申請人轉變身
分或延長身分的申請，不必再填其他表格。申請人須注意收費問題，
以前移民局對配偶及子女從未收費，可是現在有專門表，配偶須付七
十美元，每位子女須付十美元。現在申請人向移民局遞送 I-129 表格
時應估計一下共有幾位申請人，共有幾張表格要填，共需付款多少。

然而全面考慮之下，申請 H-1 簽證不失為一個好辦法，可長
年受僱在美擔任專業之職因而得益。許多以其他簽證來到美國的
人士都可以申請 H-1 簽證，例如學生 B-1、B-2、E-1 及其他簽證
的人士。

H-2 針對從事臨時性工作

・H-2 簽證

　　H-2 簽證分為 H-2A 和 H-2B。H-2A 用於來美從事臨時性或季節性農業勞動的外籍人士，一般對讀者關係不大。H-2 用於來美做其他臨時工作之用，職務通常是非專業性的（不要求有學位），但要求有技術。在考慮 H-2B 是否對您適用之前必須先考慮兩個因素。第一是向移民局遞送 H-2B 申請文件之前必須先申請臨時勞工紙；若申請不到，須有勞工部發的不批准通知。第二是申請之職必須是臨時性的，即任職之外籍人士離職以後該職位就不復存在。因此，一次性的工作例如接受訓練後就開工或參加某個建築工程都可能屬於 H-2B 簽證範圍；而像餐館廚師那種工作即使任職者去職以後該職位仍然存在，就不適合 H-2B 這一類。H-2B 申請首次批准期限為一年，以後分次延期總和可達三年。申請延期須交 I-129 表格、H 補充表格、臨時勞工紙或勞工部的不批准通知，並附上無法找到美國工人的證明，申請之職的美國市場通用工資的證明，以及其他文件藉以說明勞工部不批准臨時勞工紙的各條理由都無道理。另外還需附上外籍人士任職資格證明的副本，將完全遵守勞工紙上各項條件的聲明，以及僱主簽名的聲明，表示若外籍人士於獲得許可的工作期滿而被辭職，僱主願付合理的回國旅費。H-2 身分人士的旅行規定及境內外申請辦法如同 H-1 申請人士。

H-3 來美接受臨時訓練

・H-3 簽證

　　H-3 簽證用於來美國僱主之處接受臨時訓練（畢業後訓練除外）。須能使移民局信服是有合法的訓練方案，受訓人員為其海外職務前來接受訓練。不得不用於為僱主提供僱員。若訓練方案包括太多在職受訓，移民局會懷疑這到底是受訓還是生產。許多大公司

和銀行都有訓練方案，訓練海外人士熟悉美國處事方式，因為現代商務範圍已國際化，需要有關人士熟悉多國業務處理方式。受訓人士一般可在美國居留二年，特殊教育交換訪問的受訓人士例外，只能在美國居留一年半。申請 H-3 簽證須填 I-129 表格及 H 補充表格，並附上訓練方案詳細內容，包括每週上課時數及每週在訓練時數。還須提供一份小結，說明每位申請人以前所受訓練及其經驗，為何現在又要受訓，現在的訓練申請人本國是否有，現在的訓練對申請人將來回國後的事業有何好處，僱主為何願意負擔訓練經費等。H-3 身分人士的旅行規定及境內外申請辦法如同 H-1 申請人士。

• I 簽證

I 簽證用於海外新聞事業代表。獲 I 簽證的人士將在美國從事美國與其本國之間的新聞採訪活動。因此，在美國的 B、F 或其他簽證的人士受他本國在美的新聞機構僱傭後就符合申請 I 身分的條件，只要他是從事新聞採訪活動。I 簽證人士只要繼續為新聞機構工作就可保持其 I 身分，繼續在美國居留。若在海外申請 I 簽證，須填 OF-156 表格，並提供文件證明新聞機構是確實無疑的，申請人來美國是為了採集新聞。若在美國申請 I 簽證，須填 I-539 表格轉變申請身分，其餘證明同上，我們以前談的 E 和 H 簽證人士出入美國的有關旅行規定也適用於 I 簽證人士。I 簽證人士的家屬也是 I 身分，不過家屬不准工作。

J 簽證指交流訪問者

J 簽證用於按美國與申請人定居國之間的文化交流計畫而來美國的交換訪問者。J 項目由美國新聞總署主理。J 項目可由公司、學校、機關等發起，理由可以是從國際商務方面受訓到充當技術專家和研究人員。迄今為止 J 簽證發給最多的對象是學生和學者。通常 J 簽證學生只要在上學就可保持身分，研究人員為期三年，而大多數

一般訓練項目為期僅十八個月。讀書完畢後可有十八個月的受訓，若不受回國兩年限制，按著可轉換成 H1B1 身分從而繼續保持在美國的合法身分。J-1 家屬是 J-2 身分，經移民局同意之下可以工作。申請工作許可須填 J 表格並須繳費，交至對於交換訪問者在美臨時居留之處有管轄權的地方移民局。J-2 工作的收入不得用於負擔 J-1。

J 簽證受回國兩年限制

讀者應知道倘若接受 J 簽證身分而受回國兩年限制，除非他們確實回國兩年或獲准免除該回國兩年的要求，否則他們不能在美國轉為 H 或 L 非移民簽證也不能轉為移民簽證。以下情形都能使申請人受回國兩年的限制：名列申請人本國技術名單上（美國與申請人定居國共同制定的，表明在哪些技術領域該國要其國民學成以後回歸），用政府或國際組織資金（申請人來美旅費或在美費用由美國政府或申請人本國政府或某一個國際組織支付），申請人在美期間開業從事醫務。日本沒有技術名單，所以日本人受回國兩年限制只會是後兩種原因。

若在海外申請 J-1 簽證，須填 OF-156 非移民簽證申請表格，並交美國方面擔保單位所發的 IAP-66 表，須能證明在美國可以自我負擔費用（或由 J 項目提供費用，或有經濟擔保書）。若在美國申請 J-1 簽證，須填 I-539 表格申請從別的有效非移民簽證轉換成 J-1 簽證，也要交 IAP-66 表格並能證明有自我負擔能力。J-1 旅行辦法如同 F-1。因此，在美國轉成 J-1 身分的人士可去加拿大、墨西哥與美國相鄰的島國）（古巴除外）旅行，若三十天之內回美國則不需去美國領事館申請簽證。

K-1 入境可獲工作許可

・K 簽證

　　K 簽證用於美國公民的未婚夫（妻），來美結婚。請注意只用美國公民而不用於永久居民的未婚夫（妻）。必須證明雙方於過去二年內見過面，或者有極為困難的原因未能事先見面。足夠證據使移民官相信未婚夫（妻）以 K 簽證入境以後與美國公民的結婚確是合法。申請時雙方都須填交 I-129F 表格、簡歷表、照片以及雙方確是未婚夫妻關係的證明。批准以後，申請文件送到美國駐外領事館，領事館再發 K 簽證給外籍人士。入境九十天之內外籍人士必須與美國公民結婚，並向地方移民局遞送文件以便調整身分成為永久居民。未婚夫（妻）是 K-1 簽證；K-1 身分人士若有子女，子女是 K-2。K-1 身分人士入境以後可獲工作許可，因他（她）被認為短期內反正即將成為永久居民。

・L-1 簽證

　　L-1 簽證用於因公司內部職務調動，來美在其本公司、子公司或分公司任職的人士。申請人須於最近三年中至少有一年是擔任行政、經理或專業技術工作。移民局對上述各項工作的合格標準都有具體規定。

　　L-1 簽證人士可來美國任職於已經設立的辦事處，也可來美國開設新的辦事處。若來美國開設新的辦事處，首次批准居留時間限於一年以觀後效。一年期末若公司在美國有所成長，則可要求延期居留。L-1 跨國公司可提出總體申請，除其本公司外還可申請部份或全部母公司、子公司、分公司。總體申請必須符合下列四個條件：

一、這些公司及其各分公司從事商業、貿易或服務。

二、僱主在美國有辦事處，營業至少已有一年。

三、僱主至少有三個國內外子公司或分公司。

四、僱主及其各分公司於去年一年中至少獲准十二次 L-1 簽證，或其美國各分公司的年營業額總和不少於二千五百萬美元，或至少僱有一千名美國工人。

L-1 首次批准有效三年

持 L-1 身分者若是經理或行政人員，可在美國居留共七年；若是專業技術人員，可居留五年。首次批准入境有效期為三年，以後可申請延期，一次可延期二年，直至允許居留的最高年限。

個別申請「簽證時須交 I-129 表格、L 補充表格、證明美國僱主和外國僱主之間所有權和控制權關係的文件（例如年度報告、公司章程、財務報表或股份證明的副本）、外國僱主證明信（須說明申請人的工作期、職責範圍、資歷和工資以示申請人在最近三年中為僱主至少連續工作了一年）、將任工作職務要求說明以及將任工作確屬行政、經、專業技術類的證明。若申請人將來美國開設新的辦事處，則辦事處的租約也要申報；另交文件證明僱主有經濟能力支付申請人的工資並在美國開始經商，證明雙方公司組織機構、美方投資規模及外國僱主的經濟狀況。

總體申請 L 簽證時公司須交 I-129 表格以證明符合總體申請的條件；批准以後僱主就可為個別僱員申報 I-129 表格，須有總體申請的獲准通知。申請人的外國僱主證明信（證明申請人的工作期限、職責範圍、資歷和最近三年的工資）。若申請人是專業技術人員，還要美國學位證書副本或與美國學位同等學歷的外國學位證書，或所受教育與工作經驗相結合可等於美國學位的證明。在美國國外的申請人可去當地美國國領事館申請，須交 OF-156 非移民申請表、L-1 申請獲准通知 I-797 原件以及 L-1 申請件副本。在美國境內的申請人可在 I-129 表格內的第二部份第 4(b)點旁作「V」記號，要求改變身分。美國領事館發的 L-1 簽證通常是多次入境簽證以便持有人隨便

進出美國。在美國境內改變為 L-1 身分的人士可去加拿大和墨西哥旅行,三十天以內重返美國者不必去領事館申領 L-1 簽證。

經理或行政人員是 L-1A,專業技術人士是 L-1B。家屬是 L-2。

M 簽證用於職業院校學生

• M 簽證

M 簽證用於職業院校的學生,語言學校除外。外籍申請人士本人是 M-1,其家屬是 M-2。M 簽證學生與 F123 簽證的辦法一般相同。最大相異點是 M 簽證居留期通常比 F 簽證居留期短得多,因 M 簽證是用於職業院校的。M 學生學完課程以後也有實習,不過實習時間是按比例分配的,每個月全時學習可獲一個月工作許可。此外,M-1 學生實習時間總計不得超過六個月。M-2 分人士(M-1 的家屬)就像 F-2 身分人士(F-1 的家屬)一樣不能在美國工作。M-1 身分不能轉成 F-1 身分,只能轉成 H 身分,且有一個條件,即訓練目的不是為了達到 H 身分所要求的標準。

• N 簽證

N 簽證是與國際組織有關,例如聯合國和世界銀行等。這些組織的主要代表可以 N 簽證來美國與子女一起生活,但只限於子女尚未滿二十一歲,而且達到了某些要求,已經成為永久居民了。N 簽證也可發給國際組織僱員的子女,但這些僱員須達到一定要求而成了永久居民才行。

O 簽證用於有卓越才能者

• O 簽證

O 類是國會最近根據 1990 年移民法案而制訂的,用於在科學、藝術、教育、商務或運動界有卓越才能的外籍人士以非移民身分進

入美國。表演藝術和運動界人士的輔助人員可以一起入境。主要人員是 O-1 簽證，輔助人員是 O-2 簽證。原國內外有名的藝術家和表演者的 H-1B3 現由 O 簽證取代。如何才算有卓絕才能而符合 O-1 條件呢？就科學、教育、商務和運動界而言，移民局表示這種人士應是其業務領域中少數頂尖者，佔百分比很低的。對藝術界人士的要求略為低些，移民局表示要出眾就行。所謂出眾，是在藝術領域中有高度成就、有聲譽的主要人物。具卓越才能的外籍人士必須來美國繼續經常獲國內外表揚從而證明之。

O-1 和 O-2 簽證人士的家屬是 O-3 簽證。O-1 申請可由美國僱主或介紹人提出，須有專家內行提供諮詢意見，說明外籍人士將任之職需有卓越才能而該外籍人士確是人才出眾。若卓越才能是電影或電視方面的，另外須該行業勞資雙方分別提出書面意見。申請 O-1 須填報 I-129 表格及 O 補充表格，並遞交專家的書面意見、擔保人和申請人所訂合約副本以及其他文件副本以證明該職務需要卓越才能而該外籍人士確有此才能。除了藝術、電影、電視界人士是 O1-B 以外，其餘全是 O1-A 簽證。O-2 簽證申請人須交專家意見原件、書面聲明說明申請人的技能至關重要而且與 P-1 人士曾有合作經驗，以前和現在都是必不可少、有第一手資料人士的證明信說明申請人確有與 O-1 人士共同配合的經驗以及擔保人和 O-2 申請人之間的任何書面合約副本。批准以後外籍人士可以入境為期不超過三年。若需延期，O-1 和 O-2 人士可申請分次延長滿一年為止便繼續完成其當初來美國申請所做的工作。

須等移民局寄來批准案

在海外申請 O 簽證的人士須等移民局批准並把申請案寄去其住地的美國領事館。然後他們可填 OF-156 簽證申請表並交 O 簽證批准通知原件，最好隨身帶 O 簽證申請副本以防萬一領事館尚未收到移

民局寄去的正本。在美國申請人士須劃出 I-129 表格第二部份中的 4b 以示將在美國改變身分。獲准以後若護照內蓋有多次入境 O 簽證印記則可自由出入美國。在美國改變身分的人士可去加拿大和墨西哥，三十天以內返回美國不須去領事館在護照內加印簽證。

・P 簽證

P 類簽證也是國會往 1990 年移民法案中制訂的，用以代替以前的 H-1B4 和 H-1B4 類非移民簽證。H-1B4 簽證以前發給個別或集體來美國表演的傳統表演藝術家。H-1B5 簽證以前發給具有國家或國際水平的運動員及其隨同人員來美國參加運動項目競賽的。P 類簽證有三種。另有 P-4 簽證是給家屬的。P-1 簽證發給國際公認的運動員或表演劇團成員前來美國演出。運動員個別或集體來美國參加國際比賽都可符合 P-1 條件，可是表演藝術家須是國際公認藝術團體成員才符合 P-1 條件。獨奏者（獨唱家）不能用 P-1 簽證，而必須用 O 簽證。當然可能產生這樣有趣的問題，即人們不禁會問「一個樂隊若無獨奏者還能算樂隊嗎？」P 簽證會日趨重要，因它的要求不如 O-1 簽證的要求那麼高。P-1 簽證的要求是須有國際水平。有高度成就的（大大超過一般水平）有聲譽的主要人物。為個別運動員或整個運動隊申請 P-1 簽證時，必須提供合約及文件以示該運動員或運動隊是國際公認的。

表演團體須證明國際公認

為表演藝術團體成員申請 P-1 簽證時須有文件證明該藝術團體已建立並定期演出至少已有一年之久且為國際公認；擔保人須書面列出其中各位成員名單及其固定受僱日期。在有些情況下移民局對全國聞名的藝術團體可能豁免其須獲國際承認的要求。無論是申請運動員或表演家，擔保人都須附上同業勞工組織的書面意見，其中包括外籍申請人將任之職的性質及其擔任資格。P-1 簽證申請獲准以

後，運動員可以來美國居留高達五年之久，表演藝術團體可以來美國完成表演任務的時間不超過一年。個別來美的運動員可以要求延長簽證直至五年，其在美居留時間總共不得超過十年。表演藝術家可以要求延長簽證一年為止。申請 P-1 簽證時須填寫 I-129 表並呈送 P 補充表以及上述證明文件。運動員的簽證是 P-1A 簽證，表演家的簽證是 P-1B 簽證。兩者的隨同輔助人員的簽證是 P-1S。申請 P-1S 時須填 I-129 表，提供同業勞工組織的書面意見原件、書面聲明以示申請人的技能非常重要且與 P-1 人士有合作經驗，以前和現在都不可少，有第一手資料人士的證明以示申請人確富有經驗與 P-1 人士配合，任何書面合約副本。勞工組織隨同輔助人員的書面意見須評估他與表演藝術家的關係之重要，並說明是否有美國工人可以提供此種輔助服務。至於在國外的美國領事館申領簽證或在美國國內改變身分的辦法以及這兩種人士的旅行規定都與 O-1 身分人士相同。

P-2 發給補助工作人員

P-2 簽證發給個別或集體前來美國的表演藝術家或表演藝術團內的輔助工作人員，他們按美國某組織與外國某組織所訂互相交換訪問項目來美國表演。申請時須向移民局附適當勞工組織的書面意見，其中須對互訪項目的真實性以及是否符合為外籍人士申請 P-2 簽證的要求發表評議。須填 I-129 表格提出申請並附 P-補充表、勞工組織的書面意見、美國與外國雙方組織互訪協議書副本、擔保單位說明互訪項目的證明信，以及其他文件用以證明外國來的表演藝術家和美國派出去的表演藝術家技能方面旗鼓相當且工作時間和條件也幾乎相同。P-2 人士的輔助人員是 P-2S 簽證，其應交文件同 P-1S 人士。P-2 人士及其輔助人員前來美國完成表演任務的居留時間不超過一年。至於在國外的美國領事館申領簽證或在美國國內改變身分的辦法以及有關的旅行辦法都與 O 身分人士相同。

P-3 須說明交流活動性質

　　P-3 簽證發給個別或集體來美國的表演藝術家。他們須是政府機構、文化組織、藝術行政管理人士、學者、評論家或其他內行專家所承認的才能發揚表現、演奏、輔導或教授獨特、傳統、少數民族、民間、文化、音樂、戲曲或藝術表演。他們須來美國參加文化交流活動，推廣發揚自己的藝術形式，主要由促進國際文化交流的教育、文化或政府機構擔保來美。交流項目可以是商業性或非商業性的。

　　申請時須交有關方面的書面意見，其中須對外籍人士文化才能的獨特性予以評價，並說明交流活動的性質主要是否文化方面的，是否合適於申請 P-3 簽證。申請輔助人員也需交有關方面的書面意見。申請 P-3 簽證需填報 I-129 表格並交 P-3 補充表格、有關方面的書面意見以及其他文件用以證明在美國演出的將是獨特的文化節目，並由教育、文化或政府機構資助。P-3 人士的輔助人員是 P-35，其應交文件同 P-1S 和 P-2S 人士。P-3 人士乃輔助人員來美參加文化交流的居留期限不超過一年，簽證可分期延長直至一年為止，須在原來的交流項目下服務。至於如何向美國駐外領事館申領簽證或如何申請在美國境內改變身分以及有關的旅行規定基本與 O 簽證辦法相同。

Q 簽證由迪士尼樂園促成

‧Q 簽證

　　1990 年移民法案中加入了 Q 簽證，主要是由迪士尼樂園所促成，以便其國際色彩的地方可僱傭國際工作人員。Q 簽證用於外籍人士來美國臨時參加國際文化交流項目，分享其本國的風俗、傳統、觀念、習慣、歷史和哲學。Q 簽證人士須在公共環境中工作或受訓以便通過與美國公眾直接接觸互相影響而達到交流兩國文化的效果。對於 Q 簽證外籍人士並無特別要求。擔保者可以是美國或外國僱主。不過外國僱主的申請須由美國公民或永久居民簽字，而這位

簽字的美國公民或永久居民須是該外國僱主的長期僱員，且最近一年是擔任行政、經理或主管之職。進行文化交流的單位須是學校、博物館、商務機構或公眾需接觸外國文化的部門。申請時擔保人須填報 I-129 表格和 Q 補充表格，並交文件證明訂有文化交流項目，已有兩年事務活動，有經濟能力支付所報工資，工資待遇和工作條件與當地受僱美國工人較之相當，如此交流活動能使美國公眾對 Q 簽證人士本國文化增進了解。Q 簽證首次批准入境期限為十五個月或交流項目所需時間；若後者不需十五個月，則以後者為準。

即使延期也不得超過這十五個月的期限。Q 簽證人士在美國住滿十五個月後必須回去一年以後才可以 Q 身分重返美國。

關於在美國境內轉為 Q 身分或在美國境外申請 Q 身分的辦法以及 Q 身分人士出入美國的規定如同 H、O、P 簽證人士。不過，Q 身分人士不能帶家居一起來美國。

· R 簽證

R-1 簽證用於宗教界人士。申請人須是宗教教派（在美國有其非營利宗教組織）會員至少二年，將來美國擔任教會神父之職，或宗教行業中的專業人士之職，或宗教工作人員之職（修士、修女等）。需要說明的一點是 R-1 外籍人士來美前二年只需是該教派會員而不是非在那裡工作不可。申請 R 簽證的本人獲 R-1，其家屬獲 R-2。R-1 身分人士總共可在美國居留五年之久。首次任職為期三年，接著可以延期二年。

· S 簽證

S 簽證設立於 1994 年，為能向美國政府提供犯罪及恐怖主義活動訊息的人士入境之用。

每年有一百個 S-1 簽證名額，用於掌握可靠情報的人士，那些情報對於聯邦或州政府向犯罪組織成員進行調查和檢舉都至關重要。每年有二十五個 S-2 簽證名額，用於擁有重要情報的人士，而那些情

報正是某些聯邦機構所追索的，這些人士由於提供該情報而可能處境危險，他們可領取「提供恐怖主義活動情況」酬金。S-1 簽證是否批准由司法部長決定。S-2 簽證是否批准由司法部長和國務卿共同決定。家屬是否可與當事人同行也由他們決定。

因為估計符合 S 簽證的人士中至少有部份是名聲欠佳的不體面人物，所以持 S 簽證人士不准轉換成其他非移民簽證，在美國不得停留三年以上。不過有一條款准許某些特殊情況的 S 簽證調整身分。

讀者也許有興趣知道以下事實。國會當初於 1990 年制定 O、P、R 類簽證時有意無意地帶點幽默。O 簽證用於具有卓越非凡才能者（人們不禁為其才華感嘆時的口形像英文字母 O）；P 簽證用於表演者，P 是 Perform（表演）的第一個字母；R 簽證用於宗教界人士、R 是 Religious（宗教的）的第一個字母。

另外，讀者應該知道在申請非移民簽證時往往會有一個所謂移民傾向問題。根據美國移民法律，一個人不是非移民就是意圖移民者，若移民局或美國駐外領事館認為個別人士意圖移居美國，他們就不會發給他非移民簽證。當然總會有例外，現在法律多趨於接受雙重意圖的論說，即個別人士一方面申請非移民簽證來美國並打算保持其非移民身分，另一方面仍可有移民意圖。E、H-1、L-1 和 O-1 類都採用雙重意圖的法律標準。這意味著美國駐外領事館不應僅僅由於知道申請人將來要移居美國而不發非移民簽證，移民局也不應僅由於此而不發非移民簽證身分。P 類簽證是否也採用雙重意圖的辦法有些含糊不清。國務院說過所有 P-1 人士必須證明在國外有長期住處；不過 P-1 人士（輔助人員除外）可合法進入美國以非移民身分臨時居留，期滿時自動離境，同時又合法申請成為美國的永久居民。這一條款不適用於輔助人員。

另一個目前正設法予以解決的雙重意圖問題是在美國向移民局申請改變簽證身分的問題。若申請人入境以後很快就要改變身分，移民局可能指控他不守信用，藉一種簽證進入美國而存心以另一種

簽證身分居留於美。對此問題移民局和國務院都同意以下辦法,即若申請人入境六十天以後才開始工作,應假定他當初入境時並未就打算工作的。相反地,若申請人入境三十天內就開始工作,則他有負任解釋清楚,說明他入境時並未打算工作。若申請人於入境後三十天至六十天之間開始工作,則說明他入境時是否就已打算工作的責作由政府負擔。非移民簽證至此為止。下次我們將討論在美國獲取永久工作許可及永久居留的辦法。

2001 年 9 月 11 日(美國人稱 911 事件)阿拉伯人賓拉登領導的凱達恐怖組織,派人劫持美國的民航機,並駕此民航機撞向紐約世貿大樓,把兩座大樓夷為平地,從此以後美國的移民法時時改正。

生活保證書須知

　　1997 年 4 月 1 日讓數以千計的移民和非法移民緊張，全美各地移民局門前都有數以千計外籍人士，趕辦五花八門的有關移民或簽證事務。4 月 1 日真是移民的末日嗎？趕在 4 月 1 日前結婚、辦好學生或恢復學生簽證，甚至趕著延長旅遊簽證及其他的移民或非法移民類別有必要嗎？排隊的人大部分都有誤解，但是 4 月 1 日的確有相當重要的移民法例條文開始生效，外籍人士應該注意，卻不需要盲目的瞎緊張。

　　1997 年 4 月 1 日愚人節開始生效的移民新法規有五個重要的大項目，包括申請親屬移民及部份職業移民的新制生活擔保書、新遞解程序、新的庇護申請法規留學生監管條例，當然還有令人關注的逾期居留不得再入境年限的規定等，受到影響的人不在少數。五個主要生效的法規重點討論說明如下：

新擔保書具契約效力，違規者政府可追訴求償

　　4 月 1 日新的生活擔保書規則開始生效，讓不少計畫接親人來美團聚的人士頭疼。舊的生活擔保書 I-134Q 表只是薄薄的一張紙，新的 I-864 擔保書共有六頁八個詢問擔保人項目。不只如此，新的擔保書成為擔保人與美國政府所簽的「具有法律效力而必須履行」的擔保契約。這種契約的有效期直到被擔保人取得美國公民，或是工作了四十個季（大約十年）才會失去法律效力。在具有法律效力期間，被擔保人取得的任何美國政府福利或救濟，擔保人都可以被政府追訴同額償還。

如果擔保人拒不償還被擔保人所領的福利，政府在四十五天之後即可以法律控告擔保人「毀約」，向擔保人追討「債務」。政府的追訴權有十年的追訴期，過了十年即不能再向擔保人追訴。另一項對擔保人不利的條文是，政府聘請討債公司，向擔保人收取被擔保人所領取的福利金。

擔保人遷居要報新地址，意圖逃債者可罰五千元

為了避免擔保人逃債的可能性，擔保人在遷居後的三十天內，得向移民局報告新的地址及個人資料，如果未通知移民局，則擔保人會受到從兩百五十元到兩千元的民事罰款；假如擔保人明知被擔保人領取美國福利，故意搬家以逃避償還，則罰款增加到兩千到五千元，當然還得加上被擔保人所領福利金的數額。

不但擔保書成為法律契約，4 月 1 日開始實行的新法還規定不是任何人都能簽署擔保書，只有十八歲以上，居住在美國及美國屬地的美國公民及永久居民才能做擔保人。

「一點二五倍」也是新財務擔保在 4 月 1 日開始生效的法規，所謂一點二五倍是指擔保人的收入要超過美國保健及服務所規定貧窮線收入的最少一點二五倍。例如，聯邦保健服務部公佈了 1997 年收入貧窮線，乘以生活擔保的一點二五倍後，單人家庭為七千八百九十元，雙人家庭為兩萬六千九百卅元；四人家庭如要擔保親友來美，收入應為兩萬零六百廿五元以上。

幾乎所有的親屬移民的擔保人，在 4 月 1 日以後，都得簽署新的 I-864 擔保書，如果主要擔保人的收入不足，可以邀請親友參加擔保，不過政府要追討債務的時候，所有的簽署人都必須擔負法律責任。部份職業移民的擔保人也要簽署新擔保書，包括以親屬擁有相當股權的公司申請的職業移民。不過非移民簽證和大部分的移民簽

證的擔保書，仍用舊的款式，擔保人只需對被擔保人有道義上的責任就可以了，政府也不會追討被擔保人所領取的各種福利。

在為親屬移民等作為生活擔保人，提供財務擔保時，應隨附最近三年的聯邦報稅單。沒有報稅單的話，則應合理的解釋沒有的原因。這比以往只需一年的稅單要嚴格的多。

從過了美國海關

踏上美國的國土

你就面對美國的一切

生活方式

進入美國海關之前應知

　　凡是旅客從外國帶進美國自用或送親友的東西；隨身帶的東西，其價值不超過零售價四百美金都可以免稅。但是菸可以帶進來一百枝雪茄，二百枝香菸和一公升酒。大多數州都對菸和酒有數量上的限制。

　　如果你從美國去北韓、越南、柬甫寨或古巴探親或觀光，你只能買一百元美金的東西帶入美國。半年只准一次。

　　自國外買東西，不論用什麼方法送回美國，在美國收到這些東西都應該付稅。如果其價值在二十五元美金以內，或是親友送的禮物，其價值不超過二十五元則免稅。

　　從美國所屬關島（Guam），撒摩亞島（Samoa）和維爾京群島（Virgin Island）進入美國的旅客，可有七百美金免稅額。

　　從共產黨國家（羅馬尼亞 Romania，南斯拉夫 Yugoslavia，波蘭 Poland，匈牙利 Hungry 和中國除外）買東西進入美國，其稅率可能高達 90%。

　　所有你在國外買的東西，包括自用和親友送的，在進入美國海關之前，不論新的還是用過的，都要一一寫在報關單上，如果你沒寫報關單或企圖少報。一經查獲就要受罰，凡是你從美國買的東西隨身帶出國，像照相機、手錶等要帶著收據，在你回美國時可以出示收據證明是在美國買的。否則一樣要付稅。

　　下列物品禁止帶入美國；苦艾酒、生物材料、美國版權而未授權外國翻印的書籍、糖果、裝滿的酒類。仿造的金幣而沒有標明仿造的標記。電子製品用以放射輻射、軍火、食物、藥品及未經 FDA 證實的東西，各種水果、植物、蔬菜及其製品。危險物品（爆竹、

危險玩具、含毒性製品）、彩票、肉類、家禽及其製品（豬、牛肉乾、熱狗香腸及各種罐頭）、麻醉品及危險藥品及含有麻醉劑的東西，淫穢的東西或出版物、寵物（狗、貓、鳥、烏龜等），妨害治安或用以圖謀不軌的東西、彈簧刀、有兇性的動物（鳥、魚、野獸等）以及受保護的動物（雉、毛皮、羽毛、蛋、猛禽的皮、爬蟲類的皮、象牙和鯨魚骨等）。

旅客在抵美國國土的飛機或輪船上，就應該先填好報關單，自第一至第十二欄內逐一填寫物品名稱及其價格或說明是親友送的禮物。如因某種原因沒有填報；在入關時可以口頭向海關官員說明沒有填報原因。

美國是一個經濟自由，沒有外匯管制的國家。因此，不論你隨身帶進來，郵寄到美國或從美國帶出去多少錢都不違法。但是如果你隨身帶進來，郵寄到美國或從美國帶出去的錢，這筆錢包括現金、外國錢幣、有價證券、旅行支票、銀行或郵局匯票（Money Order）等，總值超過一萬美金時，就要填寫美國海關四七九〇表（Customs 4790 From）。如果不填報，疏忽或意圖逃避，一經查獲，在美國要以刑事犯（Criminal）起訴。

關於這一點，你有任何問題，可以直接向美國海關署連繫，地址是：U.S. Customs Service / Washington D.C.20229 電話(202)566-5607。

私帶現鈔入境時被補

加拿大居民要求發還，美國不曾引渡他歸案自不能回美，既不能回美則官司難了應予還錢。

上訴人為加拿大居民，1981 年 5 月 20 日在紐約州邊界的朱布恩科入境，被移民局邊界巡邏員截住，送往附近的強普蘭市的移民局辦事處。

上訴人在那兒填寫海關報關表格，但他沒有申報隨身攜帶的現鈔 $45,940 元（入境時攜現鈔達一萬元以上者必須另行申報，這是美國政府的引 USC 五三一六節規定），美國政府乃將他的 $45,940 元扣住，並將上訴人提起訴訟，認他有避免檢查進入美國之嫌，因他當時所定的路線不是通向邊境檢查站。

上訴人承認自己的錯誤，坐了十天牢，在 1981 年 6 月 19 日被遣送回加拿大。隨後發生了兩件案子，一件是民事，一件是刑事。

在 1981 年 9 月 24 上訴人要求發還被沒收的 $45,940 元。海關將此案轉送給聯邦檢察總長。在 1981 年 10 月 14 日，上訴人被聯邦政府以申報不實罪名起訴，違犯了美國海關法 18 章 1001 節，同年 11 月 12 日，美國政府根據海關法 31 章 5317(a)強制沒收 $45,940 元。

1981 年 12 月 21 日，上訴人遞狀要求發回該筆現款，並同時遞狀要求暫時禁止沒收該筆金錢之行動，俟他的法律行動告一段落時再擬。

1982 年 4 月 17 日，該要求被法院拒絕。4 月 30 日，他回覆了民事訴訟。但他拒絕被起訴時出庭，他的理由是：他已被遣送出境，並已被禁止再入境，並提出移民法 INAZ12 節(a)16（被遣送後再入境問題）及 212 節(a)（17）被逮補並遣送後再入境問題）。

　　政府的答覆是：(1)如上訴人進入美國，其目的是為了過堂，不是為了違犯移民法而受懲。(2)海關法 18 章 1001 節的違犯，並非可引渡之罪，故上訴人拒絕出庭即已成為逃犯，既係逃犯，即放棄了有關的民事訴訟引渡權。

　　上訴辯稱刊事罪屬引渡權，既然美國政府未使用引渡權，上訴人即有保留在民事案中打官司討回現鈔的權利。

　　在 1983 年 10 月 3 日，地方法院法官裁定，除非上訴人三十天內出庭應訊，政府即可沒收該筆現款。上訴人在三十天內並未出現，法官遂在 11 月 2 日，將原判決正式裁定。

1985 年 11 月 18 日／中報

踏上美國的第一步

不論你來美國的目的是什麼。從飛機降落在美國的機場，閣下踏上美國的第一步開始，你最好有下列的心理準備：

一、求人不如求己

美國的社會不允許部屬和工作人員遲到早退和溜班。八小時就是八小時。每一個人回到家都很累了。因此，麻煩別人一下還可，若要長時間麻煩別人，不論親朋好友恐怕臉色難看的比好看的多。

二、請把眼前英文練好

如果你到了美國，在美國的社會裡只要一兩年逼也把英文逼出來了，要是有這個念頭，坦白告訴你，你會寸步難行，隨便舉個例：

求職要用英文，所有的表格要用英文，路名、街名是英文，英文不靈光，活動和謀生的範圍就小多了！

三、勤開口問

我們的教育習慣了「不准問」，「不要問」。在美國做什麼事要是事先不問清楚就做，或是自以為那麼做沒錯，應該沒有問題。我敢說十之六七就會有問題。一旦問題發生，在美國的社會裡是沒有「求求你，幫幫忙，高抬貴手，下次不敢了」這種說法的！

問，一定要問專辦那些事或那種事的人，問錯了人，尤其是那些不懂又裝懂而且又出瞎主意的親友最倒楣。

四、偷機取巧，想佔便宜，別想！

在美國有多大本事吃大的飯是一定的。除非腳踏實地的幹，走歪路是條條大路不通羅馬的！

有一點要提醒閣下的，美國不論做什麼事都有一套規定和辦法的，不犯到那條規定什麼事沒有，一犯到而事前又有僥倖逃掉的心理，恐怕到時候會後悔得捶頭打胸都來不及了！

五、聰明反被聰明誤

美國的社會之所以如此進步，主要的原因是服務與貢獻。從事服務的人是憑藉專門知識來收取服務費的，俗稱佣金。所以不論那一行都有 AGENT（經紀人）跟 SALESMAN。這些人都得經過考試及格領有執照才能從事那個行業。

有很多人認為自己可以辦，為什麼要讓經紀人賺取佣金？這種自己辦，好像是自己給自己開刀！開對了是運氣，開錯了就得承擔所有的後果！

再說，透過經紀人有廣大的市場供你選擇，有人提供你專業知識來保護你的利益，經紀人為了要賺佣金，他得做很多事，諸如聯絡有關機關、填表格、打電話連繫、登報紙廣告等，萬一他幫你做錯而損害到你的利益，你可以告他！自己賺佣金當然好。但是人聰明反被聰明誤的悲劇，我也聽過跟見過多了。

六、為自己權利而戰

中國人一向是「多一事不如少一事」、「馬馬虎虎啦」、「吃點虧財去人安算了」。

在美國這樣的社會裡，絕對沒有這種說法！誰有這種想法就註定誰要倒楣！

老美從後面撞上你的車，他百分之百錯！他能下得車來對你好話說盡。甚至跪下來也行。於是你發揚中國人的恕道精神，放他一馬！

過幾天，你接到律師的信，現在變成你撞他，不是他撞你了！不但如此，他還有目擊證人哪！

「哎！他這個人怎麼這樣？」怎麼這樣？美國就是這樣！要少一事就偏多一事！要馬馬虎虎，老美偏不馬虎！吃點小虧算了！恐怕算不了，吃小虧連大虧一起嚥！

七、自愛

自愛的意思就是識相。住在親友家要了解親友的生活習慣。比如親友愛乾淨，家裡整得乾乾淨淨，整整齊齊。你住在那裡，不要在屋裡吸菸；上廁所，可能尿水濺到馬桶外面。尿後，用紙把馬桶四週和濺出來在地上的尿水擦乾淨；飯後切不可漱口把滿嘴殘渣留在洗臉盆內；用好東西，物歸原處等，這些都是自愛和識相。

常言說：「一種米養百種人」，有人大方，有人小氣，有人馬馬虎虎，有人一板一眼，總而言之，住在親友家要自己識相，才不會招人討厭（美國人不喜歡的事你也別做就是自愛）。

八、諒解

諒解的意思就是不自私，不自以為老大。比如沒有收到報紙。不能拿起電話就把報社罵的狗血淋頭。因為，報社天天寄報紙，是郵差大人沒給你送。美國的郵政局僱用人都與聯邦政府簽約的，除非犯有重大不可原諒的錯誤，否則不可以開除、解僱，因此罵郵局而不是罵報社。

在美國，一個人只要肯幹，找一日三餐一宿能生活的職業並不是難事。因此，當老闆的人，已經不像國內一樣可以大呼小叫擺老闆的架子。這裡是合則留，不合則馬上算帳，再見！老闆與伙計之間彼此客客氣氣，互相尊重。

美國人的直系親屬是夫妻和兒女。父母不包括在內，如果你對兒女要求的太多，很可能會使兒女左右為難。

比如您為提醒兒女要重視你，一下這裡痛，那裡不舒服，要兒女陪你去看醫生。要了解，他們的醫療保險不包括父母。看病可能花費不少。付帳是以後的事，首先兒女得向公司請假，好陪您去看醫生。一旦假請多了，很可能被解僱。因為，美國公司不養閒人，僱一人就當一個人用。偶爾請一次假還可以，請假請多了，耽誤公司的工作，老闆自然要換人！

在美國生活，精神壓力已經夠大了，請不要再增加兒女精神上的壓力。這需要您的諒解。

九、感謝

感謝的意思，就是別人為你做事不是應該的！比如兄弟姐妹為你申請來美，他們要填表格，要跑移民局，像舊金山、洛杉磯、紐約的移民局要排長隊，可能排上三五個小時才能把表格送進去。如果你來到美國認為這是應該的，那就大錯了！要知道感謝。

美國這個社會講的是個人獨立，個人的問題應該由個人去解決，不是誰該為你解決的！比如出了車禍，撞你車的人，應該由你自己去向他的保險經紀交涉賠償。

由於你不知道應該怎麼做，或語言有困難，你要你的保險經紀幫你向對方訴賠，你的經紀也這麼做了，你要感謝。至於「我花錢找你保險，我出了車禍，你就該替我向對方訴賠」有這種觀念的人，在美國社會，走到那裡都不受歡迎，自己也氣得要死！

十、要習慣說 Please, Thank you, Excuse me 和稱呼別人 Sir 或 Ma'am

美國是禮儀之邦。不論你走到那裡，在你沒有侮辱自己和別人之前，美國人都對你很客氣。如果美國人對你不禮貌，說話的語調

不客氣，我相信大概九成是你忽視說這些禮貌字的結果。下面的例子請務必學習到習慣：

在你向別人要求什麼的時候，一定要記得說「請」字。比如在飯店向侍者要杯水，你對侍者說：「請給我一杯水。」要使用加油站的廁所，要說：「我能用一下廁所嗎？Please！」

Please，別人會回答：「Yes Sir 或 Yes Ma'am」Sir 是對所有男人的尊稱。Ma'am 是對所有女人的尊稱。

別人為你做完事，或送來冰水，或加完油，你要說「Thank You！（謝謝！）」

請別人移動一下讓你過去；不小心碰了別人一下；有事問人都得先說「Excause me！（對不起）！」

如果你看見別人掉了東西，提醒他（她）東西掉了，你不能「喂，你東西掉了！」要說：「Sir 或 Ma'am 你東西掉了！」

如果你不會或沒有說這些禮貌字的習慣，不論你是多有錢，多有身分地位的人，都會遭人白眼對待。

總而言之，美國是美國，中國是中國。人都是根據自己的經驗來做跟處理事，常言說得好：「入境要隨俗。」若要快一點適應美國式的生活方式，上述十點心理準備是非常重要的。

租屋權利義務 10 項問答

中國人對買房子特別有興趣，但是買房子自己只能住一棟，有第二棟就要出租，出租就發生房東與房客的關係。美國是保護房客的。加州消費者事務處特別就法律規定，印成一本小冊子「房東與房客之間最常發生的十項問答」，以供參考。

這 10 項問答只在加州境內有效。內容包括：

Q1：我怎樣才能把押金（Deposit）拿回來？

加州法律規定，房東可以向房客收取部份押金來做為修理房客毀損的東西或房客搬走後的清理費用。如果房客搬走後，確實保持搬進來時的情況，在房客搬出兩星期之內，房東一定要退還押金。

租不帶傢俱的房子或公寓，房東只能要兩個月錢，一個月房租和一個月押金。租有家具的房子或公寓，房東最多只能要三個月房租。

房子裡的東西在正常使用情況下壞了，房東要負責修理，不能用房客的押金來修理。房客搬出去後，應立刻與房東共同檢查房子。要房東給一份物品保持原狀、沒有損壞的單子（最好與搬進前填寫的那張單子對照），憑這張單子，房東在二星期之內要退還押金。除非房東有合理的理由，否則不能扣押金。

你搬走以後，房東沒有異議。過了二星期也不還你押金，你可以寫一封存證信函（Certified Mail），要房東還你押金。如果他仍不還，你就可以拿著他給你一一檢查通過的單子和存證信函的收據到小額訴訟法庭去告他。房東提不出誠實理由，而又蓄意欺你，你就可以在法庭要求二百元懲罰賠償。

當你住在這棟房子裡，房東把房子賣了，他要扣你部份押金一定要有理由。比如你自己弄壞門鎖，換新鎖五十元，若房東可以在你付的押金裡扣除五十元。其餘的押金要轉給新房東。但必須以掛號信通知你。

Q2：如果我事先沒告訴房東說我要搬家，我還要付房租嗎？

你要付！你得一個月前通知房東說你要搬家。口頭通知不具法律效力。一定要以書面通知房東說你三十天以後要搬家。到時候沒有搬，過了十天才搬，這十天要付租。

Q3：我怎樣才能讓房東來修房子？

最近法庭作成決定說，每一張租屋契約中都隱含著「適於居住 Habitability 的保證，像冬天沒有暖氣，下雨漏水，沒有熱水等就是不適於居住。因此，你不能放棄要求「適於居住」的權利。

除非是你自己損毀，否則房子至少必須保持下雨天不漏水，門及窗戶沒有破損，冷水，暖氣設備及電燈、電線要正常而安全；地板、樓梯扶手，欄杆等都要修好。而且房子出租給房客時，一定要清掃清潔，不得有成堆垃圾，更不可以有老鼠、蟑螂和螞蟻，房東要供應帶有蓋子垃圾桶，如果就是不來修，你就不付房租，因而房東把你告上法庭，你到了法庭，你有權利說：「為了讓房東來修房子，我才不付房租的。」

房客與房東若就修理情事發生爭執，法律說房客可以採取下列步驟：（1）把房子裡外該修的地方一一寫下來（要留複本）。通知房東，以便房東確知該修什麼地方。（2）法律規定此一通知送達房東後，至少要等三十天。三十天以後房東不來修，得給你個理由。否則你就可以告上法庭。若是三十天之內，你等不及而告上法庭，你得有充足理由。（3）如果此一修理有時間限制而不能等，你可立刻找人來修，然後把付款單附在下個月房租內扣回。這麼做得通知房東一聲。（4）如果你自己動

手修理，你估計你自己付出多少錢材料費和工作小時，可以抵一個月以上的房租。你也可以十二個月之內使用二次以上抵租金的權利。比如房租一個月四百元，你買材料花了二百元，又花了三十個小時來修理，每小時八元吧，就是四百四十元，在下個月抵四百元房租，再下個月抵四十元。或是一年之內每個月抵一百五十元，可以抵三個月。

不要放棄你自己修房子可以抵租金的權利。除非你租這棟房子和公寓的時候，你自己願意自行修理，房東才便宜租給你。如果你是為了租得這棟房子有個安身之所，而不得不接受房東的壓力，答應他自行修房子，這樣的承諾並非出自你的意願，因此沒有約束力。

Q4：如果房東通知要我搬家，我一定要搬嗎？

如果你與房東訂的是一個月（Month by Month）的租法，房東要你搬家必須在三十天以前以書面通知你，如果你不理，房東第二步就是告上法庭。

房客不搬，房東不能關閉水電等設備；不能把房門鎖起來不讓房客進去；也不能把房門和窗戶拆掉意圖迫使房客搬家；更不可以把房客的東西自行搬出來。如果房東這麼做了，不論那一項，房客都可以告上法庭。房客可以要求損害賠償，再加上合理的律師費。房客對房東的「暴行」每天最高可以要求一百元的賠償。

如果房客因拒絕搬家而被房東告上法庭，房客趕快找律師，愈快愈好！因為這類案子，房客最多只有五天的時間來回話。若是到時候沒有反應，房客就可能被警長強制搬走或是被法庭強制付三倍賠償。

由於房客抱怨住處不適於居住，發通知要房東來修房子，或自行修理而在下個月房租中扣回，因而遭到房東報復，要把你趕走或增加房租；或減少服務迫使你搬走，法律保護你一百

八十天,在一年中的任何一百八十天之內,你認為遭到房東的報復,你就可以告訴你的律師。

Q5:房東可以漲我的房租嗎?

在租約中,房東可以要任何價錢,只要你同意,雙方就簽約。如果房客付過相當一段日子的租金,房東要漲價必須在相當時間之前用書面通知房客。比如 2007 年元月房租八百元,2008 年元月房東要一千元一個月,房東得在 2007 年元月通知房客 2008 年元月要一千元。但是一個月一個月租,房東可以在三十天以內通知房客。在雙方簽定的租期之內,房東不可以任意漲價。

Q6:關於我付給房東的押金,我是否可享利息?

一般來說,房東是不會付利息的。但是你可以試著問房東。

Q7:房東可以不得我允許而進入我住的地方嗎?

房東應該尊重你個人的隱私權。1976 年 1 月 1 日起,法律規定在下列情況中,房東可以進入房客的屋子和公寓;(1)緊急事件。(2)經房客同意進入修理,或把房子或公寓單位給要買的人,要租的住客或工人看。(3)房客放棄房子。(4)法庭命令進入。

不管怎麼說,房東要進入你住的地方,要先行告訴你。同時應該在正常作息時間,而不是二十四小時什麼時候都可以進去!

如果房東無故要強行進入你住的地方,你可以報警,警察不會對房東採取什麼行動,但有記錄可查。房客上法庭告房東妨害個人隱私權有利。

Q8:如果我們已經把租金和抵押金付給房東,而我們其中一人又改變了主意,我們可以向房東要回我們的租金和抵押金嗎?

　　這要看情況了，你可能拿回來。舉例說：你為了讓房東給你保留房子而付了一個月租金。可是五天以後你改變主意不想租了。法官說要是房東很快把房子再租出去，你可以拿回來其餘日子的錢。如果一個月之內房子部沒租出去，你就一角都拿不回來。若是你認為房東不退錢有失公平，你可以找律師或直接上小額訴訟法庭請法官仲裁。

　　如果你付了房租，而房東改變主意，把房子另租他人，房東應該把租金還給你。你可以要求房東，由於他違約而造成你損失的錢由他付，若是房東不肯，而你氣難平，你也可以找律師或一狀告到小額訴訟法庭。

Q9：我可以把房子或公寓轉租給別的房客嗎？

　　大多數租約中准許你做二房東。但必須由你出面與房東訂約，每月由你付房租，也有房東同意你付你的房租，二房客付他的租金給房東，若是二房客付不出租金或不付租金時，責任是由你負。除非合約上你的名字改成他的名字，或是租約重寫，你就沒事。

Q10：房東可以種族歧視，不把房子租給某一種人嗎？

　　法律規定，租房不可以用種族、膚色、宗教、國籍、家世、性別以及婚姻情況為理由拒絕租房子給房客，不可以歧視眼睛失明，視力殘缺或身體有殘障的人，也不能以房客有小孩，而拒絕租屋。

簡介美國的銀行

在我們日常生活中，與我們關係最密切的金融機構就是銀行和儲貸會了。

銀行（Bank）有 FDIC 做保證，如果宣告破產，存款在十萬元之內都會得到 FDIC 的賠償。超過十萬就看銀行賣了財產以後，你能拿回多少了。一般來說，銀行經營不善，多由別的銀行或財團吃下來，存款人不致受損。

儲貸會（Saving & Loan）有 FSLIC 做保證，如果經營不好，宣告破產，存款在十萬元以內的，都由 FSLIC 賠。但是，在你開戶的時候，他們讓你在一張 Proxy Statement 表上簽字，你就要考慮了。因為在 Proxy Statement 上簽字，表示你是股東，萬一這家儲貸會宣告破產，你只是股東，你的錢拿回來的希望不大。

到一家銀行或儲貸會開戶的時候帶著你的護照，或是駕駛執照，或是 I.D.「美國身分證明」，有任何一種證明就可以。此外，工卡（Social Security）號碼要記得，填一張表格就可以開戶了。開戶時，最好是夫妻、姐妹、父子等共同開戶。以防一人遭不測或出遠門，另一人仍可提錢。

定期存款利息高者

- Money Market：至少要一萬，最多是十萬，在銀行存六個月。利率每星期不同。利息的算法與財政部發行約二十六個星期國家公債一樣。

存十萬元以上則不受限制。存款人希望利息多少，可以與銀行協商，雙方同意就行。

- Time Certificate：這有很多種，二三千元也可以，有時間長的，也有時間短的。其中有一種九十一天，最少七千五。利息以財政發行十三個星期的國家公債計算的。要存這種存款，最好到銀行看看。因為常常在變。

- IRA 是每一個人，每年可以存二千元。這二千元可以延遲報稅。一定要到五十九歲半那一年才能拿出來。如中途提出來，不但要受銀行罰款，還要被聯邦政府罰 10%的款。這種 IRA 是指在美國有收入的人才能開戶，剛來美國，沒有收入的人是不適用的。

活期存款

普通存款（Saving Account）：這種存款可以每天提出或存入，利息低。

- 有利息支票：這種支票，銀行或儲貸會要求開戶的人，每天在他帳戶裡最少要保持多少錢的存款。

- 無息支票：在美國，有一百元就可以開支票戶了。有銀行新開戶送支票。有的銀行要客戶自己買。最普通的一種最便宜。還有很多樣式很別緻的，任君選擇。要貴點。

到銀行櫃台存錢和提錢注意事項

一、存錢之前，應該把存款單（Deposit Slip）事先填好。尤其是支票多的時候，更應該填好。

二、所有的支票都要背書寫好，簽名簽好。同時別忘了把你的帳號也寫上。

三、提錢的時候，最好當櫃台人員（Teller）的面簽名。

四、如有人開一張美國銀行（Bank of America）支票給你，你應該拿
　　到他開的那家分行去兌現。你是美國銀行的客戶，你到任何一
　　家美國銀行分行要兌現自己的支票，都得出示二種證明。駕照
　　或 I.D.和信用卡。工卡和綠卡限小額。

五、如果你在銀行的存款還有二百元，現在你要再存一張五百元的
　　支票，銀行就要 Hold 這張支票，等兌現才入你的帳戶。當然，
　　你要存進去的這五百元支票要看是什麼支票了。要是大公司所
　　簽的支票，一定不會扣住。扣不扣支票，看銀行根據了。

收支票或開支票注意事項

一、支票上的日期是不是當天的日期要看清楚。因為支票交換要一
　　兩天或三五天，到了交換那天，被銀行以存款不足退票，可以
　　再存一次。要是再退，就是空頭支票。

二、要對方出示駕駛執照或 I.D.，核對照片要確定是不是這個人，並
　　把這駕照或 I.D.號碼寫在他開的支票後面。要是有信用卡，順便
　　也把號碼抄下來。要是不能確定是不是他則不收這張支票，要
　　他付現金。

三、確定對方開的是空頭支票，一定要到 District Attorney（地方檢
　　察官）那裡去告。千萬不要認為只有一點錢，算了！這種人不
　　會只騙你一個人，大家都告到地方檢察官那裡，檢察官會下令
　　捉人。而且也會給他留下壞紀錄。

四、開支票的時候，一定開一張有一張紀錄，幾月幾日，開給誰，
　　多少錢和支票號碼都記下來。這樣做，萬一有人偷你一張支票，
　　冒你簽名領了錢，憑你的詳細紀錄可以讓銀行賠償。如果銀行
　　不服，可以找筆跡鑑定專家，冒你名簽名的人，一定有地方與
　　你不同，憑筆跡專家的鑑定，銀行也得賠。

　　美國的銀行是靠把錢借給大家，大家付利息賺錢的。因此，在美國生活向銀行借錢是很平常的事。向銀行借錢要那些條件呢？

　　必須有收入，比如你每月收入二千，扣除稅，淨得一千七百多，房租開銷六百，汽車付款二百，保險八十元，扶養太太與兩個小孩。這樣的收入向銀行借錢就不太容易。收入高，支出低的人向銀行借款就容易。或夫妻二人都做事，二人收入不錯，支出不高也容易借到錢。有額外收入對你更有利。

　　現今美國稍具規模的銀行，為了方便顧客提錢和存錢，都設有電腦機器 Viersatel 卡的設備。如果你是這家銀行客戶，你可以申請一張卡，隨著這張 Viersatel，銀行給你一個密碼，這個密碼只有你自己知道。取錢和存錢的時候，把卡送入機器後，就打這個密碼。按錯號碼機器會把卡收走。防止偷竊，非常方便。

　　除此之外，銀行還可以辦旅行支票，Money Order（銀行支票），Certify Check 是銀行在你私人支票上蓋記，保證你這張支票沒問題，使拿的人放心等等國內業務。對國外，可以代客戶匯款，包括信匯及電匯以及用外幣兌換美金等等。

　　希望這些常識對你有幫助。

▲ 買車前須知

　　閣下在買車之前，請仔細注意下列各點：

一、確實需要一部車嗎？有車有很多方便，但也有很多麻煩。停車、加油、保險、修車等。

二、確定無車不行後，要先考取當地的駕駛執照，沒有駕照不能買汽車意外責任險，萬一撞到人，那就麻煩大了。

三、頭一年上市的車買時要小心，因為未經過詳細的試車考驗，不少新型車子往往引擎有毛病，方向盤不靈又漏機油。咱們老中不必趕這個時髦吧？！要買上市已經四、五年的車。四、五年沒問題就是沒問題。

四、如果沒有信用（CREDIT）就要請有信用的親友陪你到車行幫你簽字（CO-SIGN）。只要你每個月按時付款，你就有信用啦。萬一你付不出錢，幫你簽字的親友要負責。

五、買車要向銀行貸款，一部車最少要放百分之二十五到三十的頭款。另外還要付稅金和牌照稅，這個錢銀行不借。此外，你每個月最多能付多少？一百五十？一百八十？二百？頭款要跟每個月付款成正比。

　　比如八千元的車，硬著頭皮放二千四百元，加稅金牌照費就得三千元。以後咬著牙付了兩個月分期付款，第三個月付不出來了，第四個月銀行就通知車行把車拖回去 REPOSSESS。你付的錢一角都退不回來。這還不說，十四年之內休想向銀行借款。在美國，有多大能力買什麼車是一定的。千萬別打腫臉充胖子！

　　六、不要看報紙、電視上的廣告價錢。憑那個價錢到那裡都買不到車。那個價錢是一部車的基本價錢，基本價錢因為車的材料不

同價錢也不同。廣告上的價錢是材料最便宜的那種車的基本價。隨便再加點什麼東西，如冷氣、收音機、錄音機等，都不止那個錢。

這就好像喝水一樣，要喝自來水便宜，喝蒸餾水貴，要喝汽水更貴，廣告只是自來水的價錢，要個紙杯，加錢。來張紙，加錢。來個吸管，加錢。車窗上的價錢才是真正的價錢，廣告上的價錢是不作數的！

買車東問西問是問不出真正價錢的。心裡有「不讓車行賺錢的念頭」走到那裡都買不到車。

在 A 車行看到一部自己喜歡的車，車價八千元。同樣外型的車在 B 車行要九千五百元。這是因為兩部車外表相同，內部大不相同。當然價錢也不同！

在 A 車行看了不買，賣車的人給你來一句「五千買不買？」這是一句引誘你的話，不相信你馬上說：「好，五千元我買！」他立刻要你坐下再談。因為一部車多少錢才能賣，只有 Sales 經理才有權，賣車的人沒有權。

有的人沾沾自喜，以為自己對這部車子有了「概念」，一旦他到 B 車行開價五千或低於五千元，搞不好會被 B 車行的 Salesman 給罵出來。

附資料：

$ 6,869 是一部車基本價錢，同樣的車因為用的材料不同，這裡的價錢也不同，做廣告就是用的這個價錢。$ 8,874 是這部車加了這麼多的 Options 以後的價錢。

Ford Motor Company

LINCOLN-MERCURY
Suggested Retail Price

DIVISO OF CAP⊗RI-3-DOOR / 61D MEDIUM RED	$6869	00

HE FOLLOWING ITEMS ARE STANDARD AT NO EXTRA
      CHARGE
- PWR FRCNT DISC BRAKES
- 4-STEEL-BEL TED RADIALS
- AMRADIO / LHR / C MIRROR
- FULLO INSTRUMENT W / TACH
- RECL BUCKET SEATS
- RECL IDE B / S MOLDSINGS
- RECL FRONT STABILIZER BAR
- RECL LIFTABCK THIRD DOOR
- RECL INTERIOR ACCEN TGROUP
- RECL VIS VAN MIR / DLX BEL TS
- RECL CARGO COVER
- RECL *TINTED GLASS

SPECIAL VALUE PACKAGE B		
CONSDLE		
CONSDLERADIO-AM / FM STERED		
ROOF-FLIP UP / OPEN AIR	208	00
$484 FETAIL VALUE	46	00
$276 DISCOUNT	187	00
SPECIAL PRICE	NC	
EMISSION SYSTEM-CALIFORNIA	176	00
TRANSMISSION-SELECT SHIF TAUTD	115	00
/4/P175 75R14 BSW RADOALS	600	00
STEERING-POWER	86	00
DEFROSTER-ELECTRIC REAR WINDOW	249	00
AIR CONDITIONING-MANUAL		
RADIO-AM / FM STEREO W.CASSETTE		
RS OPTION	338	00

D & D SCHEDULEB		
TOTAL　　　　　　（買車是以這個價錢為準）	$8874	00

	KEY	
	CODES : FE/FA	FB

在美國如何選購汽車

　　當你要買一部車的時候，你到車行去看車。每部車在車窗上都有標價，英文叫做 WINDOW PRICE（車窗價格）。這是工廠的出廠價格。

　　車子從工廠運到車行，車行把車子清洗，打蠟和調整引擎，所以車行在每部車上加三百到五百這叫做 DEALER PRICE（車行要價）。供不應求的熱門車，車行加個一千或兩千元也是常有的事。

裝備愈多價錢愈高

　　車身、輪子、座椅和引擎四樣是一部車的基本價錢，以後每加一樣裝備就多加一份錢。要冷氣加錢，要動力方向盤加錢，要動力煞車加錢，要電動門加錢，反正是要的裝備越多價錢就越高。

　　等你選好了車子，由車行接待你的 SALESMAN 陪你開一圈試車，你滿意這部車，你就跟 SALESMAN 坐回他位子的面前填寫買車同意單，並把你所要的車的條件一一記在單上，諸如你要的是這一年 CAMRY 牌，六個氣缸，冷氣，動力方向盤，動力輔助煞車等等。

　　SALESMAN 一一寫下來並把你要的車的資料卡拿出來告訴你價錢，這時候你們開始討價還價。越貴的車，裝備越多的車給你折扣越大，越單純的車折扣越小。

　　當你決定一個價錢要買了除非是一次付款，如果要向銀行或車行貸款來分期付款，你就得填信用調查表（CREDIT APPLICATOION），這種表格全美國通用。（只要是向銀行借錢分期付款，不論買什麼都得填這張表）。

借錢越多信用越好

在美國愈是能向銀行借錢，而每個月都能還的人，他的信用愈好。所以剛來美國一定要先建立信用，以後向銀行借錢就容易了。

怎麼知道一個人有沒有信用呢？只要你填好這張信用調查表，車行的財務經理就撥一通電話到電腦中心，電腦就自動把買車人的信用自動打出來。信用好壞一目了然。信用差的人，車行的人知道他貸不到款，不會把車子交給他。

如何建立你的信用呢？如果一部八千元的車（稅和牌照費由買車的人付，這個錢銀行不借），你最少要先付百分之三十的 DOWN PAYMENT，也就是兩千四百元給車行，剩下的六千元分三年付完吧，你自己在銀行裡放上六千元，銀行給你的利息是 5.5%，你給銀行的利息是 10.5%。假如你第一個月付了二百元，你第二個月只能動用這六千元裡的二百元。這樣借自己的錢付銀行利息，你就慢慢建立起自己的信用了。

買車切勿忘買保險

在你沒付清貸款之前，車權是銀行的。所以買了車十天之內要自己買車的保險。否則銀行就自動為你買保險，保費奇貴，而且只保車子碰撞，偷盜和惡意破壞，你碰了人是不保的呀！

當你把銀行的貸款付清了，去銀行拿 PINKSLIP 的時候，銀行會告訴你還有多少錢保險費你沒付。在你沒付保險費之前，你就拿不到車的身分證 PINKLSLIP！

這是因為你買車的時候，在貸款上簽了字，同意你自己要買保險，如果你不買，銀行就替你買，這是你自己簽字同意的，所以不能反悔。

不要以為銀行為你買保險，你可以佔到便宜，最後吃虧的還是你！

買車應該注意那些問題？

一、買 REPO 的車最合算

一個人買了車以後，也許半年，也許一年，也許幾個月因為個人的問題，每個月付不出分期付款的時候，銀行就通知車行把車子拖回去再賣。這種被車行拖回去的車就叫做 REPO 全名是 REPOSSESSION。

這部車實際上只跑了幾千或一萬多哩。第一年的折舊率最大，被車行拖回去的車，第一年的折舊全由車主和車行負擔了。一部車只跑了幾千哩或一萬多哩，正是情況最好的時候，所以買這種車最合算。

二、省油問題

省油代表危險，愈是省油的車愈輕，這種車在城裡開還好，如果要上高速公路駕駛人等於坐在雞蛋殼裡開車！

一來要全神貫注手握方向盤，速度稍微一快，車子本身就飄了，遇到風雨尤其危險。一來這種小車如果不裝動力煞車（POWERBRAKE），遇有緊急情況，一個緊急煞車，車會在一剎那間打橫。這時候不論是撞上路邊的護欄或是被後面別的車撞上，後果都會很嚴重，十之八九會車毀人亡！再說這種小車開起長途來，駕駛人精神與肉體兩不舒服。建議你買六缸或小八缸的車，安全高而舒適。

四個缸，假設是二千三百西西的車，聽起來比六個缸，假設是三千六百西西的車要小一千三百西西，實際上兩部車的耗油情況差的有限。如果爬長坡的時候，因為四個缸的車馬力不夠大，要把油門踏下去，它才能慢慢往上爬，這時耗油量比六個缸的車還要來得費油。若是車裡人多或載有重物，那耗油量就更大了！

三、舊車換新車 TRADE IN

美國自 1974 年以後所造的車,其引擎設計六個氣缸的中型車是七萬哩,八個缸的大型車是十萬哩。美國人通常是在四至六萬哩之間就換車。

一部中型車若是超過六、七萬哩,大型車超過八、九萬哩,那麼,這部車不論保養多好,它已經沒什麼價值了。拿到車行去換車,車行給你的價錢不如給你的折扣大。不如你自己賣掉它,只是麻煩一點。

四、買賣舊車

買舊車最重要的兩點是年份和哩數。其次才是車身和輪胎等外觀。買賣舊車要看 KELLEY BLUE BOOK。這種 BLUE BOOK 每兩個月一本,也就是每種車每兩個月就跌一次價。只要在 BLUE BOOK 上查得到年份的車都有一個標準。所以買舊車的人要懂得看 BLUE BOOK 就不會吃大虧。

如果你要買舊車,應該注意下列各點:

1. 向車行 DEALER 買舊車,你要問他們能不能買一年保證 WARRANTY?要多花幾百元左右。通常年份新的車可以買,年份老的車就不行。買了一年的保證一旦車子出毛病,車行得免費修理。

2. 向 USED CAR LOT 買舊車之前,一定要先看汽車身分證 PINKSLIP 上有沒有 SALVAGE 這個字,這是把車禍全毀的車再修好出售,這種車千萬不要買!這種 USED CAR LOT 所賣的舊車最不講道德。他們舊車的來源多半是車行的客人以舊車換新車,而那些非常爛的舊車,車行就以極低的價錢也許幾十元到一二百元的價錢整批出售。USED CARD LOT 就把這些車加工清潔、打打蠟、加點油精或用強力膠黏一黏,從外表看還不錯,內部機器就別提了,買這種車不吃虧上當才有鬼!

3. 向私人買舊車。你自己要看好，這是一部車！你喜歡，一手交錢，一手交貨。然後你自己去汽車監理（DMV）所辦過戶手續。買舊車沒有任何人敢保證，所以要買舊車，而且還要便宜的舊車，心理上就要有不要怨的準備！要怨，乾脆買新車！

至於又要買便宜舊車，又要車身新而性能好的人，請慢慢挑選，仔細選，皇天不負苦心人，也許千百部車中讓閣下選一部馬兒好馬兒不吃草的好舊車。祝好運！

4. 一旦看中一部好的舊車，所謂好的舊車是指年份新，哩數低，車子保養得好。遇上這種車最好馬上討價還價立刻決定。這種車太多老美會看。如果你還要考慮考慮，說不定你一轉身還沒來得及考慮，那部車就賣了！

或付 $20 上網 www.carfax.com 把你要買的那部車一長條 VIN 號碼打進去，所有有關這部車的詳細資料你都知道，如開了多少里，有沒有碰撞等。

五、修車

在美國修車沒有包修的，修一樣算一樣的錢。修車價錢之所以貴，是因為修車技工的工資高，每小時要四、五十元，為了節省修車的錢，要好好保養車。勤檢查水箱水、各種油、機油要三千哩就換。轉動軸（TRANS-MISSION）的油要經常檢查，（一至一萬二千哩）每 10 萬哩左右要換一次火星塞和線（TUNE UP）。好好保養，修車費一定省。

六、租車 LEASE

如果你年薪很高或公司生意很好。假如每年要付五六千元的稅，那麼你就要用繳稅的錢來租好的車開。

租一部車，每個月付四百元吧，一年付四千八百元。這四千八百元可以百分之百抵稅，與其繳稅繳掉，不如拿繳稅的錢來開好車享受。

附記

一、什麼叫做 DEMONSTRATOR？

　　DEMONSTRATOR 是汽車行老闆，經理和 SALES-MAN 開的車，這種車用的是車行牌照。因為沒有領過 DMV 的牌照，不論開過多少哩，其本身仍是新車。

　　買這種車最大的好處是減掉車子本身的哩數，在五千哩以下的車都算是新車。

　　所謂舊車是只要車行把 DMV 的臨時牌照單子往車窗一貼，那怕那部車只有一哩也是舊車了。

　　買 DEMONSTRATOR 跟新車一樣，仍可有一年或一萬二千哩的保證（付百多元），只是價錢比新車又便宜好幾百元。老美喜歡買這種車。

二、根據美國全國高速公路交通安全委員會曾在 1980 年對十二種迷你及小型車做三十五哩速度安全碰撞測驗。其中只有美國雪佛蘭牌的 CHEVETT 和義大利造的 FIAT STRADA 兩種小車通過安全碰撞測驗，其他十種車全不合格。

三、一部車該殺多少錢是合理的？

1. 熱門車，大家搶著要，這種車沒價好殺。車行頂多給個一、二百元意思意思。有的車行一毛折扣也不給。
2. 只有車身、座椅、引擎、排檔和四個輪子，或是只加了動力方向盤，動力煞車和自動排檔，這種車頂多只有十到十二個 PERCENT 的利潤，你看著殺吧！
3. 豪華車，什麼裝備 OPTIONS 都有，頂多 22% 到 25% 的利潤，殺價超過 13% 大概無法談了。
4. 為什麼把排檔放在 D 的位置上車子不走，等一下又忽然往前衝？

凡是有這種情形，一定是 TRANSMISSION 漏油，油打不上去。因此。TRANSMISSION 要換新的或翻修（OVERHUAL）。換新的要千八百元，翻修也得五、六百元。

5. 什麼叫做 RADIAL TIRE？

RADIAL TIRE 是寬面輪胎，裡面只打三十磅的氣壓，看起來好像車胎漏氣，這是有原因的。因為高速公路上，汽車的速度超過五十五哩的時候，輪子有 40%-50%是在空轉。為了減少空轉增加車輪及地面上的接觸及煞車安全起見，才發明 RADIAL TIRE。你千萬不能把車胎裡的氣打得太滿！

小車的車胎狹，氣打得足，所以在高速公路上只要車的速度一高，車輪就會浮離地面，有一半是空轉，因此也特別危險。

6. 買了車以後若我不喜歡，能不能退車？

車子是從生產線上裝配出來的，所以你買車的時候，一定要看清楚，想仔細。有什麼不滿意的地方，在車子出門之前一定讓車行給你整好。在一千哩之內，把不順的地方一一用筆記下來，到時候帶著保單一次送廠調整。

賣車的人只管賣車，只要車子賣出去他就不管了，車子出了毛病或不順得找服務部門。

新法律規定，你買的新車發現有毛病，同一個地方送到車行修三次還是修不好，這部車就叫檸檬車 LEMON CAR，可以送還車行換一部車或退錢。

拿到罰單後及駕車安全須知

　　如果你從來沒有吃過違規駕車的罰單，有一天因為超速、違規左轉等被警察先生開了罰單，要到那個市的 MUNICIPLE COURT 繳罰款，如果不服氣可以上法庭請法官評理，服氣了，可以去交通學校 TRAFFIC SCHOOL 上課消記錄。

　　想在一天之內上完八小時課（星期六才有），要繳二十五元。分四個禮拜，每星期一次，晚上七至九時，上完八小時課，只繳十五元。只要上完這八小時課，就取消違規紀錄。換句話說，你的汽車保費不會增高。（也可以上網上課）

　　這並不是說你每次接到罰單都可以去上課消記錄。十八個月之內只准許一次，第二次接到違規駕車的罰單，還是要罰錢以及記上駕駛記錄的。

　　上課才會知道車禍的可怕。以 1974 年為例，一年之內竟有五萬六千六百五十一人死於車禍，是美國參加越戰十年死亡人數的總和。

　　說來難以相信，舊金山一地竟有二十八萬八千輛車，這麼多車在這麼小的地方滿街跑，焉有不出車禍的？為了各位生命安全起見，請買一輛中型車開，以保安全。

　　趙先生夫婦，開的是中大型車，在紀利大道被老美從邊上直撞車尾，整部車被撞過安全島，幸好對方沒有來車，也幸好是一部中大型車，如果是小車，可以肯定趙先生夫婦必然受到傷害！

　　劉太太為了省油，買了小型車子，在公路上為了閃避右線車不回頭看就換道，結果一頭撞上路中間的護欄。整部車全毀，劉太太臉部重傷，頸骨折斷。

　　小車子無論造得多好，經不起碰是事實。為了安全起見，開車要注意一上車先繫上安全帶。有車從後面撞上，你不會飛起來胸撞方向盤臉撞玻璃。第二順手按下車門鎖，萬一從左方撞車，不會因為車門開啟把你摔出去而受傷。

附註：

一、根據美國環境保護署 ERA 對每一種車以一萬五千哩一年，每加侖油以一元五角五分測定計算：小八缸，五千西西，每加侖油跑十六至廿四哩，一年的油費是一千四百五十三元。（林肯牌大車）

二、六個缸，三千三百西西，每加侖油跑十九至廿四哩，一年的油費是一千二百廿三元。（COUGAR 中型車）

三、四個缸，一千六百西西，每加侖油跑廿八至卅六哩，一年油費是八百三十元。（LYNX 小車）

2008 年每加侖汽油是$4.5，你買車的時候，自己按$1.55×3，看看你一個月平均開多少里，需要付多少汽油錢，再來決定買什麼車。

朋友借車發生車禍

車主須對意外負責，酒醉吸毒無駕照均不允。

問：上個月我的朋友向我借車子開，但卻發生了車禍，如果車禍之
　　發生是我朋友的錯，我是否得為這次車禍賠償負責？

答：你可能得負責。大部份的州法規定：任何一個車輛的主人只需
　　為自己的疏忽負責，抑或是一家之主為家人之意外事件負責。
　　但是最近這條法律有所更改，許多州（包括加州及紐約）認為
　　車主必須為車輛出借後之意外事故負責。

　　而法庭也的確有許多這種判例，判車主得對出借後之意外負
　　責，甚至沒有這種規定的州，也都這樣判過，其所根據的部份是：

　1.尤其是車主把車子借給他知道對方不太小心開車的人。

　2.把車子借給喝醉酒或吸毒的人。

　3.未查借車的人是否有合法之駕駛執照。

　4.不謹慎而把車鑰匙留在車上，車子被偷而發生車禍。

　　以上四種情形，車主都難逃其責。

　　無論什麼樣的情況下，你的車子出了車禍都應馬上向你的保險
公司報告，保險公司和你的律師均可以保證你的權益而努力。

1984 年 11 月 17 日／國際日報

汽車註冊須先保險

州眾會（交通委員會）通過，保險局長支持並主張酒醉或無照駕駛不應領永久性傷害賠償。

加州眾議會交通委員會 27 日以十二對一票，通過一項汽車註冊必須出示保險的法案，保險局長奎根布希立即表示支持。

奎根布希 27 日也指出，他支持在加州施行無過失汽車保險立法，此外，他希望州議會能採行一項由保險局贊助的提案，這項提案主張凡是因酒醉駕車或是無照駕車而不幸發生意外的人士，應無資格領取疼痛及永久性傷害賠償。

奎根布希說，他支持由州參議員基利篤強森所提出來的參議會 1229 號法案，這項由消費者聯盟支持的法案，主張所有的汽車駕駛人均必須購買包括一萬五千元醫療保險額及薪資福利在內的基本車險。凡是介入車禍事件的人，不論是否有過失，均有資格得到醫療賠償及薪資福利，但就疼痛賠償則將限於受傷情形極為嚴重或為永久性傷勢的駕駛人。

此外，奎根布希表示，他也贊成一項由保險局贊助的提案，編號為眾議會 432 號，由州眾議員潤尼提出的法案，主張凡是酒醉駕車或是無照駕車人士，由於已對大眾安全帶來威脅，因此並不「值得」獲得超出自己所能負擔的賠償，因此固然能獲得醫療花費及薪資的補償，但疼痛及永久性傷害則應無資格索賠。

1995 年 3 月 28 日／世界日報

無照駕車・沒收汽車
新法案杜絕馬路殺手

　　州長威爾遜週五晚間簽署了一項名為「安全街道」的法案，在這項法案下，被吊銷或扣留駕照的駕駛人如果繼續開車上路的話，他們的車輛將被沒收。

　　眾議員理查・凱茲說：「幾乎每一週我都會聽到無辜的人被無照的駕駛人撞傷或撞死的車禍事件，這是因為那些被吊銷執照的人無視法律存在，而一意孤行開車上路的緣故。」

　　「現在，如果一位駕駛人無照開車，那麼他們便將付出失去車輛的代價。」凱茲說。

　　車輛被沒收的駕駛人有三天的時間繳交他們先前執照被吊銷或扣留的罰金。而他們被沒收的車輛則成為公眾財產或是被拍賣。

　　此一新法案適用於自己擁有汽車的駕駛人，以及無照駕駛被逮的駕駛人，不論駕駛人先前在五年內因無照駕駛而被定罪，或是駕照被扣而被定罪。

　　根據凱茲的說法，涉及致命性撞車事件的駕駛人中，每五人就有一人以上沒有執照，而因為醉酒駕車喪失執照的駕駛人中，百分之七十五仍然在繼續開車。（該法 1995 年 1 月 1 日生效）

1994 年 10 月 3 日／世界日報

如何找工作闖天下

在美國找工作，不見得需要人事關係，往往須自己單鎗匹馬闖天下，以下是求職的一些方法。

一、翻開當地的報紙找分類廣告，職業是按英文字母排列。如果你想找會計的工作，就找 A 字頭裡的 Accounting，想找銀行工作就查 B 字頭的 Banking，以此類推。

二、在報紙分類廣告裡有 AGENCIES，這是美國式的職業介紹所。凡是公司行號需要人的時候就可以委託職業介紹所幫他們找。介紹所向委託他們找人的公司行號拿介紹費而不是向你收費。

所以你到介紹所，先登記姓名地址等，並接受他們的詢問，諸如你在那家公司做過事？你會什麼？你要找什麼工作等等，如果有合適你的工作，他們就把那家公司的名字和地址給你，你自己去那家公司應徵。或他們認為你合格就把你挑選出來，安排一天時間和要僱用你的公司派來的人在介紹所裡當面試談。

這麼做的好處是：找人的公司行號不必分出很多時間去問應徵的人，這些問和考的工作都由介紹所做了。介紹所登的廣告說百分之百是 FREE 那是說你去應徵不收你一分錢。

三、你直接到大公司的人事部門（PERSONNEL DEPARTMENT）登記。像是美國銀行、太平洋煤氣及電力公司等都有人事部門。

在美國找工作是有多大本事吃多少飯是一定的。百分之百是硬碰硬。不想辛苦就要賺錢想都別想！

一般來說技術性動手的工作拿錢多，但也是照他本事大小而定，比如修汽車的機械工，本事小的一小時二十元，本事大的一小時五十元，沒有執照是不能做的。

　　如果你想找賺錢多一點好的工作，最好接受美國人的職業訓練。這種訓練有政府辦的，凡是公民跟有永久居留權的人都可以免費上學。也有好多私人辦的短期補習班，如果你去私人補習班是要繳錢的，但你最好先打聽一下這家補習班的信譽如何再決定去或不去。

　　去找工作的時候，一定要把自己說得很行！有五分本事要臉不紅氣不喘的說成八分或十分，至於有十分本事謙虛的說成五分，你休想他們會僱你，原因是自吹自擂的人對自己有信心，謙虛的人是連你自己都沒把握，我幹嘛僱你！

　　從小中國人就被父母告誡「上課少說話」，「不要惹是生非」。而美國人則時時提醒孩子「上課多表現」、「人家打你，你為什麼不打回去？」

　　在中國文化的薰陶下，很多人在美國社會求生存時，不自覺就成了「只問耕耘」型，整日埋首工作，除了第一線上司外，再上面的頭頭一個也不認識。在公司碰到看不順眼的事也不講，只會回家生悶氣，對公司的發展，沒有批評，也沒有建議。公司覺得少這樣一個人也沒有什麼損失，經濟不景氣要裁員時，名字遲早會上黑名單。

　　在美國人公司做事，該說就說，有意見就提出來。做了事就要讓人知道。

書寫應徵履歷應注意之事項

應徵覓職的人士如何書寫他的簡歷表來通過主考官的「第一關」，實在是一件值得大費思量的事。

洛杉磯時報日前刊登了一篇羅勃・哈福「如何寫應徵簡歷」的文章，頗有許多觀點和意見足供參考。

不論是英文或中文的簡歷表都不僅是列舉您的就業經歷而已，它應該是一份「廣告」，是一份向任何閱讀者表示：「我保證就是你們所嚴格考慮的人選，如果不讓我有面談機會的話，你們實在是大錯特錯。」

聽起來很簡單，但做起來就大有問題了，羅勃舉出他檔案中一些令人看不下去的簡歷片段，盼望覓職者能避免此等「錯誤」。例如：「除了讓我的妻子和五個孩子快樂之外，我還喜歡下棋，聽好的音樂，偶爾喝點馬丁尼。…」「我的文憑字號是九五七九，我的勞工證件是丹佛發出的一六九八二號……」

羅勃另外還蒐集了一些被淘汰出局的履歷表，有些長達五頁的，有些短到只有一段的，寫錯字的，打字塗塗改改等五花八門，不一而足。他要求每一個應徵者在寄出履歷表之前，至少要檢查一下是否合乎下列標準：

一、文理順暢流利。

二、採用以寬八吋半，長十一吋厚實紙張印妥表格。

三、所寫資料不要過於擁擠。

四、書寫簡明扼要。

五、意思完全表達。

羅勃認為只要有一點稍微不合標準，您就必須重新來過，務求盡善盡美。他提出填寫履歷表的一般標準原則：

一、一定要切題，不可過繁瑣。履歷表不是自傳，也不是個人哲學論文。能用三個字寫完的就不要用五個字。

二、避免使用第一人稱「我」。您的履歷表本來就是關於「您」的事，何必再用「我」來強調呢？除非必要，否則儘量避免用這個不討人喜歡的字。

三、只要提出有關的資料。至於您的配偶姓名，你家小孩或小狗的名字，您的小學校名……這些都和您的工作能力無關。

四、讓閱讀您履歷的人知道，您在過去服務的公司機構有過什麼貢獻。

五、別瞎扯淡；更別俏皮。履歷表不是讓你閒聊或開玩笑用的。儘量穩重，把它寫得公式化。

六、句子要短而精確。最好設法用生動的字起頭。

七、要表現您的本事，但語氣一定要委婉謙虛。也許您真的「挽救了一家公司免於破產」。但最好使用一點外交辭令，比如：「設計出一個對增產收益頗有幫助的財政計畫。」

八、不必列舉薪資所得、介紹人或參考資料，也用不著附照片。您大可在附寄信文中談到薪水。等到對方要求您出示參考資料時才呈遞。同時，當那個公司找您面談時，他們就知道您長得什麼樣子了。

九、沒有必要提到您的宗教信仰、種族、膚色。這並非企圖瞞什麼，沒人知道第一個接獲您履歷資料的人是否偏狹執拗，閣下又何必冒此風險？

除了以上幾項應該注意的事項外。對於履歷表的書寫當然還有一些見仁見智的說法。不過，大部份同事都同意，應徵不同的公司行號，應有不同的履歷表寫法，羅勃在他的專欄中也強調此種「戰略」的重要性。至於市面上出售的各種表格，他主張選用依年份表排列資歷的 Chronological Form。（如果自己沒有自信把履歷表寫得好，可以查電話簿 Resume 這一項，只要你付錢，他們專門幫你寫履歷）

剛來美國・英文不通
有那些工作可做？

　　美國是一個資本主義社會。這個社會最大的特色是人人要幹，要肯幹。絕對沒有「做也三十六，不做也三十六」的說法。做，還得結結實實地做才有三十六，偷懶馬上請閣下走路！更沒有士大夫階級──做經理就有面子，做清潔工就沒有面子的心理！

　　因此，來到美國，有錢當然不用說了。一般人來到美國，在兩眼還沒睜開看清這個社會之前，要承認這是美國，要面對現實求生存，肚子空而眼界高的人，在美國這樣的社會裡肯定是不愉快！

剛來美國，英語不行，有哪些工作可以做呢？

一、清潔工 Janitor

　　這是在大樓辦公室下午下班以後，他們去擦桌子，清地毯或清理廁所的人。不要小看清潔工，這是有工會，有一切福利保障。每小時工資在九元以上，比很多經理收入高得多！你還不一定申請的到。

二、警衛 Security Guard

　　這是在銀行、超級市場、珠寶店等機構或行號門口掛鎗值勤的人。多半是中年以上的人，防止搶劫。要當安全警衛得先受訓。訓練後由警衛公司僱用。福利也不錯。

三、汽車旅館經理 Motel Manager

　　夫婦可以住在旅館裡，有人來住旅館就請他登記，付錢後給他一把房間的鑰匙，由他自己去開門。旅館的東西壞了找人來修等等。

四、跳蚤市場 Flea Market

這是美國特有的一種市場。類似中國趕集。只有星期六、日才有。要事先登記繳錢訂攤位。到時候在一個大場子裡，你可以擺攤子，新的，舊的，破的，爛的，要賣什麼悉聽尊便。如果你能找到便宜貨源，這裡賺錢生活應該不難。

五、小快餐店 Fast Food

這種店什麼快就賣什麼，沒有煎、炸、炒、煮的設備。在辦公區從上午十一點賣到下午三點。我個人做過這樣的調查：

滷牛肉，切薄片，上下兩片麵包的三明治，外加一碗紅蘿蔔、洋白菜、番茄和牛肉煮的羅宋湯請我的同事美國人、菲律賓人、韓國人吃，得到的答案是他們認為好吃。

以上這些工作，不需要說流利的英語。中國人說：「騎馬找馬。」剛來美國，先有個工作，有收入，好歹先穩住。以後再求發展。

六、網狀直銷 Networking

（一）哪種直銷不能做：

1. 只有一種產品或沒有產品，一加入就要繳$600 或$700，你去找三個人頭加入就給你$600 或$700，不能做！
2. 第六層以後就不屬於你的了，而是屬公司，這也不能做。
3. 你做成功了，你的上線要抽走你最好的一個下線，這也不能做。
4. 兩條腿有一邊不平衡也就是一條腿長，另一條腿短就可以拿錢，這也不能做。

（二）公司有這樣的制度就可以做：

1. 付$32.48 就是終生免繳費會員── 一輩子不再繳會員費了！
2. 一加入這樣的公司就享受購買產品 20%折扣，你不買產品也沒關係，沒有業績壓力。

3. 階級只升不降。不論你升到那個經理的階級，你的夥伴階級高過你或同階，你仍然可擁有現有的位階，絕不會降級。

4. 零風險。你不必為了維持位階，每個月都要把業績額度補滿，只要想買貨時，向公司下訂單，不會有囤貨的壓力。

5. 區域總經理可以世襲。做到區域總經理是可以傳承給子女，讓所有的經營者無後顧之憂，甚至早早為子女打下事業基礎。

要在這麼好的制度下成功，你必須：

心態歸零。常言說：「隔行如隔山」，做傳銷事業要有從新學起的心。

聽話照做。看「成功者」怎麼做，你就怎麼做。千萬別自作聰明。

每會必到。訓練會、家庭聚會、公司舉辦的產品說明會都要到，多聽你就能多學，學多了，你就變成專家了！收入就大大不同囉！

三個月內，三代組織業績達到 $5,000，隔日就升為經理。升經理以後，組織的業績你有 10% 佣金，這是從 Consultant(C)→升到 Manager(M)。

你 Recruit 的人是你的第一代。

我是你 Recruit 的，因此我是你的第一代，我 Recruit 的人，是你的第二代。

同階三代。他是我 Recruit 的，他 Recruit 的人是你的第三代，三代以內同階級，如你是經理，我也是經理，他也是經理，你可享這三代的培育獎金，即第一代 5%，第二代 2%，第三代 1%。

不同階級，無限代。如你升上區域經理，而我和他以下仍是經理，不管這以下有多少代，都是屬於你的組織業績獎金。

如果：我的第一代出一個 AM（區域經理），與我同階級，我分享他組織業績的 5%。假定他這整個月組織做了 $50,000 業績，我就分享 $2,500，第二代的 AM（區域經理）是從第一代出來的，我分享他組織業績的 2%。假定這個月他的組織做了 $80,000，我分享

$1,600。第三代的 AM（區域經理）是從第二代出來的，我分享他組織業績的 1%。假定這個月他的組織做了$20,000，我分享$200。

從 Manager（M）經理→升到 Area Manager（AM）區域經理，三個月內三代組織達到$20,000，且組織第一代有兩個（M）經理，就從（M）經理升到（AM）區域經理，注意：升(M)業績一達到$5,000，隔日就升；但（AM）區域經理達到業績需隔月升。例如：你的三代組織業績在 2 月 5 日達到$20,000，你在 3 月 1 日才可升 AM 區域經理，也就是說 3 月 1 日以前的業績獎金都以（M）經理 10%計算，要在 3 月 1 日以後的業績才以（AM）區域經理的位階計算獎金。

AM 區域經理的第一代培育出兩位 AM 區域經理，就升為（AM＋）高級區域經理，這時你 Recruit 的人你可以拿 30%獎金。

AGM 區域總經理：第一代培養出五位 AM 區域經理，在當月三代業績達$20,000，就可升為 AGM 區域總經理，以後每月需保持$16,000 業績。

AGM 區域總經理 Recruit 的人仍然是拿 30%的獎金，為感謝 AGM 培育優秀的下線，外加 2.5%無限代組織業績獎勵金。

AGM 區域總經理的培育獎金：培育第一代區總 2%，第二代區總 1.5%，第三代區總 1%。

如果你在六個月內沒有 Recruit 人，業績沒有達到$6,000，那麼你的培育獎金只能拿六個月，在第七個月就不能拿培育獎金了。

（三）這種直銷的產品是什麼？

在美國，沒有醫藥保險，靠自費看病是看不起的呀！但有很多人沒有醫藥保險又怕花錢看病，有了小病就忍著，時間一久拖成大病，大病的時候是自己痛苦，也讓家人難過。

如果你有高血壓、糖尿病、失眠、憂鬱、氣喘、坐骨神經痛、關節痛、痛風、頭常痛等慢性病和病痛，吃了很多藥，尤其是西藥的副作用使你不舒服，你就仔細看看這份不打針，不吃藥就能解除

你慢性病和病痛的試驗報告，這個試驗報告，你可以從網路上下載：http://www.odatus.com/ions.htm 標題是「陰（負）離子 NEGATIVEIONS，作者是 Robert O'Brian」

我把這試驗報告的重點摘要告訴大家，英文好的人可以直接上網看英文。

Igho H.Kornblueh 醫生用帶有陰離子的風扇吹向被試者，被測試的人立刻神清氣爽。關掉風扇再開另一台帶有陽（正）離子（Possitivelions）的風扇吹向被試者，被測試的人立刻頭悶又痛，眼睛刺疼，精神恍忽又疲勞。

陰離子並不「治療」病痛，因此很多醫生質疑陰離子「治療」的功效，但是；

賓夕凡尼亞州立大學實習生醫院，東北醫院及弗蘭克福爾德醫院的 Igho H.Kornblueh 醫生用陰離子治療千百患有花草過敏症及氣喘的病人，這些病人吸入陰離子 15 分鐘後，有 63% 的病人部分或全部痊癒。

RCA 試驗室的 C.W.Hansell 醫生在 1932 年的時候發現實驗室的科學家們吸進陰離子就會神清氣爽，吸進陽離子就會無精打采，幾個月後歐洲的離子報告證實此一試驗。

Kornblueh 醫生使用放出陰離子的口罩放在一位被工廠蒸氣二級燙傷工人的鼻子和嘴上，只有幾分鐘的時間，這位被蒸氣燙傷的工人就不痛了。

Robert McGowan：「今天所有燒燙傷病人一到東北醫院就立刻送到陰離子室，病人在此室內每天待三次，一次 30 分鐘，85% 被燒燙傷的病人就不覺得痛了。陰離子使被燒燙傷的皮膚快乾，復原迅速，很少留疤，此外，陰離子使病人樂觀也睡得好。」

受到用陰離子使被燒燙傷病人止痛的鼓舞，Kornblueh 醫生，東北醫院外科主任 J.R.Minehart 及助理 T.A.David 醫生對 138 位開刀病人，在他們手術過後第一天及第二天就給予陰離子止痛，57% 的病人

在第一天就很快的減低疼痛。Minehart 醫生說：「過去我把陰離子想成是一種神奇不可思議的符咒，現在我真的相信陰離子是真實的，而且是醫療上革命性的發現。」

加州州立大學 Albert P. Krueger 和 Richar F. Smith 二位醫生也發現吸菸的人，他們氣管裡的纖毛排痰功能減低，但吸過陰離子後可以增加氣管裡纖毛排痰的功能。

舊式的冷暖氣空調只有陽離子沒有陰離子，紐約 ABC 廣播電視公司總部就把 30 層大樓的冷暖氣空調全部換裝成吹出帶有陰離子的空調機。現在各大做空調機的公司如 General Electric 等都致力於做出來的冷暖氣空調能帶有陰離子。

我們仍需努力學習有關電子的知識，但是研究人員確信奇異的電離子可以藉由人工控管，很快的就會製造出對人體健康有益使人生活快樂的產品。

這種對人健康有益又能解除慢性病和病痛的陰離子產品早在 1961 年就被日本人發明出來了，那種產品叫做特美龍 Teviron──是高科技的紡織纖維，內衣穿在身上，護具戴在關節等痛處，睡覺蓋上毯子，下墊毯子，經過皮膚和特美龍直接摩擦就產生陰離子，這陰離子從皮膚透入體內，因而使人的血液成為鹼性體質──心臟容易活動，血壓剛好，呼吸順暢，血管擴張有彈性，骨質健康，使人有精神。因為這樣，你的體質得到改善，所以慢性病和病痛會離開你。

特美龍的產品不便宜，一雙襪子要 $34 元，如果你有汗腳、香港腳、腳上長水泡引起的臭腳，你穿上這襪子就知道它對你的腳毛病多有效了！有效就不貴！

美國、台灣、中國兩岸三地電腦界赫赫有名的毛鑫博士，因為膝蓋運動受傷而非常的疼痛，在轉機的時候連自己隨身帶的行李都拖不動。2002 年 8 月，他全套（穿、戴、蓋）使用特美龍的產品，只有短短 10 天左右，他的膝蓋、腳痛、痛風和頭痛就都不痛了。

　　台灣土城診所的陳澄旭醫生不但自己穿和蓋特美龍，她也建議因車禍腦震盪，傷到脊椎又發現腫瘤癌指數達 106 的病人許淑貞女士使用全套特美龍產品，只有一年的工夫，她的病痛和腫瘤都沒了！

　　如果你沒有醫藥保險，現在也沒病，你最好穿特美龍製的內衣內褲和襪子，睡覺上蓋和下墊毯子——預防有病。如果你已經有本文開始就說的那些慢性病和病痛，你應該全套使用特美龍產品。全套產品包括二套內衣內褲，二雙襪子，二床毯子和護具大約在 $1,500-$2,000 元（這是會員價），比付醫療保險費及看病便宜多了！

　　這麼好的產品是「信者得救」！做這樣產品的直銷才是對人對己都有「利」的事業。

　　要做嗎？請打電話給王定和(661)948-0760，我把專做這種直銷的人介紹給你。

　　需要這樣的產品嗎？也打電話給王定和，你用了這產品就知道產品自己會說話！

結尾：

　　美國暢銷書「富爸爸、窮爸爸」的作者羅勃特 T.清崎說：「我承認為了金錢和生活安穩而工作是非常重要的，但我仍然主張去尋找另一份工作，以便從中學到另一種技能。我常常提議，如果想學習銷售技能的話，最好進入一家擁有連鎖營銷系統或稱為多層次市場的公司。這類公司多半能夠提供良好的培訓專案，幫助人們克服失敗造成的沮喪和恐懼心理，而這種心理往往是導致人們不能取得成功的主要原因。

　　我有許多朋友，他們非常有天賦，但他們不善於與其他人進行更多的交流去發揮他們的天賦，結果他們掙的錢少得可憐，我建議他們花一年時間來學習銷售，即使什麼也沒掙到，但他們處理人際關係的能力會大大提高，而這種能力是無價的。」

如何使用美國電話簿

　　美國地方實在太大了。所以辦起事來用電話聯絡成為不可缺少的工具。初到美國，要裝電話，只要到你家附近的電話公司登記姓名、地址，有的地方要繳押金（舊金山就要），有的地方不要押金。電話顏色和機種是撥號的還是按鍵的隨君任選。搬家的時候，電話機退回電話公司就行了。（現在可以買斷。）

　　租電話每個月基本次數可以打三十次，六十次或一個月多繳幾元錢可以不限次數的打。這是指當地 LOCAL 電話，長途電話不行，長途電話是按次數、按時間由電腦直接計費。電話帳單也是電腦打出來的。

　　在美國，住在親友家，要打電話的時候，最好問問主人。因為地區代號一樣，並不表示就是當地電話。像舊金山的地區代號是四一五，可是離開舊金山四、五十英里以外的地方，其地區代號同樣是四一五，那就是長途電話了。你打長途電話給親友增加開銷，所以住在親友家應該避免打長途電話。

　　美國電話本裡的商業廣告，用的是黃色紙印的，所以俗稱YERLLOW PAGE。現在我們就來談談與我們日常生活有關的行業應該怎麼查：

- 凡是與飛機業有關的，像是問從甲地到乙地的班機起飛及到達的時間、訂位、空運貨物、學開飛機，租一架飛機，買和修冷氣機等等都查 AIR。
- 如果你不常去辦公室或在家裡，又怕別人打電話來沒人接，漏掉重要的事或生意，你可以委託專門代人接電話的服務，英文

173

叫做 ANSWERING SERVICE，等你回來了，你可以問他們有誰打電話給你。如果你需要這種服務就查：ANSWERING。
- 你有骨董要賣或要買就查 ANTIQUES。
- 臺端有寶石、鑽石、珍珠、郵票、銅錢等要賣，不能確定值多少錢，或是要買而怕吃虧，要找人鑑定一下就查：APPRAISERS。
- 如果你需要律師，美國的律師都是專精一行；打賠償官司的專打賠償官司，打房地產官司的專打房地產官司，辦移民的專辦移民，看你需要什麼律師就查：ATTORNEYS。
- 要買車、修車、汽車零件、廢車等等，凡是跟汽車有關的問題就查：AUTOMOBILE。
- 凡是跟嬰兒有關的事，像是夫婦參加晚宴，要找 BABY SITTER 來看孩子就查：BABY。
- 如果犯了什麼法被扣押了，法院要保釋金，有人專門提供這種保釋金服務，要早點自由就查：BAIL。
- 需要銀行像買車貸款利率多少，定期存款多久才能提。什麼存款利息最高等等這些問題就查 BANKS。
- 女人洗頭燙髮、修指甲、美容等就查：BEAUTY。
- 家裡、店裡或公司裡要裝防盜設備就查：BURGLAR。
- 人，有生有死，生的時候找醫院，死了以後要找墓園安葬，要找墓園就查：CEMENTRIES。
- 凡是跟電有關的，像是電燈、電線、插頭等修理，或安裝就查：ELECTRIC。
- 要找工作，可以找介紹所介紹，要找介紹所就查：EMPLOYMENT（通常美國的介紹所向僱主收費。有很多介紹所在廣告裡寫明 100%FREE TO APPLICANTS 意思是不向找工作的人收一文錢）。
- 當人離開這個世界要找殯儀館辦喪事就查：FUNERAL。
- 要買賣家具就查：FURNITURE。
- 要裝大鐵門或大鐵窗以策安全就查：GATES 或 IRON。

- 凡是與當地政府有關的就查：GOVERNMENT。
- 家裡、店裡、公司裡的暖氣要清洗，換新或修就查：HEATERS。
- 要住院、急診或買醫療器材就查：HOSPITAL。
- 凡是有關保險的事就查：INSURANCE。
- 要找人蒐集證據，調查對方罪行，需要這樣的人就查：INVESTIGATORS。
- 長期或一次需要人清掃（打蠟、洗地毯、擦窗戶等）辦公室、餐館、家裡就查 JANITOR。
- 要租禮服、租車、租醫療器材，公司設備等就查：LEASING（一般來說 LEASING 是有合約的，長期的。RENT 是沒有合約，短期的）
- 要搬家或運送什麼東西就查 MOVING。
- 要買油漆或找人來油漆房子就查 PAINTING。
- 要消滅家裡、餐館或店裡的老鼠、螞蟻、蟑螂等，美國有專門做這種事的公司，離家近的就便宜一點。查：PEST。（房子租給別人之前或之後，房客發現有這些蟲子的時候，房東要負責找人來清，費用由房東付。或由房客自己找，費用在房租中扣除。房東不管，房客可以告狀，倒楣的還是房東。）
- 家裡有水管不通，要找人來通水管或水管漏水，找人來修水管就查：PLUMBING。
- 不動產買賣要找房地產公司就查：REAL（省略 ESTATE）。
- 冰箱、冰櫃、冰庫出了毛病需要修理、換新、安裝就查：REFRIGERATION 或 REFRIGERATOR。
- 在美國，有些東西可以臨時租一下，不需花錢買了只用一次，要租什麼用具就查：RENTALS。
- 在美國，有很多房子是用木板造的，屋頂是木片，天長日久下雨會漏水，屋頂漏水要找專修屋頂的人來修就查：ROOFING。

- 要學一技之長，短期內學會可以就業賺錢，要找這樣的補習班就查：SCHOOLS。
- 車子在半路拋錨或是電瓶漏電發動不了。需要拖車把車拖到修車廠，或是別人把車停在你車房門口擋住你車的去路，叫拖車把這部車拖走就查：TOWING。
- 以上這些事是與我們日常生活有關的，住在舊金山還好，要住在老中少的地方，又是新來美國。一旦遇到事，連查電話本都不了解怎麼查就糟了！

※註：打電話應該養成留話的習慣。比如你找我，我不在，你應該留下姓名或電話號碼，我回到辦公室可以馬上與你聯絡，彼此方便。

美國學校教育簡介

美國教育行政最大特色是公立及地方主教育事宜。聯邦教育部及州教育廳只是輔助各市的教育局（Board of Education）推行教育。

市教育局董事會由市民選出七個人，這七人稱之為教育委員或董事。七位委員再去物色一位學有專長的教育家做市教育局長。

美國實行十二年義務教育。正規學校教育是一到五年級是小學，六到八年級是初中，九到十二年級是高中。學校教育最大的特色是鼓勵學生發問，同時啟發學生獨立思想。

教育局為照顧低收入之家庭，特別設立學前幼兒照顧。任何一國的新移民來到美國，父母帶著子女向當地教育局報到。（舊金山市的新生報到中心 Intake Center 135Vannese Ave.十八號房間。）

你帶著子女到報到中心要為子女填寫入學表。更要帶子女過去學校的成績單、護照、尤其重要的是你們現在住址的證明文件，像是水電、電話、垃圾費的收據、駕駛執照；房子所有權等皆可證明你們住在該地址。

通常要在新生報到中心花上四個小時左右做下列各項手續：

一、填入學表格及接受問話。

二、學生要考英文和數學，不會英文則接受聽力測驗。

三、手續辦完，當場發入學分配表，學校的分發完全依據父母及監護人的現在住址為準。

四、如果你對子女被分發到的學校不滿意，要換到另外一所學校，你一定要說明理由，諸如：「學校離家太遠」，「學校名聲不好」，「有種族歧視」等等。可以當場申請轉學表 Optional Enrollment Request。簡稱 OER。如果不批准必然是：

　　你想子女去讀的那所學校的那個班級已經滿額；亞洲人比例偏高；整個學校已滿額。

　　如果不在這幾種限制內，你轉換學校的請求十之八九會被批准。

　　除了一到十二年級的正規教育之外，還有特殊教育 Alternative School，特殊學校也有小學、初中和高中。以舊金山市來說，特殊學校有：

・新移民高中 New Comers High School

　　專收從外國移民到美國的學生。不但加強英文訓練，同時用雙語教學。那個國家來的就用那個國家的語言教。

・語文專校 International Academy Institute

　　這是最近二年才設的學校，完全配合學生學習外國語文而設，學校除一般正規課程外，加強學生外國語文之訓練。

・電腦高職 Philip Burton High School

　　從九到十二年級，除了一般高中課程外，完全以電腦為主。

・商職 School For Business.

　　一般高中課程外，加強會計、打字、檔案、銀行、計算機等的課程及訓練。

・藝校 Performing Arts School

　　除一般高中課程外，加強音樂、戲劇、舞蹈、表演等的訓練。

・獨立學習 Independent Study

　　這是針對有家庭負擔的學生而設的學校。學生與老師的上課時間皆可自行選擇，非常有彈性，學生每週要上二十小時的課以符合法律規定。

・工職 John O'connel Vocational School

　　對讀書沒興趣，有興趣修車、修電視什麼的就讀工職，一畢業就有工作。

・專升大學的高中 Lowell High School

　　這種學校的畢業生唯一的出路就是升大學。這所學校創設於一八五六年，是加州最老的高中。全美國共有初、高中五萬五千多所，

這所學校入選為美國十大名校之一。三千多學生中亞裔佔 70%，中國學生佔 44%，入學標準是：

一、在舊金山市住滿一年。

二、七和八年級的學業成績，所謂學業成績就是英文、數學、地理、歷史等科都是 A。（體育、音樂等拿 B 沒關係），才有資格申請。

三、要參加入學考試，完全硬碰硬，考試只考英文和數學二科，其成績要佔前 5%，如一千人報名，其成績要在前五十名之內才有錄取的機會。五十名的前二十名即 2%為天才。因此，洛威爾高中學生素質之優秀為全美國四所高中之一。

美國學校沒有所謂的「部訂標準教科書」。以英文一項為例，英文教材由當地教育局成立的教材委員會聘請專家制定教科書。只英文一項就有五十六種讀本。

學校英文老師再開會，從五十六種英文讀本選出本校的英文讀本。由此可見每所學校的每種課程的讀本都不相同。

法律規定十八歲以下為強迫性義務教育。如果你的孩子逃學，家長要受罰。但是美國各種族中讀不完高中的學生墨西哥人佔 50%，白人佔 30%，黑人佔 40%，亞洲人佔 10%，全部平均為 25%左右。

美國的學校是「有教無類」，受教育乃是人人之權利。因此，學校不輕言開除學生，學生有下列行為，學校的處置方式是：

一、凡逃學、打架、對老師無禮等之學生，老師有權停他一天課 Suspension。老師只能說：「你出去！我今天不要見到你！」而無權說：「我永遠不要在這個教室見到你！」學生第二天仍可照常來上課。

二、學生有重大情節要停學一星期處分，則得由校長、副校長批准。

三、學生攜帶兇器到校，此兇器可致人於死者，學校將該生送往教育局 Student Placement Committee 這個單位專門處理學生重大違規案件，為他找一所代替學校。

四、學生開槍打死人、姦殺等重大刑案，即遭學校 Expulsion 這是真正的開除。在十八歲以內就會喪失受教育機會。

　　在美國，學生家長一定要參加學校會議。如果你發現你的孩子有問題時，你必須主動的與學校學生顧問 Counselor 聯繫約時間一談。因為學生在校有了問題如交男朋友、打架、吸毒、想找個零工做做、升大學寫介紹信及詢問某所大學的情況等等，學生都會去找顧問談一談。學生顧問均係資深教師經特別訓練後轉任。

　　因此，一旦發覺孩子不對勁時，應該立刻與學校的學生顧問約時間談談孩子的在校情形。如果你對孩子的授課老師有所不滿；也可以找學生顧問，他有義務把老師約來與你會談，共同解決問題。切記！切記！絕對不是吵架解決問題。

　　凡是學生顧問不能解決的問題；你對顧問所解決問題的方式或方法不滿；顧問無權決定學校當局政策性的問題時，你都可以找副校長仲裁。

　　如果你對顧問的協助，處理問題的方式及方法都滿意，別忘了你也應該找副校長談一談，表達你對顧問的謝意。

　　副校長代表教育局，專門負責校內行政。校長主要對外演講、開會。

高中畢業後要唸大學，有下列選擇：

一、**市立學院** City College 年滿十八歲，舊金山市高中畢業的居民，不論成績好壞照單全收。

二、**州立大學** State University 高中畢業成績在 2.8 分以上（成績全 A 是四分，B 是三分，C 是二分，D 是一分），還要經過 Scholarstic Aptitude Test 簡稱 SAT 考試，考試及格才能就讀。

三、**加州大學校系** University of California System 高中畢業成績要 3.3 分以上，不但要考 SAT，還要加考 Achievement Test。Achievement Test 固定考英文和數學，另外自由選擇一科，極有競爭性。

　　以上所說之教育情況都是以舊金山市為例。其他各市的情況大同小異。使你對美式學校教育有一概念。

買房子之前應有的了解

一旦生活穩定，又有足夠的收入，就考慮要買房子了。買房子之前應該了解下列各種情況：

為什麼中國人聚住的地方，房地產價格就特別貴？

中國人移民到美國的舊金山以後，大多數的人要住進列治文區和日落區，到了紐約要住進法拉盛區，到了洛杉磯要住進蒙特利公園市。

1978 年舊金山日落區一棟室內面積一千平方尺的房子，只要五、六萬元，有些會賺錢的房地產經紀一轉手七、八萬賣給香港或台灣來的中國人，很多人不喜歡付銀行利息，不是一次付清就是頭款很大，頭款大向銀行借錢當然容易。等買主發現自己吃了虧，以十萬或十一、二萬的價錢賣給後來的中國人。

美國房地產估價師（Appraiser）是根據你要買的這棟房子前後左右三條街之內同樣的房子，在三個月之內賣了多少錢，三個月內沒有買賣，六個月之內賣了多少，依此類推估出你要買的這棟房子多少錢，做為你向銀行貸款的憑據。

你要買的這棟房子，原本六萬元，三個月之內，在前後左右三條街之內，有同樣的房子賣了十萬元，你要買的這棟房子就表示市價十萬元。

不要多，一個區內只要有很少的幾位房地產經紀賺「快錢」，這一區內的房價就節節升高。

再來，舊金山市的日落區和列治文區，紐約市的法拉盛區都是老區，房子有一定的數量，而來到舊金山市和紐約市的中國人都要住進這一區，房子供不應求，這一區的房價非上漲不可！

1978 年，舊金山日落區的房價平均五、六萬，1983 年漲到十三、四萬，1988 年漲到三十萬以上！你看看房價怎麼漲的。

日落區的房主開價二十五萬，買房子的中國人一個比一個亨，張三出（Offer）二十六萬，李四出二十七萬，王五出二十八萬搶著買，房價一下子就上到三十六、七萬！

只要是中國人聚住的地區，不論舊金山，紐約和洛杉磯都發生這種情況。

洛杉磯市，東邊的蒙特利公園市，號稱小台北，這個市六平方英里，除了上述的問題以外，還有一個問題，那就是南加州缺水。因此，在南加州每一個城市（City）的發展和計畫是按配水人口多少來規劃的。

假定蒙市配五萬人口的水，那麼蒙市的學校、交通、垃圾、公園等就按五萬人設計和規劃。

移民到洛杉磯的中國人裡相當多的人要住進蒙市，蒙市的人口就會超過五萬，超過五萬人口，蒙市的學校、交通、垃圾等就發生問題，於是市議會通過議案並授權市政府限建，限建使房價上漲。

還有就是學區，只要是有名的好學區，中國人就往裡搬，聖荷西市西邊的庫柏帝諾市（Cupertino），洛杉磯市東邊的喜瑞都市（Cerrito）的學區是一流的，於是中國人就往這裡搬遷，希望自己的子女進入一流學校，將來好讀一流大學。

以舊金山市洛威爾高中（Lowell High School）為例，這是排名全美國十大高中之內的學校，進學校的標準是只考英文和數學二科，成績要考到前五十名才有錄取的機會，該校三千多學生中亞裔佔 70%，中國人佔亞裔的 44%。

雖然該校學生個個優秀，但高中畢業後不是個個都能進 UC Berkeley 大學的！在你搬進好學區之前，你仔細的觀察子女是讀書的料嗎？能考進前五十名嗎？不管，先住進好學區再講，這樣一來，這一區的房價會不高嗎？！

買房子不只是安身立命之所，還得仔細算計

你年薪五萬，要養太太和一個小孩，你的付稅率加社會福利約18%上下。因此，扣稅及社會福利後拿到手上的錢是四萬一千元，$41,000÷12 個月＝每個月$3,416 元。

如果你要買一棟價值二十萬元的房子，銀行只借給你每年收入$50,000 中的 30%，也就是$15,000，這 15,000 元中還包括一年二季房地稅約二千元和一年七百元上下的保險費。

二十萬的房子，你付 20%頭款四萬元，向銀行借十六萬，年利率7%，三十年付清！每個月連本帶利要付$1,064 元，加每月$160 房地稅，再加每個月$55 保險費就是 1,279 超過銀行貸款標準。（這是以7%的利率算）年薪五萬，照人口比例算，大概每一百人裡有一個，如果康斗（Condo）都要賣二十萬，買得起的人照年收入比例算起來就少了。房地產業在不久的將來要萎縮——買時容易，賣時難哪！

買房子付的貸款利息可以抵稅之外，1997 年新稅法規定「在這棟房子裡住滿二年，賣房子所賺的的錢，夫妻是 50 萬元（一個人是25 萬元）可以不付稅拿去養老。

舉例：

你 1975 年 40 歲，夫妻五萬元買了一棟房子，到 1998 年賣了六十五萬元，賺了六十萬，六十萬裡的 50 萬元不必付稅。（23 年這棟房子賺了 1,200%）。

1988 年或現在，你也 40 歲，在上述所說各項房產漲價原因之內，以六十萬買一棟房子，二十年以後，這棟房子能賣一千萬嗎？恐怕很難吧？！

所以買房子不只是安身立命之所，還得想到日後增值賣出去以後免稅部份供自己養老用。

購屋貸款 16 問

Q1：有意購屋的人，怎樣去找最好的房屋貸款？

選擇方法很多，現在上市的房屋貸款辦法也很多，最重要的是要多問，至少要問二十家以上的貸款機構。

Q2：貸款者應根據什麼準則來選擇房屋貸款辦法？

首先要看貸款的月息在既定時間內是否固定？同時要衡量自己在未來幾年內的收入狀況。其次是要看利率會固定多久？

Q3：現在還有那種三十年期利率不變的房屋貸款嗎？

現在很難發現這種傳統式的固定利率長期貸款。只有聯邦房屋管理局（FHA）或退伍軍人管理局（VA）仍採這種貸款，但也逐漸稀少了。貸方現在都把這種長期貸款的利息定得很高，使得乏人問津。同時許多固定利率的貸款辦法，現在也容許貸方能在五到七年後變更利率。

Q4：照你的看法，這些新種貸款，那種最好？

我個人認為五年期的貸款計畫比較好。

Q5：為何五年期貸款比別的好？

因個人收入多會在五年期內隨利率增長而比例的增長。但若認為自己的收入不一定會隨利率的上漲而增加，這類型的貸款就有些冒險了。還有就是一般的屋主都只想住五至七年，因此不在乎五年後利率變動。

Q6：什麼是負式分期攤還貸款（Negative Amortization Loans）？

這種貸款下每月付的數目，甚至不夠付清所欠本金的利息。因此，所欠本金的總數可能越欠越多。某些貸款方式是首期付的少，同時利率又是變動的。結果利率大增時，借方發現所面臨的是一筆龐大的本金。專家稱此為 GPARH（即漸進利率變更貸款）。

在買賣契約中，如果本金漲得太快，月付款在三、四年內就要調整，月付款就會大幅提高，買主可能身陷泥沼，甚而發生失屋之痛。

Q7：還有其他貸款方式嗎？

一種新的叫財產增值式貸款（Growing Equity Mortgate）。這種貸款在定期內利率不變，但月付隨通貨膨脹增加。例如：物價漲百分之七，則下年度房屋月付就要增加百分之七。所以如果物價不斷上漲，借方就會快點付清貸款。

Q8：何謂無息貸款？

這對有大量現款的人而言是很好的借貸辦法。例如：九萬元房子，買方首期付三萬，所餘的六萬於五年內，每月付一千元。五年後房子就完全是他的了。

Q9：第一次買房子的人，如何籌足頭款？

只有找家人，親戚朋友去借了！

Q10：反過來說，現在房地市場不景氣，房主要如何賣房子？

一個辦法是降低房價，不然就只有所謂的「創新貸款」方式了。

Q11：何謂「付清轉讓」（Due on Sale）？

付清轉讓就是，當屋主賣掉房子前，必須把他所欠的貸款一次付清，才准轉手。如果有人想以這種方式買賣房子，最好是請教律師或會計師，不要讓房地產掮客插手。

Q12：有人建議說，家庭最多花百分之二十五的月入在房屋費用上，您認為如何？

現在很難了，大多數家庭這部份的支出都已達百分之三十五至百分之五十。

Q13：購屋是否仍是好的投資？

現在觀念裡購屋已不是投機性的投資了，但投資的動機仍在。與其說是買個庇護所，不如說是為了抵抗通貨膨脹。

Q 14：有能力購屋的人，應該現在置產？還是等利率下降？

如果對自己的經濟前途有信心，又有大量現款，現在正是時候。房屋商正在犧牲大減價。

Q 15：如利率降低，房價是否馬上高漲？

會漲，但不是馬上。因為建築商還有一大堆房子沒有賣掉。

Q 16：利率須低到什麼程度，房屋市場才能有起色？

現在是十六厘到十六厘半；我想降到十四厘時，房屋市場就會大大起色呢！（編按：2008 利率已降到 6%。）

▲ 買賣房地產的常識 ▼

　　買房子或地產都有個人的原因，或自己住，或投資保值，或賺錢。房地產在美國是一項專門的知識。我在這裡所講的是一般常識。在美國過去的通貨膨脹率只有百分之四。自 1979 年石油危機以後，突然漲到百分十四·五。這是美國自開國以來沒有的現象。

　　過去生活穩定，房價便宜。所以美國人大都沒有置產保值的觀念。如今美國人一下子受通貨膨脹的教訓，於是紛紛都把錢投資在房地產上。

　　加州的氣候好，物產豐富，交通網良好，尤其適合亞洲人居住。而舊金山是美國西部大商業中心及港口進出口區。許多因素造成舊金山的地價節節上升。此一上漲情形雖早就達到不合理的程度，但是由於求過於供，因此，加州及舊金山的房地產上漲情況，在未來的日子裡恐怕很難緩和。（2008 年美國經濟衰退，加州房地產普遍跌幅達 20% ～ 40%）

　　據美國聯邦住宅署 FHA 的專家估計，舊金山房價每年平均上漲百分二十三。預計十年之內漲三倍。但是加州的地皮價比房價上漲得還要快。

現在我們先談房屋

　　美國的房子有很多種。房子值不值錢和區域有絕對的關係。換句話說，房子蓋得再好，但位在貧民區也不值錢。房子不怎麼樣，但是在富人區，房子自然值錢。

　　茲列舉美國的房子供各位參考：

一、公寓：這是指專門出租的公寓而言。買主買下整棟公寓，然後把各單位出租。這種公寓有大有小。

二、花園大房：這種房子可以說相當貴。如果地區好，又有風景可看，那就更貴了。

三、CONDO：可以分層分戶賣的公寓。買主可以整棟的買，然後分層分戶的出售或出租。全名是：CONDO-MINIUM。買主可以把公寓 Apartment 買下然後改成 Condo 出售。

四、DETATCHED HOUSE：這是指房子與房子之間有距離不相連接。在舊金山來說，這種房子都不便宜。

五、DUPLEX：這種房子是兩棟在一起建造。有二房和三房，一棟自己住，一棟出租或是兄弟、父母、子女住，就在隔壁彼此照應。

六、FLAT：這是指房子設計有二層或三層，或走同一個樓梯進二樓或三樓。或二樓走二樓的樓梯，三樓住客走旁邊樓梯。

七、SINGLE FAMILY：平房，有前院有後院，每棟都有相當的面積。美國鄉下離城市遠一點的地方，就有很多這種房子（只供一家人住的都是 SINGLE FAMILY）

八、購物中心：有大型購物中心裡面或外面設有一間間的商店。這種商店只能租 LEASING。也有可以買的。

九、TOWN HOUSE：這種房子一家連一家式的，建築格式從外面看每家一樣。

買房子之前要注意那些事項呢？

一、在美國買賣房地產都得透過房地產公司。房地產公司的負責人英文叫 BROKER。帶客人去看房子辦理買賣、貸款手續的人英文叫 AGENT。這兩種人都得經過政府考試及格才能做。相當於中國的土地代書。

　　出售房子時，房地產公司不但派人為賣主公開房子，供買房子的人參觀、解說，還要為買賣雙方辦過戶手續。此外，還要為買主向銀行辦貸款手續。因此，房地產公司有一定利潤的。一般來說是百分之六～十的佣金。當然雙方也可以協議。

　　如果為房主出租或受託管理大廈、公寓等等，通常房主要付每年收租的百分之十上下。

　　經紀人是美國商業的專家，不論是買方還是賣方都要找一位穩妥誠信的經紀人，至為重要！

二、找定了經紀人，就把你的條件告訴他。諸如要在什麼區，或靠近你工作的地方，要多大的房子，頭款你能付多少等等，經紀人根據你的條件為你找房子。

三、中國人買或投資房屋一定要找好區域。所謂好區域是指那個區域沒有亂七八糟的人和地方、治安良好，其次交通方便，學校、市場都很近。

四、看房子的時候，要看房子的建築材料、年份、保養情況、地基。再看內部幾間卧室、幾間衛生設備，廚房裡有沒有私人財產，像冰箱、烤箱、爐子等，客廳裡名貴吊燈、窗簾等，以及洗衣機、烘乾機等都是私人財物，是不包括在內。除此之外，設備方面像是冷暖氣、冷熱水管、電路是不是好用，都要你仔細查看清楚。

　　最最重要的是，這棟房子的格局有沒有變動過？如上面加蓋或後面加出一間房間，這種房子往往會破壞建築的均力，日後可能會有屋頂裡積水或漏水的情況。

五、等房子看好，滿意了，就要填寫一張 OFFER，其內容包括：買主的姓名、房子的地址、價錢多少、付款方式、頭款多少？借款多少？如何解決白蟻問題？這需要買賣雙方協議，一般來說買賣雙方各出一半錢。私人財物包括那些東西、多少天交易、多少天之內付多少訂金、房子幾時交出，若是有房客住在裡頭，

什麼時候搬走？如一時不搬怎麼付買主房租？房主交屋的時候，水電、瓦斯、冷暖器、熱水器是不是都靈光。所有的玻璃，連洗手間大玻璃是不是都沒有破；以及房主答應付經紀百分之幾的佣金等等都要填寫。

六、接下來就是貸款問題。一般來說，自己買房子自己住，只要付百分之二十的頭款 DOWNPAY，其餘的八成向銀行借，政府 2005 年 6 月起調整房屋借款，最多不會超過四十七萬七千元，超過這個數目就難借到，即使借到，利息也高得很。

兩個單位以上，包括自己住一棟租一棟收租的房子，要百分之二十五的頭款。目前普遍流行的仍然是分三十年付清。

借款的利息有兩種，一種是固定的 FIXED，不論利息漲還是落，你每個月都付那麼多，借這種固定利率對自己住的人有利。

一種是浮動的 VARIABLE，利息漲就多付，利息降就少付。借這種利率對炒樓業的人有利。

賣房子要注意那些事？

一、同樣要找一位穩妥誠信的經紀，以你的利益為前提，儘量爭取市場價格。

二、在你賣房子之前，最好先跟會計師商量，如果房子賣出去，不買其他樓業，你要繳一筆相當可觀的資本增值稅，英文叫 CAPITAL GAIN TAX，如果買進房產一年之內賣出，你所付的這種稅更高。如果是交換房子，同樣要找會計師和經紀人計畫好，否則一樣面對抽重稅後果！

三、要求經紀人在找買主時候，其職業和收入穩定，經濟基礎良好。甲乙兩人同時出價：

甲夫婦都有穩當的職業及固定的收入。經濟基礎良好。願出價錢二十萬吧！

　　乙只有一人有收入，職業不像穩定，收入也不固定，提出的價錢二十一萬，賣主寧選甲不要選乙。

四、賣主最好不要自己賣。因為賣房子的學問太大，不是專業化的人賣房子，等於給自己開刀，鮮有佔便宜的！如果變成爛攤子，恐怕誰都幫不了忙。

五、房子給經紀合理的佣金，房子就會上 MULTIPLE LISTING。所有的經紀都看到，一個經紀帶一個客人去看，要買的人多，反而替房子賣好價錢。所以賣主要省四千佣金，就很可能少賺兩萬。

六、如果買方已經付了訂金，後來又不買了，賣主乾脆把訂金還給買方。在美國，法律是保護買主的呀！不能沒收訂金。賣方找律師告買主，賣方要付律師費，房子在訴訟期間也不能賣，何況沒有把握贏，又何必做這種事。不買，再另找買主就是了。

七、買賣雙方一定要經過ESCROW公證公司，對買賣雙方都有保障。

※買賣房子、樓業、公寓、旅館等請找夏台莉女士(626)278-2795，她有多年房地產經驗，相信您對她的服務一定會滿意的！

「想」買是夢，「不能買」是事實，用「夢」去實現「不能」就是因「無知必須付出代價」！

　　絕大多數的中國人只知道銀行和房地產，只要在銀行存上三、五萬就想買房子。

　　你年收入$36,000，每個月是$3,000，扣 20%稅，社會安全及401(K)，你實際拿到手的是$2,000。你在銀行有 3 萬元存款，你買了一棟$200,000 的 Condo，在買 Condo 之前，你不知道「數字會說不行」的事實，因此你現在必須面對因「無知而必須付出慘痛的代價」！

　　Condo 賣價$2000,000，你付 10%$20,000 頭款，借 180,000，年利 6.8%，每個月付銀行$1,200，房地稅$200，火險及社區費$120，每個月付出$1,520，你每個月收入$2,000，付出$1,520，你只有$480 生活費，現在要賣 Condo 了！

　　在美國，銀行是金融體系中最基本的機構，錢存銀行是低風險低回報。房地產是高風險高回報也高捨本。自己買房子住也得照上列方法計算，你收入的 25%最多 30%放在房子上就對，超過 30%就是錯！

　　理財是需要知識的，在你的財務計畫中，下列人士辦的講座，每一種行業都只占 20%；

　　律師辦的講座是：「各種信託 Trust 的重要」，會計師辦的講座是：「減稅，抵稅和查稅」，人壽保險經紀辦的講座是：「人壽保險的重要及好處」，房地產經紀辦的講座是：「斯土有財，買房地

產保值又賺錢」，股票經紀辦的講座是：「如何投資股票和共同基金賺錢」。

你要在美國賺錢過好生活就必須靠知識，「要富有嗎？你必須知道投資、避稅，保護財產」這本書包括了上面 5 種行業是 100%！只要你仔細讀這本書，你才會知道今天已經有「高回報，沒風險，費用少，延後付稅和保證只賺不賠」的投資了。

買房子真能使你發財嗎？

買房子真能使你發財嗎？答案是 Yes，但是只有 1%的人能從房地產上賺到發財。他們靠知識發財，不是常識！更不是投機！

賣房子的人要價 25 萬，你找一個房地產經紀幫你出價（Make Offer），誰都會，去建築商銷售辦公室登記，買了以後轉賣，這也誰都會，誰都會的事在房地產上是賺是賠還不知道，因為房地產投資是高風險，風險高當然回報率高，同時虧大本的風險也大。

1980 年石油危機，錢存銀行，銀行付你 16%利息，你向銀行借錢買房子，買汽車要付銀行 21%利息，因此房地產，貸款，公證公司及汽車代理商紛紛關門，直到 1988，1989 和 1990 利息降下來房地產才大漲。那時美國大報說：「日本要把美國買下來了」。到 1991 年經濟衰退，利息上漲，房地產價格一落千丈，日本人買下來的房地產又紛紛吐出來，當年搶著投資房地產的人也掌控不住而紛紛丟出去。到 2002 利息又下降，房價一路上漲到 2005 年。經過這兩次變動，可以確定房地產只有在利息低的時候才會增值，所以是高風險投資。

你 1985 年買的房子，1989 年出手，賺了！這是抓住時機。1985 年，你在舊金山日落區花 15 萬買一棟房子，2005 年賣了 70 萬，按照經濟學 Rule of 72 原理，即 72÷以利息等於你的錢多少年變一倍，而房地產的投資不會超過 8%！72÷8%＝9 年一倍；1985 房子 15 萬，1994 是 30 萬，2003 是 60 萬，如果 2005 你用 70 萬去買，你還能賺 8%嗎？！

　　從 1991 到 2001 房地產停滯 10 年，到 2002 年才一路上漲到 2005 年，2006 年 4 月以後，房屋貸款利息上漲，因而使房子交易遲緩。如果你 2000，2001 進場到 2005 高峰出手，你賺了！

　　如果你沒有足夠的能力 Hold 住房子，現在就得丟出去，不要小氣，付 4%或 5%高佣金，重賞之下必有勇夫，你的房子會賣得快一點。付 2.5%，沒有地產經紀有興趣賣你的房子！

　　要在房地產上賺錢，必須得靠知識；你知道什麼 Trustee Sale 嗎？什麼是 Foreclosure？什麼是 Hi-Lo-Roll？為什麼 Tax Deed 或 Tax Lien 可以賺 16%～45%？把土地做成 Tentative Map 和 Tract Map 就可以賺大錢！

　　要知道這些賺錢的房地產知識，請買一本「要富有嗎？你必須知道投資・避稅・保護財產」從 107 頁看到 126 頁。

買房子出租是好的投資嗎？

賺錢是好投資，不賺錢還得貼錢就不是好投資

1980 年石油危機，你在銀行存錢，銀行付你 16%的利息，你向銀行貸款買房子，你付銀行 21%的利息。因為借錢利息太高，房子買賣成為有行無市。

1988，1989，1990 這三年房子和土地像火箭一樣上漲，大家搶著買。1991 經濟衰退，到 1996 房產和地產跌倒谷底，1998，1989，1990 搶著買房子，公寓、土地和大樓的人，這時因為付不出貸款而紛紛被銀行、貸款機構收回（Foreclosure），到 2003、2004、2005 房地產又上漲驚人。

2001 年你花$400,000 買一棟四個單位的公寓，$100,000 頭款，向銀行借$300,000 年利 7%，每個月付$2,100 上下，房地產稅是買價的 1.25%（也可能是 1%），每個月付$420，火險$100 共付$2,620。

每個單位租出去，每月收$800，4 個單位，每個月收租$3,200 減去$2,620 支出等於$580×12 個月＝$6,960，投資$100,000，一年賺6.96%（如果房地稅 1%就賺 7%了）。

2002 年利息下降，重新貸款付 5.5%利息，每個月付$1,650 上下，房地稅$420，火險$100，每個月付出$2,170，收入$3,200 減去$2,170＝1,030×12 個月＝$12,360，投資$100,000，一年賺$12,360＝12.36%。

2004 年這棟四個單位的房子漲到$800,000，你$200,000 頭款，向銀行借$600,000 去買，年利 6%，你每個月付銀行$3,600 上下，房地稅每個月$834，火險$100，每個月支出$4,534，收租就算$4,000，每個月要貼$534，這不是投資！

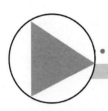

現在

你工作、汽車、房子都有了

你應該切實了解各種「保險」

對你的重要性

如何為自己立一個完整的財務計畫及其重要性

　　現在你有職業，每個月有收入，有自己的房子，銀行也有存款，生活愉快。

　　這個時候你應該考慮一下自己的財務計畫。因為人會老的，也許會中途去世的，也許壯年就殘障了，一旦這種事發生，而你又沒有準備……。

　　一個人的財務計畫應該怎麼做呢？

　　應該像金字塔一樣由底層基礎一步一步向上走。越往上投資冒的風險越大。

MOST FINANCIAL ANALYSTS AGREE THAT A PERSON'SFINANCIAL
PLAN SHOULD LOOK LIKE THIS...A PYRAMID...ITH A
FOUNDATION

在美國，大多數財務分析家都同意，一個人的財務計畫應該是金字塔型。

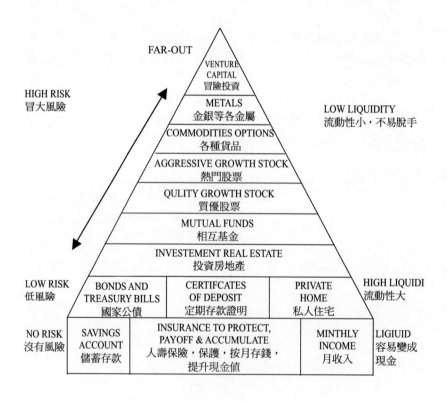

保險在美國的重要性——汽車保險

「保險」這兩個字，在美國的社會裡有其極為重要的地位，而從事保險這個行業的經紀人，必須考取執照才能做。

保汽車、房子、商業等的保險經紀 Agent 是產物保險（Casualty），這是一種執照。保人壽、殘障及退休養老計畫的保險經紀是 Life&Disability 執照，各有專長，你投保房子、汽車、商業等保險要找產物保險經紀。投人壽、殘障保險或做退休養老計畫如：IRA，Keough， 40 1k 等要找人壽保險經紀。

任何不小心而造成第三者的受傷或損失，受傷或受損失的人就向法院提出損害賠償。美國有律師專門打這種官司。

這種損害賠償，有的數字很大，不是個人能力所能負擔的。所以不論損害大小，投有保險的人就由保險公司賠，這種保險叫責任險（LIABILITY）。一個人在餐館、公司行號、百貨公司或你家門口滑倒因而受傷，你的保險要賠，不賠就告！

醫生給病人下錯了藥，開錯了刀以致病人病情惡化，或留下後遺症，病人告醫生。賠！

賣車的車行，因為一時疏忽沒檢查煞車就把車賣了，買車的人因煞車失靈而出車禍就告車行，賠！

例子太多了，如果沒有保險，一生裡碰上一次就夠人賠不清了！

受害人怎麼知道我有沒有錢？

這點你放心，要是你有任何房地產，那麼，CREDIT BUREAU 就查得出來你有多少財產。你真的責任險符合你的財產那麼沒話

說，一旦財產多而責任險買的少，受害人律師告你的成分是百分之百！責任險不夠就賣財產賠。

關於汽車保險

買了汽車後，保險的問題不少，大家都會問「為什麼我的汽車保險費那麼貴？能不能便宜一點？」

如果你付汽車保險費高，跟下列原因有關：

一、年齡在十八歲以上，或在二十五歲以內。根據車禍統計，這段年齡出事率最高。

二、剛剛拿到駕駛執照，不知道開車是不是穩當，所以第一年保險費一定高。過了一年不出事，表示開車保險，保費會降下來。

三、在投保之前，吃過超速、闖紅燈等違規駕車的罰單，吃過這種罰單保費必高。如果已經在保了，則不加保費。

凡是投保汽車保險的人，保險公司只要花一塊錢左右就可以查出投保人有沒有這種違規紀錄，而且是必查。這份紀錄由加州省府汽車監理所（DMV）發出，駕駛人姓名、地址、駕照號碼、違規日期及項目等等，清清楚楚用電腦打出，投保人根本瞞不住。一經查出，不是退保就是加保費。

四、汽車本身價值高，如開朋馳四五〇，隨便撞一下，保險公司賠的錢恐怕就能買一部小福特，朋馳的保費當然高。

五、抽菸保費高，根據哥倫比亞大學所做的「抽菸與車禍關聯」的統計，抽菸的人比不抽菸的人駕車出事率高得多。

六、住的地區，如住在舊金山中國城或治安區不好的地方，保費一定貴，因為那裡人多車多，出車禍被碰的機會也多。治安不好，車子容易遭偷和破壞。

七、三年之內出過車禍，車禍的責任是投保人錯，保費立刻升高。如果自出車禍日起，二年內沒有出事，保費可以降下來，但是在二年之內又吃了交通超速，闖紅燈的罰單，保費還是不能降。

　　保費是根據投保人的年齡、職業、拿駕照時間的長短、住的地區等等個人條件算出來的。這算出來的保費是保險公司的公定價格，保險經紀沒有權利說多說少。開車難免出車禍，不論別人碰你，還是你撞別人，只要車禍發生要鎮定的照下列步驟處理：

1. 馬上報告，有時小車禍，沒人受傷，警察不來。
2. 下車向對方要駕照，記下對方的姓名、地址、電話號碼和駕照都抄下來，他不會告訴你他的保單號碼。

   如果他笨，他給你看保單，你趕快把保單號碼抄下來交給你自己的保險經紀（如果你錯，也是這個程序）。
3. 抄對方車尾的車牌號碼。在那裡發生的？幾月幾日幾點？當時情況如何？如你走直線幹道，他從橫路出來 STOP SING（沒有停）等等。有沒有目擊證人？這份車禍報告要一一記錄在保險經紀給你的那份隨車表上。

　　沒有這些資料，你保險經紀就很難幫你。

為什麼從外州來加州的人，汽車保費要貴？

　　從外州搬來加州之前，要去當地的汽車監理所（DMV）拿一份汽車駕駛記錄表。（如果自知駕駛紀錄不良，算了，這張證明不拿也罷。）就這張良好的駕車紀錄，來到加州以後向大保險公司像 STATE FRAM 或 FARMER GROUP 投保汽車保險就可以受到打折的優待，小保險公司不行。

　　如果沒有這張駕駛紀錄，不論你開車多小心，只要來到加州投保汽車保險，保費和新拿加州駕照的人一樣貴！因為加州規定要在加州有一年的駕駛紀錄，以前沒有保過險，或考取駕照而沒有車，即使有了加州執照，保費還是貴！

買汽車保險的好處

一、不論什麼原因撞上路邊的住家、商店或汽車，若是沒有保險，本身就是犯法，駕駛執照會被吊銷。其次，所有撞壞的東西要由你賠償，萬一有人受傷，你有多少財產，他們的律師就告多少！

二、別人撞了你的車是他的錯，對方又有錢，告他！發一筆財跑不掉的！如果對方是窮人，沒有保險，這時候你的保險就發生作用了。你的保險公司會為你付修車、住院和車上乘客受傷的醫療費用。

三、好的保險公司付下列費用：

　　1.律師、法庭、車禍調查人員和目擊證人的費用都付。

　　2.在車禍以後，投保人所花的保釋金、車子扣押放行費和保證出庭應訊費由保險公司還。

　　3.不管車禍發生是不是投保人的責任，受傷人到醫院急救的費用也由保險公司付。

　　4.車禍發生後，以致你不能去上班，保險公司每天付你多少錢的工資損失。

　　5.如果沒有保險的車撞了你就跑，以致車內的駕駛人、家屬和親友受傷，保險公司負擔你的損失。

　　6.因車禍受傷住院之醫療費。

　　7.因車禍死亡或造成殘廢。

　　8.汽車內部遭偷竊，車窗、車門被損壞打破，車子停在那裡被撞或遭惡意破壞，保險公司賠。

　　9.汽車拋錨拖車費由保險公司付。

　　　　上文所述這些費用，究竟賠多少？是依投保人的保險種類和保額來定的。愈是有錢的人，其保額應該愈大。窮人只保起

碼額就行。換句話說被有錢人撞了，那是讓你發財。被窮人撞了就得自認倒楣。

舉例：

一位公務員，月薪二千二百元，開車把行人腿撞斷了。他汽車最大的保額是二萬五千元。對他來說他已盡了最大能力。被撞斷腿的人，最高賠償要求也就是兩萬五了。即使告上法庭，法院也不會判他罪或賠你更多。還有收入更差的，只保一萬五基本額，被這些人撞上是天要你倒楣，告也沒用，連律師都不接受這個案子。

至於你要你的保險經紀去替你索賠，或讓你的經紀去他家看看是不是真的有錢，這都是不對的。你的保險經紀只管你向自己公司要求賠償，實在沒權幫你去向對方索賠。向對方索償是保險公司和律師的事，不是保險經紀的事。

四、中國人礙於情面把車子借給親友開，只要發生車禍，車禍紀錄就上你的保險。保費提高，這還不說，萬一你有財產，對方就告車主，有多少財產就告多少！

※註：加州法律規定，不論什麼派對和聚會，客人酒醉駕車出事，供酒的主人要負連帶賠償責任。1995 年 1 月 1 日法律生效；凡是沒有駕駛執照開車的人，被警察逮到汽車就被沒收！

保險賠償經驗談

葉大維

　　身為保險經紀，自然遇到很多請求賠償的事例。同時，在從事保險經紀以前，又擔任過保險公司的理賠代表，處理過一些賠償案件。茲就記憶所及的一些經驗教訓，拉雜的湊在一起。我想對我旅美僑胞或許有些幫助。

一、取下車牌

　　有一天，我一位客戶氣急敗壞的告訴我，說他收到法院的傳票。有人控告他開車碰壞了他的車房。要求賠償二千多元。他很氣憤的說：「這真是莫名其妙，我的那部老爺金龜車早在一年多以前就送給別人。根本就不可能有這碼子事。這完全是憑空捏造。」

　　經過一番交談，原來他在告票所說的出事日期以前，已將那部老爺金龜車送給他的朋友了。這一點是千真萬確的，因為他的朋友也是向我買的保險。可是他在把車子送給朋友時，並沒有把車牌取下來。而他的朋友開了幾天後，發現車況不理想，就讓拖車公司拖走了。拖走時，既未取下車牌，也未向拖車公司要一張收據，證明這部車子「講克」掉了。

　　究竟是何方神聖開車碰壞了車房，誰也不知道。但是，如果有人開著這部金龜車出事以後，逃離現場，而車牌被抄下的話，人家根據車牌查出事主，他不找車主賠償找誰？

　　雖然，你把車子出讓，轉贈或「講克」，但在車子沒有過戶以前，你仍然是法律上的車主，出了問題，你還是難脫干係。所以，當我們把車子出讓贈送或「講克」時，千萬要把車牌取下，繳還車

輛局，以免平白招致許多麻煩。而且還可憑繳還車牌的收據，請求退還保險費。

二、評記資料

有一次，我有一位客戶的車子停在街邊不知被何人破壞。因為他自己沒有買碰撞險，保險公司當然不賠，要想向對方索賠，又不知對方為何許人物。最後，只有自認倒楣。

又有一次，一位客戶發生了一點小車禍，損失只有一百多元。可是他的碰撞險有二百元的自保額，（DEDUCTIBLE，即頭二百元自付）。發生車禍後，他因毫無經驗，不知如何處理。任由對方在一張小紙條上寫下他的「有關資料」。而且安慰他：「DON'T WORRY」，然後就拜拜而別。

小紙條上寫了一些數字、姓名、地址等資料。可是，字跡潦草，請教了許多中外人士，都認不出 A.B.C 來。數字既不像執照號碼，也不像保單號碼，搞不清是什麼東西。地址雖然有街道名稱和門牌號碼，但不知是哪一個城市，甚至哪一州也不曉得。當然更沒有郵區號碼。靠這一張有等於無的「有字天書」，要想去找尋對方的下落索償，真是談何容易。

因為他的損失很小，沒有超過「自保額」，所以保險公司不賠。要找對方賠，卻苦無對方的地址或電話，到哪裡去找？

又有一次，也是小車禍，損失也在自保額以下。（損失在自保額以下時，保險公司不但不賠，而且也不向對方索賠。完全要靠你自己向對方索賠。這一點有許多僑胞不太了解。）當我向他解釋，損失在自保額以下，保險公司根本不管時，他完全不能諒解，覺得非常不合理。我告訴他：「沒有關係，保險公司不管，我來管。我替你向對方要求賠償，行不行？」他總算勉強同意。

我說：「請你把對方的姓名、住址、保險公司名稱、保單號碼告訴我，我好替你辦。」

「這些資料，警察統統記下來了，你向警察局一查就行。」

我說：「你知道這些資料要如何去查嗎？」

他說：「我不知道。」

我說：「我告訴你吧！你到警察局填一張申請表索取失事報告單拷貝，付費十元一起寄到阿畔尼（各州首府警察所在地），大約四個禮拜左右，你會收到一份失事報告。」

他說：「警察當場告訴我，可以向警察局要這些資料的呀！」

我說：「不錯，你可以去要，但是要按上述手續辦理。警察並沒有說可以馬上給你呀！」

所以，失事以後，不能依賴警察，要自己把一切資料記下來。我建議每一個人最好在車內隨時準備紙筆。出事後，第一件事就是記下對方的車牌，然後抄錄對方駕駛執照的姓名、地址及保險卡上的姓名、地址、保險公司名稱及保險號碼。凡事冤有頭，債有主。你記下前述資料，索賠時，就不怕找不到對象了。

為便於記憶起見，我把要記下的資料分下列三點說明：

1. 人：對方姓名、住址、電話（索閱對方的駕駛執照和保險卡）
2. 保險公司：公司名稱和保單號碼（索閱對方的保險卡）
3. 車：他的車牌號碼、年份、廠牌（索閱對方的登記證，並核對車主和駕駛是否為同一人）。

以上這些資料可以在駕駛執照、保險卡和登記證上全部找到。有空時，把這些證件拿出來仔細看看。說來令人難以置信，很多人不會看這些文件。平常就不會看，一旦出事，心情緊張，是什麼都矇查查了。

順便一提的是，駕駛執照和保單或登記證不是同一人時，表示開車的人不是車主而是借來的（或用其他方法弄來的）。你應將二人的資料都記下來。而且，你應該特別注意，因為，說不定這傢伙是偷來的車子。尤其他沒有保險卡時，更要注意。

　　有些人喜歡把保險卡、登記證甚至駕駛執照統統放在車內。偷車的「街上君子」最喜歡這種車主。因為一切證件齊全，一旦出了毛病。他可以拿你的全部證件，把他的傑作，記在閣下帳上，日後你收到告票時，才曉得有人為你幹了一番「好事」。所以，汽車失竊時，要立即報警。報警的目的，不是為了把車子找回來，而是最重要的報警存案。萬一偷車君子用你的車子去作奸犯科的勾當時，不致把你牽扯進去，如果你懶得報警時，說不定，老兄的大名上了頭條社會新聞，成為什麼強暴搶劫案的主角，那才是吃不完兜著走呢！

三、保留賠償紀錄

　　任何人買保險，保險經紀一定會問你有無車禍記錄。很多人都回答：「有，但不是我的錯。」問題是：如何證明不是你的錯。

　　當我們買保險時，保險公司一定向車輛局查你的駕駛記錄，記錄非常簡單：年月日失事一次，或年月日違規一次。至於失事經過或誰是誰非則毫無記載。保險公司就根據這個記錄說你有失事，而提高保費或拒絕承保。如果你說不是你的過失，必須由你提出證明。證明的辦法有二：

1. 花十塊錢向警察局申請一份失事報告，這個辦法非常不好，不但要花錢，還要等四個禮拜左右才能拿到。而且，警察失事報告，十九都寫得很滑頭，決不判定誰是誰非。標準報告用語是：二車平行前進互撞；二車在十字路口互撞；二車轉彎時互撞——所以，警察報告很難證明你的無辜。
2. 最好的證據是對方的賠償文件——對方同意賠償的函件或支票。所以，收到對方賠償的支票後，千萬不要立即兌現，應立即影印一份存卷。這是證明你無辜的有力證件。

四、誰闖紅燈

在十字路口出事，闖紅燈的一方當然不對。可是，要證明他闖紅燈往往是一件非常困難的事。當然，如果有警察或第三方面的證人，自然又另當別論。

我有一位客戶在十字路口被一位「尖頭饅」攔腰碰個正著。這位仁兄非常「尖頭」，立即坦承錯誤，而且也向他的保險公司據實報告。我的這位客戶很快就獲得賠償。

可是，我另外一位客戶卻不如此幸運。他到我寫字樓報告失事，說是對方闖紅燈。我問他對方是否承認闖紅燈。他態度不夠堅定的說：「應該沒有問題。」我問他有無證人或警察。他說沒有證人，但他自己是唯一的警察（我這位客戶是一位年輕警察），但是，他當時沒有當值，也沒有開罰單。我當時就提醒他注意，如果對方不承認闖紅燈，賠償就會有問題（因為他沒有買碰撞險），而且，對方可能反控他闖紅燈，要他賠償。現在只能希望對方是君子而不是小人。

你猜如何？對方正是小人，反咬一口。像這種情形——公說公有理，婆說婆有理，在沒有證人的情況下，保險公司一般都是推定雙方各有一半的理由——按百分之五十來賠償，這位警察老弟初出茅廬，顯然欠缺經驗——不過，話又說回來，遇上這樣的小人，即使你是老經驗也莫可奈何。除非你能當場要他親筆寫下：「我闖紅燈」。否則，你就難保不吃虧。

五、設法找證人

我有一位客戶在布祿崙海洋大道上南行，左轉彎時被對面來的（北行）一輛碰到，對方氣勢兇兇，認為他走直線有優先權，我的客戶不應轉彎。照理：他說的也不無道理，可是一位老太太作證，說這位年輕人開飛快車，在出事以前，他超她的車，把她嚇得要死，所以說是這位年輕人不對。

我和這位老太太通了一個電話，請他寫份證詞，她同意照辦。我為了替她省事，事先打好一篇證詞，如果她懶得傷腦筋時，就請她在我們代筆的證詞上簽字。這種事，必須打鐵趁熱，等她一冷下來，可能就會改變主意而不願多管閒事了。

後來，由於這位老太太的證詞幫了不少忙，才獲得對方保險公司賠償。

通常，想找證人非常困難，誰也不想找麻煩。萬一有人願意作證，千萬把握機會，立即請他寫下證詞。等他那般衝勁消失，再想找他，就很難了。

六、自保額的問題

在各種產物和醫藥保險中，多有自保額（Deductible）的規定。自保額就是自己負擔風險的意思。拿汽車保險來說，責任險是沒有自保額的，但綜合險（即偷竊險）和碰撞險都有自保額之規定。如果遇到碰撞或偷竊損失時，頭二百元由投保人自行負擔，保險公司只賠超過二百元以後的損失。（自保額可以選擇有五十元、一百元、二百元、二百五十元、五百元等至一千元。自保額愈高，保費愈便宜。）如果損失在自保額以下時，公司便完全不負任何責任，由投保人自理。

假定我們買的碰撞險，自保額為二百元。現在車子停在路邊被撞壞。如果損失是五百元的話，保險公司只賠三百元（五百元減自保額二百元）

問：「那麼這二百元由誰負擔？」
答：「由投保人自行負擔。」

問：「那我是倒楣了？」
答：「你可以向對方要求賠償。」

問：「公司幫我向對方要求賠償嗎？」

答：「如果損失在二百元以下，公司完全不管，必須你自己向對方
　　索賠。」

問：「如果損失在二百元以上呢？」

答：「公司賠你二百元以後的費用，例如損失一千元，扣除自保額
　　二百元，公司賠你八百元。公司賠了八百元以後，如果它認為
　　對方有錯，它可以向對方索賠，如果索賠成功，它會把要回來
　　的錢分給你。因為，它是代表你向對方索賠，在法律上叫代位
　　請求權（SUBROGATION）。」

問：「保險公司是否一定要履行代位請求呢？換言之：我們可不可
　　以強令保險公司替我們向對方索賠呢？」

答：「不可以。代位請求權是公司的權利而不是義務。它可以自由
　　衡量是否執行或放棄此一權利。它要考慮雙方的過失，是否一
　　定能索賠成功。賠償額的多寡、索賠的難易……等因素而決定
　　是否向對方索賠。譬如：公司賠出的錢很少，而向對方索賠困
　　難（例如對方行方不明……），追索的結果，可能得不償失，
　　公司就會放棄索賠。」

問：「如果公司放棄索賠，我的二百元自保額，豈不就泡湯了？」

答：「你可以自己向對方要求賠償。公司放棄索賠，並不影響你的
　　權利。」

　　因此為了將來易於向對方索賠，出事後的處理──（例如記錄對
方詳細資料，人證物證的蒐集，如對方能承認錯誤是為上策）──關
係重大。

七、出事後的處理狀態

　　出事後，要保持態度冷靜，心平氣和，千萬不可氣急敗壞或垂
頭喪氣。更不可與對方爭吵，要知道爭吵無益。即使吵贏了對於你
要求賠償並無助益。

　　如果對方氣勢兇兇時，應保持冷靜和不亢不卑的態度，詢問對方有無受傷，以表關切之意，但不必道歉。要知詢問有無受傷並不表示道歉，但可發生軟化對方的作用，從而消除爭吵。

　　如果對方向你道歉，你應扮演一個好的聽眾，用同情的態度鼓勵他儘量解釋他為什麼會發生錯誤。千萬不可大聲斥責。如果你加以斥責，即使他明知自己不對，但也不肯承認了。

　　失事後，由於態度的問題而引起爭吵打鬥，造成比失事本身嚴重得多的後果，實在是很不值得的事，要想獲得對方的賠償，不但不宜爭吵，反而要獲得對方的合作與協助，賠償才能迅速獲得。因為，出事以後，都是向對方的保險公司要求賠償。保險公司一定要調查失事經過，詢問雙方無誤後，才決定賠償。例如對方失事後，遲遲不向保險公司報告經過，或報告時，不真不實，反誣告是你的錯誤，你的請賠就會發生困難。反之；如果你能鼓勵對方自己認錯，用同情的態度使他自動向他的保險公司「自白」，當然是上上策，即使不能，至少也不可造成打鬥的結局。

八、如何索取對方資料

　　出事後，最重要的是記錄對方的有關資料。這些資料須由對方的駕駛執照、保險卡及車輛登記證上獲得。有時，對方拒絕出示這些證件，我們應如何處理呢？

　　我們應隨時在車內保留紙筆，出事後的第一件事，是坐在車內記下對方的車牌。為了使我們心平氣和，不要馬上氣沖沖的下車。先在車內稍坐片刻，一面記下對方的車牌，一面看失事地點在何處。然後，從容不迫的下車，設法在臉上保留笑容。先和對方打一聲招呼：「嘿！孤得摸你！」以消除一些敵意。再問他一聲：「有人受傷嗎？」如果你覺得是對方的不是時，你可以用友善的語氣問：「怎麼回事？」意思是讓他自己說出他的錯誤。不可斥責：「你不該如

何如何！」、「你為什麼開這麼快？」「你為什麼這樣轉彎？」這都會激起他自衛的本能為自己辯護。

如果他肯認錯，你應該對他表示同情，因為每個人都會犯錯誤的，鼓勵他說犯錯的經過，找到一個第三者也來聽取他的「自白」，那就更好不過了。同時，要求他儘速向他的保險公司報告。因為，他越早報告，你就越早獲得賠償。他拖延不報，你就得等待。所以，對方的合作也很重要。

如果他不肯認錯，你是沒有辦法的，不必霸王硬上弓逼他認錯，因為這樣是毫無用處的。你只有設法獲取他的資料。你可以把你自己的駕駛執照、保險卡拿在手上說：「這是我的證件，請你也拿出你的證件來，我們交換資料吧！」

他可能說：「不是他的錯，他不必給你抄錄他的資料。」

你應該向他解釋：「出事後，交換資料是一定的例行手續，以便向各自的保險公司報告，與誰是誰非無關。」

如果他還拒絕時，你可以告訴他：「先生，如果你不肯拿出你的證件來，我只好向警局報告；你出事後逃離現場，你不希望我這樣做吧！」出事後逃離現場是很大的過犯，他如果有一點頭腦的話，他一定會乖乖的和你交換資料。

如果你覺得是你自己的過失時，你也不必道歉或認錯，只須如前述保持良好態度，沈默少言。當他指責時，你不必和他鬥嘴，只說：讓我們向保險公司報告吧！

九、拖車如搶車

很多出過車禍的人都會奇怪，一發生車禍，很快就有拖車來到現場。那些人如狼似虎，連哄帶騙，要你在記得密密麻麻的一張紙條上簽字（這是一張授權書，意思是車主同意由他們把車子拖走或修理）。不由分說，把你的車子拖走。

他們為何消息如此靈通，動作如此迅速呢？原來，他們到處廣設眼線（如商店、攤販）一通電話，他們立即飛奔現場，搶作一筆生意，眼線當然也可以分到一點好處。

他們拖走你的車是輕而易舉，但是你要想把車拿回來，可就不那麼簡單了。所以你在那張授權書上簽名時，最好看清楚，授權他拖走，倒也罷了，如果同時授權他修理，你就該慎重考慮了。因為，這個黑店好進不好出。你可以把修理的部份塗掉，只授權拖走。或者，根本不要他們的服務，你自己打電話給自己所信賴的修車公司派拖車來。

十、估價的糾紛

汽車失事後，究竟賠償修理若干才算合理，往往也會發生問題。

有許多人把汽車交給他所信賴的修車廠，然後通知保險公司派人與修車廠直接談判修理價格，結果往往皆大歡喜。因為雙方談判的人都是修車行家，而且，他們說不定都互相認識，自然容易談得攏。

反過來，另有一些人，他們太小心，太愛惜自己的車子，又不放心讓修車廠去與保險公司直接打交道，堅持一切自己來。而恨不得今天出事，明天就估價賠錢。他們愈是這般緊張，往往事情弄得愈糟。

十一、假地址的問題

汽車保險的保費與住址有關，紐澤西州的保費比紐約的便宜很多。所以：許多人利用紐澤西親友的地址買保險，節省許多保費。這種辦法並不理想。在過去，許多這類情形，保險公司都沒有發生拒絕賠償的事。可是，最近有一位同胞找我，他說他向某老番買的保險，發生車禍後，損失二千餘元。保險公司拒絕賠償，因為他的真正住址是紐約皇后區而保單上的地址是紐澤西州。他問我有何辦法控告保險公司。

　　我告訴他：「要控告保險公司，必須找律師辦理。恐怕很難找到律師接辦你的案子。因為你報用假地址，使得保險合約的基礎發生了問題。保險公司拒絕履行有問題的合約義務，官司是否打得贏，大有問題。」

　　買保險是為了「保險」。如果，保險合約的本身就不保險，與我們買保險初衷大相違背。我們不該為了省一點保費，而買一個不保險的保險，奉勸同胞不要用假地址買汽車保險。

醫藥保險

薛平華

健康保險的種類

美國醫藥費用貴得嚇人，生活在美國的人，如果沒有健康保險，一旦生病或受意外傷害，所需醫療費用可能使你一生的積蓄付諸流水，或因籌措費用而延誤治療的時間，後果不堪設想。為避免可能發生的不幸，應當購買健康保險。

美國一般保險公司，都設有健康保險項目。各公司的保險內容不盡相同，保費有高有低，投保人可以衡量自己的家庭及經濟能力，作適當的選購。

健康保險雖然名目很多，但歸納起來不出下列幾種：

一、醫療保險

又可分為：

1.醫療保險（Major Medical Insurance）

2.住院保險（Hospital Room and Board）

二、生產保險（Maternity）

有些健康保險如藍十字（Blue Cross）基本醫療保險（Basic Protection），不包括生產保險，不負擔生產費用；如欲包括生產保險，應購買較貴的醫療保險，如藍十字主要醫藥保險（Major Protection）。

217

三、牙醫保險（Dental Insurance）

一般醫療通常不包括牙齒的醫療費用，牙齒不好的人應讓購買牙醫保險。

四、收入補償保險（Disability Income Insurance）

投保人因疾病或意外傷害失去工作能力時，保險公司在一定期間（通常為半年），對投保人每月補償若干金錢（一般為收入的百分之五十至六十）。

以上為健康保險的大概內容，至於以投保的主體為標準，則可分為一般家庭健康保險及團體健康保險兩種。

購買醫藥保險　切勿貪小便宜

薛平華

　　美國健康保險費用日高，高的原因固然是由於醫療成本增加，另方面也是人為因素造成的。有些投保人以為既然保了險，只要是生病，也不問有否需要，動不動就要求不必要的較貴的治療，醫師也樂得多收費用，替病人作不必要的手術，如此一來，投保人的負擔增加了，因為羊毛出在羊身上，而保險公司也不會有利。例如普天壽保險公司的醫療保險，以往是最好的，但在 1981 年賠了兩千多萬元以後；即不再辦理個人（家庭）醫療保險，只承保團體保險了，據悉該公司不久將恢復個人保險，此是後話。

　　目前，承保個人醫療保險的保險公司，有藍十字（Blue Cross）、藍盾（Blue Shield）、Kaiser,州農（State Farm）、公平、全州（All State）等一千餘家，其中規模最大的，要算藍十字和藍盾。在大大小小一千多家公司中，保費有高有低，服務範圍有寬有狹，保險福利有好有壞，但一分錢一分貨，既沒有絕對貴的，也沒有絕對便宜的。就以藍十字和藍盾兩家公司來說，保費雖比其他公司貴一點，但就其規模、服務情形及保險福利來看，它們所收的保費可謂公平合理，所以投保該兩公司的保戶也特別多。

　　國人購買醫療保險，總關心保費高低，尤其新來的僑民，對美國各家公司的情形不甚了解，只曉得打聽那家公司的保費便宜，其他便不管了。這種做法也許能僥倖於一時，萬一發生重病或重傷，會使人傾家蕩產，這就有違選購保險的初衷。

　　所以，投保人選購健康保險時，先要考慮一些重要問題，如承保項目的廣狹、公司負擔費用的限度、承保的重要限制及排除的項目等；以排除的項目來說，目前很多保險公司對不必要的治療或開刀，不負擔費用，受保人與承保公司時常為此發生糾紛，為避免發生糾紛起見，受保人在開刀前預先徵詢第二個醫生的意見，若第二個醫生也認為非開刀不可時，保險公司就無話可說，只得照付費用。所以，凡欲購買保險的人，千萬不要聽信不實的宣傳，圖一時的便宜，到頭來得不償失，甚至弄出天大的麻煩。

　　不久之前，有位服務於某保險公司的女性同胞，向新來僑民推銷醫療保險時，表示她所代表的公司保費最便宜，所享的福利卻一樣。其實，只要我們研究一下這家公司的情形，便會發現這種說法不正確，可能陷人於錯誤的選擇。

　　舉例來說：藍十字和藍盾對受保人的手術費，負擔百分之八十，而該公司的最高負擔額只有二千元，若受保人需動大手術，需手術費二萬元，手術後住加護病房三星期，如果投保的是藍十字或藍盾，便只需付自付額外頭六千元或八千元（藍十字）或頭一萬元（藍盾）的百分之廿，剩下的全由公司負擔；如果投保的是上面所說的那家公司，情形便大不相同，因為它所負擔的手術費總額不超過二千元，受保人需自付一萬八千元。上述公司又規定受保人住加護病房一年以廿四天為限，每天負擔一百元，目前一般醫院的加護病房費用大約每天三千元左右，三星期共約六萬三千元，而該公司只負擔三千六百元，受保人需自付五萬九千四百元。

　　從上面例子看，如果投保人選購不當，對家庭經濟的影響多麼大。

住宅保險承保的範圍

薛平華

住宅保險承保的範圍可為對人與對財產兩部份。對人部份包括：因投保人住宅上發生意外事件而造成的訴訟；投保人及其家屬在住宅外因某種非業務活動而導致的責任；因發生承保的風險而喪失住宅所帶來的家庭生活費用之增加；他人在投保住地受到意外傷害。對財產部份則包括：投保人住宅的毀損；投保人住宅內個人財物的失竊和損壞；投保人住宅內他人寄存財物的損壞和失竊；投保人住地上附屬建築物的毀損等。

一、財產保險

財產保險又可分為 A.B.C.D 四種：

A.項——包括投保人住宅的損失、賠償的金額應足夠重建整個建築物——普天壽公司住宅保險中有「通貨膨脹保險」附書一項，這項附書可使投保人得足夠的保障，修復或重建投保人住宅所受到的損害，不必扣除折舊。

B.項——包括修復或重建投保人住地上其他附屬建築物的費用，如分開的車房，小屋或其他非住宅性建築等（最高保額為 A.項的百分之十）

C.項——包括投保人家具、衣物、器具及主要住宅內其他大部份私有財產，保額最高達 A.的百分之五十（C.項的百分之十或一千元，係次要住宅內個人財物的最低保額）。不過，其他任何值錢的東西如音響設備和電視機、錄音機之類，或珠寶、毛皮、樂器及其他特

別指出的貴重物品，如欲投保全部的價值，應在「列舉的私人財物附書」項下投保。

D.項——指投保人的住宅損壞而無法居住時所帶來的生活費用的增加，包括房租的損失。投保人生活費用的合理增加，如旅館費、餐費、洗衣費、交通費等，都可以得到最高限度的保險賠償額（第三種保險 A.項的百分之二十，第二種及第一種保險 A.項的百分之十）。

二、責任保險

投保人或與投保人住在同一房子的家屬，可能牽涉訴訟案件，而這一案件又可能對投保人的家庭經濟產生嚴重的後果。這時，投保人可藉個人責任保險獲得所需的保障。

E.項——這是因投保人個人行為或其財產現狀造成他人身體傷害或財物損壞引起法律責任而產生的損失保險——投保人選購的保險額適用於公司批准的庭外和解及法庭不利於投保人的判決。公司還負擔投保人的辯護費用以及其他合理而必要的相關費用。目前法庭判決和庭外和解的賠償費用愈來愈大，投保人的責任保險額最好買多一點，五十萬元的責任保險額，一年的保費也多不了多少。

F.項——他人在投保人住宅地面受到身體傷害或因投保人個人行為造成他人身體損害的醫藥賠償，每人最高為五百元，這項數字可以提高，以適應投保人的特殊需要。

善意項目——投保人應負賠償責任的他人財物的損壞，最高為二百五十元。（薛平華著「保險與財富」）

投人壽保險的基本觀念

簡介美國各大人壽保險公司儲蓄計畫的好處

我們有句俗話說:「為誰辛苦?為誰忙?」因此我們拚命的賺錢、存錢、買房子、供兒女受良好的教育,我們為家辛苦為家忙是不是?

但是如果我們不了解美國的法律規定和財產制度,我們一生心血所賺的財產很可能一下子化為烏有!不但白忙一場,家人的生活也會面臨艱辛。

為什麼要投保人壽險?

「斯土有財」是中國人根深柢固的觀念。所以來到美國以後,勤苦奮鬥一段日子,存了點錢就買房地產。在別的地方賺了錢,挾資本到美國來也是投資房地產。房地產對中國人來說是財富的象徵,也是心理安全的保障。

美國與中國是兩個截然不同的社會。中國人賺錢不會全部花掉,總是省吃儉用,花一半留一半或花三分之二留三分之一。如果一個美國人的家庭夫妻年收入是六萬,他捨不得花錢,把錢存在銀行,那麼,要結結實實付二萬元的稅金,他不花,美國政府幫他花!他們不想付這麼高的稅,就得把錢拿去買房子或投資生意,這是美國稅法逼人花錢。

夫婦年入六萬,買一棟價值十五萬的房子,頭款三萬,向銀行借十二萬,年利率 8%,(頭五年利息最重,幾乎 100%是利息)每

個月要付一千元上下。每年付一萬二千元,這一萬二千元利息全部可以抵稅。

再過五年,夫妻的收入高達九萬,那麼他們要付三萬五千六百四十元的稅。顯然超過他們現在住的房子每年都可以抵稅。要,就買一棟房子來抵稅,要,就把現在住的房子賣掉,再買一棟價值更高的房子來抵稅。

中國人的財產是父傳子,子傳孫。所以有「創業維艱,守成不易」的說法。美國人的財產是得自社會,還諸於社會。所以美國有Estate Transfer Tax,意思是人既空著手來到世界,那麼走的時候也空著手走。因此,當一個人離開這個世界蒙主恩召的時候,不論他有多少財產都得經過下列程序:驗屍官(Coroner)通知遺囑認證法庭(Probate Court)遺囑認證法庭將此人之財產上鎖凍結予以清查,並通知國稅局(IRS)對逝者家屬發出 706 United State Estate Tax Return 表格來算總帳!所有個人財產,包括房地產、股票、國家公債、銀行存款等,生意資財包括商店、餐館等都得付下列稅和費用:

資產稅、增值所得稅、收入所得稅,這些稅就叫做 Estate Transfer Tax,此外要付遺囑法庭費、財產鑑估費、行政費、執行費、律師費,這些費用全由逝者負擔,不是國家負擔!這是國家向逝者要的錢,其中最狠的是聯邦財產稅 Federal Estate Tax 佔全部稅和費用的四分之三。美國最高法院大法官(Charles Evanas Hughes)去世後,清查他的財產總值一百一十八萬六千四百三十七元。他要付四十一萬三千八百六十六元的稅和法庭費用。這四十一萬三千多元裡,聯邦遺產稅是三十三萬三千四百八十六元。

社會向逝者收的最後一筆錢就是貸款和欠債。此外還有醫療和喪葬費用。目前像樣的「走」一次,大概得一萬多元,項目包括殯儀館禮堂公祭、棺木、墳墓等。

所以美國的社會,不論有身分或沒身分,只要有錢,愛怎麼買就怎麼買。由於大家都是與銀行或儲貸會打交道,很自然的把銀行

儲貸會當成債主看。因此，銀行和儲貸會介紹貸款人，每個月多付十幾二十元，一旦意外死亡，死亡理賠可以還清他房屋貸款。銀行儲貸會的錢可以解決，但稅和法庭費用必須要付！所以真正的大債主不是銀行和儲貸會，而是美國政府！

任何人一旦撒手人間，他的家人將面對美國政府，代表美國政府判定逝者要付多少錢的人是遺囑檢定法官（Surrogate Judge）。美國政府拿夠了，才輪到銀行和儲貸會等債權人。

如果我的家人在九個月規定期內籌不出這麼多稅金，就得賣房子、賣產業，賣不掉，到時候，遺囑認證法庭（Probate Court）就接手來強迫拍賣，一百萬沒人買，減為九十萬，還沒人買，減為八十萬，八十萬有人買了，政府立刻拿走稅金，自 37%-55% 不等，剩下的錢又由銀行和儲貸會等債權人來瓜分。至此，一生心血泡湯，家人一無所得！

經過這個程序，一個人所有的資財被抽走 37-55%！美國政府設計的這套抽遺產稅的方式實在高明，不論是誰都逃不了！請看下列這些名人：

羅斯福總統（Franklin Delano Roosevelt）去世後，清查他的財產總值$1,940,699。抽$574,967 元的稅，被抽走 29% 以上。

舊金山銀行大亨 Charles Templeton Crocker 去世後，清查他的財產總值$4,995,976 元，抽$2,421,174 元稅，被抽 48% 以上。

俄亥俄州克利夫蘭市名會計師 Alwin C.Ernst 去世後，清查他的財產總值$12,642,431 元，抽$7,124,112 元稅，被抽 56% 以上。

舊金山名律師 Albert Picard 去世後，清查他的財產總值$1,003,599 元，抽$486,737 元稅，被抽 48% 以上。這些學有專長，精通法律和稅法的人都逃不掉，一般人能逃得了！

美國政府怎麼知道我有多少錢？

在美國，任何人可以用任何名字在銀行開戶，但是社會安全卡（Social Security Number）的號碼只有一個，開戶的時候要填上這個號碼、買車、買房或地產、買國家公債、買股票都要填這個號碼。換句話說，人在美國只是一個號碼，一旦去世，美國的 706 United States Estate Tax Return 表上就要把逝者的這個號碼寫上去，只要有這個號碼，Credit Bureau 都可以查到你有多少財產。

照你這麼說，我們在美國投資置產，做生意沒有一點保障？！

當然，你可以用任何方式來解決付稅的問題。好比變賣自己的財產（不一定如自己所願的價錢），或向銀行貸款付稅（稅上加利息）。

最聰明的辦法就是利用別人的錢來為自己解決問題（人壽保險），這就是美國資本主義社會，經濟制度的根本。這才是可以保障你一生心血不付諸東流的最佳辦法。

紐約州羅徹斯特（Rochester）地方，首席遺囑檢定法官特雷斯卡（Michael A. Telesca）說：「在這個國家裡，那些所謂的商業顧問專家，實際上是沆瀣一氣，都不教人在他們的財務計畫裡使用人壽保險，那些商業顧問的偏見，乃是造成大家忽視使用人壽保險的主要原因。……

一位成功的人，只估計他能借多少錢。可是，一旦他撒手人間的時候，他家人要有再付款的能力，因為他家人現在要面對的是新債主。而這位新債主始終沒人把他當債主看，一旦面對這位新債主的時候就怔住了！這位新債主的大名就是山姆叔叔（Uncle Sam，美國政府）。

當一個人去世後，未亡人發現，她必須要從稅務當局把她丈夫一生心血付稅所賺的財產再買回來的時候，那才昏倒！

「唯一能使未亡人把她丈夫的財產從美國政府手中再買回來的辦法就是人壽保險！……」

為什麼？

根據 Newkirk 出版社，地址是 P.O. Box 1727 Indiana Polis, Indiana 46202 所出版的「人壽保險在稅上的十九種利益」（Nineteen Tax Advantages on Life Insurance）說：

一、當死亡發生時，受益人拿到人壽保險公司所賠的錢不付所得稅。
二、因意外死亡，人壽保險公司加倍賠償，也不付所得稅。

這意思是說，如果我投保的保額是十萬元，每個月存保費一百五十元（保費是按年齡和保額計算的），萬一我因病去世，保險公司就賠十萬給我指定的受益人，萬一搭飛機失事或車禍遭人槍殺等意外死亡，保險公司得賠二十萬給我指定的受益人。這保險公司賠的錢誰都不能碰，由保險公司直接交付給我的家人，由我家人用這筆錢去付政府的稅、法庭費用和債款。因而保住我一生心血，也不使家人生活立遭遽變。

如果你只知道買房地產和生意，而不了解買了以後還得加以保護，你的家人將面臨一無所有和生活立遭慘變的痛苦。

1981 年 8 月 3 日在聖荷西南端 Almaden Ave 一家雜貨店的老闆程超先生，被蒙面劫匪打劫。先開一槍，沒打到人，但程先生的女兒用玻璃瓶投向劫匪，劫匪再開槍，這一槍直接命中程先生的頭部，當場過世。留下四個小孩，由「遠東時報」在 9 月 14 日的報紙上發起募捐。

以程先生的年齡，每個月只要存一、二百元在他的人壽保險保單裡，一旦遇上這樣的情況就可以得到保險公司十萬元償付。對家人有多大的保護作用！大家捐款能捐十萬元嗎？！

1982 年 5 月 25 日在屋崙一家雜貨店的老闆華承志先生，也是被劫匪開槍擊中要害，送醫院，不幸 5 月 30 日因傷重去世。醫藥費三萬元。

華先生沒有醫藥保險，也沒有人壽保險，醫院要把他的店拍賣來償還醫藥費。太太和兩個稚女的生活立刻遭到遽變。

如果華先生有五萬元人壽保險再加五萬意外死亡險，遇上這樣的不幸，保險公司就賠十萬，三萬付醫院，還剩七萬和雜貨店。如今卻一無所有！

你為房子，樓宇和生意買了足夠的火險、商業險、責任險。為汽車買了足夠的碰撞和責任險，這些保險都是「花」。房子燒了可以重建，汽車撞壞了可以修；撞爛了，保險公司賠你一部。人壽保險才是人的「根」，你才是一切財產的「根源」。「根」沒了，所有的保險都不保險！

所以在美國，房地產是看得見的財產，人壽保險是看不見的財產，同樣是你的財產！看不見的財產保護看得見的財產。

朋友，只是提醒你，美國的社會和制度與中國的社會和制度是一百八十度的不同。這些資料我都把它一一譯成中文，所有的資料，沒有一份是保險公司說的！

再提醒你，在美國，沒有醫藥和人壽保險肯定是悲劇！在美國，絕沒有「一死百了」的說法。「稅」和「債」一定要還！為了省一點保費（這保費是存，到時候可以連本帶利拿回來），將付出極為慘痛的代價！一旦你的想法和聽信別人的說法諸如：「我和我太太有共同合約，我死了，財產轉讓給她」，「我死了，我太太付貸款」，有這種想法，一旦碰上美國的法律，不但你的財產會面臨被強迫拍賣的厄運，家人也會急得發瘋！

「斯土有財」在中美兩國來說都是對的。所不同的是兩國法制，小聰明碰到大智慧，鐵定小聰明吃大虧！羅斯福總統對美國這麼有貢獻，他去世後，國稅局照樣抽他的遺產稅！聯邦最高法院大法官，舊金山名律師等，這些學有專長又精通法律的人都逃不掉被抽重稅！

人壽保險的變革

◎1970　Whole Life

◎1980　Universal Life

◎1990　Variable Universal Life

◎2004　Equity Index Universal Life

　　要知道如何運用人壽保險保護你的錢財，以及那種人壽保險對你最有「利」，請參看拙作《要富有嗎？你必須知道投資、避稅、保護財產》一書。

▲ 殘障保險的重要性 ▼

我現在 35 歲，正是年輕力壯，不必考慮殘障及死亡的可能性

的確如此，但是你看看「美國全國安全局」所蒐集和公佈的下列資料時，你會不會認真的考慮一下呢？

- 意外是 38 歲以下人士的頭號殺手，也是所有年齡人士的第四號殺手。
- 在美國，每四秒鐘便會發生一宗意外，每六分鐘便會有一人因意外喪生。
- 1982 年，有九萬三千名美國人因意外而死亡。

誰能保證自己不會遭受嚴重的疾病或意外受傷而殘障呢？一旦殘障發生在自己身上時，你又沒有準備，也不了解稅法上給你的好處。完了，鐵定是悲劇！

一旦因傷或病殘障，我可以領「州殘障保險基金」

是嗎？！1985 年 9 月 23 日「美聯社沙加緬度（加州首府）」發出來的消息說：「……『州殘障保險基金』到了今年 12 月時，可能出現赤字，且金額或將高達三千六百萬元。沙加緬度『聯合報』於星期一報導，據估計這種赤字將繼續增加，於明年年底超過一億一千萬……，此項殘障保證補助金乃是扣自受薪者的薪水。」

我在這裡所講的殘障是指一個人因病或傷無法從事其職業，如牙醫的手發抖；律師的聲帶突然沙啞；電腦操作員的手指嚴重受傷不能按鍵等，這時去申請「州殘障保險基金」看看，你就知道申請的條件有多難了！

你再看看統計：
- 32 歲的人，其因傷病殘障的機會大過死亡三倍半！
- 42 歲的人，其因傷病殘障的機會大過死亡三倍！
- 52 歲的人，其因傷病殘障的機會大過死亡二點三倍！

如果你在 40 歲那一年，因病或傷而殘障不能工作，沒收入，你的損失相當可觀。

假定你每個月的收入是三千元，一年損失三萬六千元，二年損失七萬二千元，五年損失十八萬，到六十五歲都不能工作就損失九十萬（實際上要超過九十萬）。

請看下列實例：

洛杉磯「世界日報記者刁冠群河濱市專訪」，標題是：**陳××滿懷壯志不幸遇槍擊，神智不清兩年全家陷入困境。**

新聞中間二段最重要的部分摘錄讓大家了解一下「美國不是人間天堂」。

「……從案發之後，為了搶救陳××生命，因為沒有保險，積欠 LOMA LINDA 醫學中心二十六萬元，再加上以前經營烈酒店向小型企業部門貸款，還未還清，債上加債，陳太太說：「真不知如何還清！」

按理，這時候陳太太可以申請「加州醫療保險」吧？你看看美國的保障：

「……陳××的復健不能中斷，陳太太只好申請加州醫療保險，但是事與願違，社會服務處表示，他們過去擁有不動產（烈酒店）資格不符，未予批准。」

但是陳先生沒有醫藥保險，如今申請加州醫療保險，社會服務處以他們過去擁有烈酒店，資格不符而不予批准！

假設：

陳先生所經營的烈酒店，每個月除去一切開銷，淨賺一萬元，一年賺十二萬元，開了十年，賺了一百二十萬元，遇上這樣的不

幸，別說一個一百二十萬不夠，即使二個或三個一百二十萬也不一定夠！

再看稅法上給他什麼好處？

如果陳先生每個月的收入是四千元，他可以買到二千元的殘障收入保險，現在保險公司每個月付他二千元，這筆收入不付所得稅（Income Tax）。

如果陳先生也買了 BUSINESS OVERHEAD，現在殘障，人壽保險公司每個月付他二千元做為請人看店，店租等生意上的損失，使烈酒店不關門，一共付十五個月做為復健期或賣店過渡期補償。

買 BUSINESS OVERHEAD 的費用可以抵稅。

如果您是做生意的，醫藥保險、殘障收入保險、人壽保險和BUSINESS OVERHEAD 是十分重要的！尤其是醫生、會計師、律師、工程師等高收入者更應該有這些保險。

有人說「我們公司有殘障保險」

加州州立大學 UC 系統的如 UC Berkeley, UC Davis，UCL.A.其僱用人員因病而無法工作，自三天至二十六個星期，UC 付他年薪的55%，二十六個星期以後要自己買。

加州州立大學是政府的，一旦殘障不能工作，只付年薪的 55%，只有六個半月。

你們公司付多久呢？！朋友，弄清楚吧，否則一旦「事情」發生才知道公司只付三個月或六個月就太晚了！

殘障收入保險怎麼給的？

凡是因病或傷而無法從事你依其謀生的那個行業時就是殘障。這按職業分類為 4A，3A，2A 等，4A 的人有特別的 Option 可以買，2A 的人就不可以。舉例：

牙醫 4A，可以買 Regular Occupation，這是說一旦因手抖而不能做牙醫，但可以做教授，即使換職業了仍有賠償。

店員 2A，不可以買 Regular Occupation，因關節炎而由醫生診斷不能做店員就賠。

至於付多久，是二年？五年？還是付到 65 歲？由你自己選擇。如果你認為一旦殘障，二年之內就會好，你選二年，保險公司就賠你二年，保費便宜。選 65 歲，保費就多一點。

殘障以後多久起賠？30 天？60 天？90 天？180 天？365 天？選的天數愈多保費愈低。

舉例：

外科醫生，男，不吸菸，40 歲，每月收入七千元，買四千元，選 90 天起賠，一旦因為手抖而不能執刀，從手抖那一天開始第 91 天，保險公司就每個月付他四千元。

殘障收入保險的保費不隨年齡而增加，所以愈早投保愈有利。

美國一切都是分期付款，當你每個月付不出款時，就是悲劇的開始！「根」（你）生了病，所有的「花」（財產）都受影響！

現在最新的人壽保險是 A 人壽保險公司的 5 合 1 人壽保險；

Equity Index Universal Life（簡稱 EIUL）Option A

舉例：

40 歲，男，不吸菸，身體健康，投保$300,000 死亡理賠，每個月存入保單內$400 共 25 年以後就不存了，加上你舊保單內轉過來的錢，保險公司扣除保費把你的錢投入 S&P500，今年平均淨回報率是7.53%（每年會變的）到 65 歲，你保單內有$177,258，100 歲時保單內有$1,143,697。（100 歲還活著這錢給你就不保了）

5 合 1 保單是活著就用，不要等死了才用！

一、死亡理賠：因心臟病、腦溢血、車禍等死亡，你投保$300,000死亡理賠，保險公司就把這$300,000 加上保單內多出來的本利

給你指定的受益人（62 歲以後死亡理賠愈來愈高，如 65 歲死亡，保險公司賠\$633,922，70 歲死亡，理賠\$790,183）

二、因絕症而死：你的病歷經由醫生鑑定，開出證明報告說你只有 24 個月可活了，你就可以從你的投保額\$300,000 中先提出 \$150,000 花用，當你死亡時，你仍有\$300,000 死亡理賠給你指定的受益人。

三、殘障給付：一旦你不能走路、入廁、穿衣、洗澡，合乎社會安全殘障給付，保險公司就每個月付你投保額\$300,000 的 1%，是 \$3,000 一直付到 65 歲，65 歲後就不再付錢了。但你人壽保險 \$300,000 死亡理賠仍有。

四、如果你配偶或兒女死亡

配偶死亡付你投保額\$300,000 的 25%或最多\$50,000（不是 \$75,000！）

兒女死亡付你投保額\$300,000 的 10%或最多\$10,000（不是 \$30,000！）

五、投資、賺錢、免稅：這個保單付保費非常有彈性，你投保 \$300,000，每年最少存入保單內\$3,384，最多不可超過\$13,561。從\$3,384 到\$13,561，這之間看你的經濟狀況，有錢多存，缺錢少存，沒錢不存。到你 65 歲時，保單內的錢\$177,258 可以成為你的退休養老金，每年從保單內提出一部份錢，如一萬、二萬……，沒有稅（Tax Free）

這才是您今天需要的人壽保險

請電：L.A 地區(626)353-0196　　S.F.地區(650)341-0561

Las Vegas 地區(702)882-0045 王定和

※您把舊人壽保單內的錢用 1035 表格轉到這新 5 合 1 的人壽保險裡就行了。這種 5 合 1 的 EIUL.15 歲以前不能買，55 歲以後不賣了。

你要為自己 65 歲退休前

存夠錢，否則，

人又老又窮，那才痛苦

您有下列這樣的問題，請在□內打 V 寄回

☐ 我領薪水（做個人生意），每個月可以存二、三百元，要有 8% 以上高利，
高利可以延稅（Tax Defer），用錢沒有稅（Tax Free）

☐ 我存的 IRA, Annuity 等養老金現在只有 4% 的利息，存那裡可以有 8% 以
上的利息？

☐ 我的人壽保險現在只有 5% 上下的利息，我要在自己的人壽保險裡由我自
己掌控投資，賺 8% 以上的利益，賺錢還不付稅。

姓名（中文）_____

（英文）_____

地址：_____

_____

電話（公司）_____ （家）_____

☐ 我（們）工作，只有星期一至星期五晚上七點以後可以談。

☐ 我（們）只有星期六、星期日可以談。

☐ 我（們）星期_____休假可以談。

☐ 可以到我辦公室談。

☐ 我們已退休任何時間都可以。

寄回：

洛杉磯地區

Mr. D.D.Wang 王定和

P.O.BOX 464

LANCASTER,CA 93584

(661) 948-0760

退休時，美國政府不會給你足夠的錢養老

如果你以為：「我在美國賺錢繳稅，等我六十五歲退休時，美國政府會給我錢養老。」

是嗎？！看看下列各種報導，你要醒醒了！「1980 年，美國聯邦健康，教育及福利部所做的統計報告；每一百人裡，從他們工作賺錢開始（十八歲到他們六十五歲退休時，這 100 人裡有：

- 29 人：死亡
- 13 人：年收入在 $ 3,500 元以下，低於貧窮標準，不需付稅。
- 55 人：年收入在$3,500 到$20,000 元之間，在這一組人裡，中間的平均收入是$4,700 元。
- 3 人：年收入超過$20,000 元，這是由於他們財務計畫成功。

真是不可思議，在此一世界上最富有的國家裡，竟有千百萬人生活於貧困之中！這些人之所以失敗，在於他們沒有財務計畫，或做的是失敗的計畫。由此可見「財務計畫」的重要！

1984 年美國人口統計局（U.S. Census Bureau Survey）的調查報告指出，全美國退休的老人中有：

- 60%的老人年收入低於$5,000 元
- 27%的老人年收入從$5,000 元到$10,000 元
- 13%的老人年收入超過$10,000 元

1984 年 6 月「貨幣月刊（MOMEY）」報導說；「社會安全」（Social Security）制度面臨解體，財長預告難以為繼，群情嘩然但無良策，專家說制度降低僅能濟貧。為什麼會這樣？

1987 年 6 月 22 日「美國新聞與世界報導（U.S. News & World Report）」的封面標題「美國的嬰兒出生率夠不夠高？」在第六十頁指出；美國人口統計局在 1986 年的報告中說「每一千名生育年齡的婦女只有六十五個人生寶寶。因此，美國四個祖父母只有一個孫兒的情形日益普遍」。

解說

1935 年羅斯福總統簽署「社會安全」法案時，平均三十人所付的「社會安全養老金」養一個老人。

1945 年開始，美國人倡導節育，四十年下來人口呈倒三角形－老人多，年輕人少。到 1983 年時，平均每三人所付的「社會安全養老金」養一個老人。因此，受益的人多，而繳錢的人少，此一「社會安全養老制度」面臨解體。

※ 加州第一大，全美國第二大的「美國銀行（Bank of American）」在各分行內的架子上都有很多摺頁說明，其中有一份「為退休後的收入做計畫（Planning for Retirement Income）」一開始就說：「你得從現在開始做計畫（You need to start planning now.）」，因為「不要依靠社會安全和工作退休養老金，這二樣加起來遠不如你退休前收入多」。

現在中英文報紙，經濟月刊及電視都告訴大家要自己存錢養老了；1995 年 5 月 8-11 日，全美國性報紙 USA TODAY 頭版整個版面說：「你 35-40 歲，到你 65 歲-70 歲退休時，你要有一百萬（$1 Million）才能過舒適的退休生活。」

1995 年 8 月 3 日世界日報 A3 版說：「公司退休制度式微，社會安全也靠不住，灰白髮人面臨退休危機。」報導中說：「新興制度是大家自己存錢，存自己的退休金。值此過渡階段，中老年人必須省吃儉用，在沒有退休金或社會安全金的可靠保障下，維持生活原貌。」

1995 年 10 月號專為個人財務的經濟月刊 Kiplinger's 封面第一句話問：「你負擔得起退休生活嗎？」文刊 51 頁，51 頁最後開頭一段說：「要很認真的去做退休計畫，存足夠的錢能讓自己有一個舒適的退休生活是你現在的挑戰。」

這些報告指出二個重要因素

一、要做好個人退休養老計畫自己存錢

二、美國政府給你的退休養老金只能濟貧而已

現在你要問自己

「我今天六十五歲退休，每個月要淨收入二千元才能生活，一年要有二萬四千元的收入。按 1988 年新稅法只有 15%，28%和 33% 三種稅率，我的付稅率 15%，一年要收入二萬八千元才能得到淨收入二萬四千元。假定銀行付我 10%的利息，我在銀行要存二十八萬元，一年才有二萬八千元的收入。我能在銀行有二十八萬元的存款嗎？」

你再問自己

「社會安全養老金今天每個月給我五百元，公司退休養老金給我七百元，每個月一千二百元，還差八百元，一年差九千六百元，銀行付給我 10%的利息，我在銀行有十萬元存款嗎？！」

這是說你今天 1995 年退休，如果你今年四十五歲，二十年以後退休，你更要問自己了；「按 4%正常通貨膨脹率計算，今天每個月約二千元，到你六十五歲退休時就漲成$4,328 元了，稅率還是 15%，一年要收入六萬元才能每個月淨拿$4,328 元，這每年的六萬元從哪裡來？！」

現在開始利用稅法給你的好處計畫一下，免得老了貧窮受苦。

個人退休帳戶 IRA

——利用（個人退休帳戶）存錢養老

稅法規定拿 1040 表報稅的人，每年可以存入 IRA$1,000，$1,500 最高只能存入$2,000 元。

假定你今年的收入是$30,000 元，你存入 IRA 的$2,000 元可以抵稅，以$28,000 元報稅。IRA 裡所產生出來的利息可以延後到 59 歲半動用的時候才有稅。

如果你的付稅率是 15%，這$2,000 元裡有$300 元是政府的，付稅率是 28%，這$2,000 元裡有$560 元是政府的。

你今年 35 歲，每年存入 IRA 裡$2,000 元 ，到你六十五歲，一共存了三十年，總共存了$60,000 元，以 10%的複利計算，到了 65 歲時，你 IRA 裡有$361,886 元。

1994 年稅法規定

未婚單身男女的年收入減去買房子所付的利息，個人撫養額等高於$20,000 元是 28%稅率，低於$20,000 元是 15%稅率。

夫妻聯合報稅，年收入減去買房子所付的利息，夫妻及子女撫養額等，高於$30,000 元是 28%稅率，低於$30,000 元是 15%稅率。

夫妻單身存一個 IRA 是$2,000 元，夫妻都上班各存一個$2,000 元 IRA，夫妻就是$4,000 元。扣除 IRA，可能從 28%的稅率變成 15% 的稅率。

新稅法也規定，凡是公司已經給予退休養老計畫的人，其存入
IRA 的最高二千元不准抵稅！但有一例外：

未婚單身年收入在$25,000 元以下者，仍准許最高存入 IRA 裡
$2,000 元抵稅。

夫妻年收入在$40,000 元以下者，也准許他們在 IRA 內各存
$2,000 元抵稅。

雖存入 IRA 中的錢不准抵稅，但利息所得仍可延緩（Deferred）
報稅。

如果先生做事，太太是家庭主婦，丈夫可以最高存入 IRA$2,000
元，太太只准存$250 元，這$2,250 元可以分為二，即先生$1,125 元
抵稅。太太$1,125 元。

存 IRA 的先決條件是拿薪水的人，凡是靠利息，房子出租收租
生活的人不准存 IRA。

每年的 1 月 1 日存 IRA 和 12 月 31 日存 IRA 或明年 4 月 15 日報稅前存今年的 IRA，這其中有差別嗎？

這中間的利息差別太大了，今年 1 月 1 日存 IRA 或 12 月 31 日
存 IRA，以$2,000 元，8%的複利計算，一年看不出有多大的差距，
二三十年下來差距就大了！如果明年 4 月 15 日前存今年的 IRA，利
息差距豈不是更大！

存 IRA 是為得到稅上的好處，每年 1 月 1 日存 IRA，二三十年
下來可以多賺五六萬元。每年拖到 12 月 31 日才存 IRA，二三十年
下來就少賺五六萬元。

我有急用可不可以用 IRA 內的錢？

可以，聯邦要罰款 10%，州罰 2.5%，罰款 12.5%不計入本金內，
舉例：

你存入 IRA$4,000 元，提用時先罰$500（12.5%）再以你的付稅率 15%付稅，$4,000 元要付$600 稅，實際拿到手的只有$2,900 元。

一旦存了 IRA，每年都要存嗎？

不必，你去年存了 IRA，今年沒錢可以不存，明年有錢再存，只是不存 IRA 就準備多付稅，舉例：

未婚單身，沒有房子，年收入$15,000 元，扣 15%的稅是$2,250 元，實得$12,750 元。

$15,000－$2,450 個人寬減額－$2,000IRA

＝$10,550 元×15%稅＝$1,582 元稅。（$2,250－$1,582＝$668 元，還可以退稅$668 元）

不存 IRA 表示要多付$300 元稅！

有沒有比銀行更好的 IRA？

有，人壽保險公司的 IRA 比銀行好，請看下列問題和比較：

Q1：日後經濟變動，利息可能高可能低，能否在利息上保證最低標準？

銀行：不能。

保險公司：能，如果銀行給你 1%或 2%的利息，保險公司付你 4%或 4.5%的利息。

Q2：不論我活到幾十歲，能否確定我退休以後每個月拿多少錢，一直拿到我去世？

銀行：不能。

保險公司：能，從你退休日起，你可以選擇十年內連本帶利拿完，也可以選擇拿到去世為止。

Q3：能保障我 IRA 帳戶增值而不被各項行政費用吃掉嗎？

銀行：不能。

保險公司：能，你存一個 IRA 就是一個帳號，不論你搬到那一
州，那一市，你每年的 IRA 都可以存到這個帳號，
行政費只收一次。

Q4：IRA 可不可以從這家銀行轉到另一家銀行或另一家保險公司？

可以，英文是 Rollover。你要把 IRA 轉入那家銀行或保險
公司，你就讓你現在那家銀行或保險公司在支票上 Pay to：一
欄打上你要轉存入的那家銀行或保險公司的名字。

利用人壽保險存錢養老

　　1986 年 11 月 10 日「美國新聞與世界報導」裡第 50 頁刊出：「人壽保險變成財源」，報導說：「保險升水的利息一直就是免稅的。然而在其他免稅途徑即將告終之時，這一個特點就格外引人注目了。新一代的壽險別有一些潛在的好處，更多的資金躲過了每年的課稅，而可保留下來利上滾利」。

　　人壽保險在稅法上的好處，特別是指 Equity Index Universal Life（EIUL.）（Whole Life 和 Universal Life 都過時了！）如果你是領薪水的人，你只有一條路可以達到「有錢退休」，這一條路就是「指數基金＋人壽保險」～存錢產生高利可以延後報稅 Tax Defer，退休後從保單中借錢（Loan）沒有稅 Tax Free。

　　2000~2003 年股市連續跌 4 年，大家一聽到共同基金就怕了，於是保險公司創出 EIUL，這是把你的錢連接 S&P500，這是全美國 500 家（事實上已經有一千家了）大公司的工廠或大樓、產品、專利權和名聲，這 4 樣是一個公司的淨資產（Equity），但不是股票。你把錢存入 EIUL.—高回報，沒風險，保證只賺不賠。

我要用錢隨時可以從銀行提，人壽保險也可以這樣嗎？

　　要用錢，自投保日起滿一年可以借出，如自保單內借出$5,000 元，你付人壽保險公司百分之幾單利，單利不變，你付了百分之幾單利，人壽保險公司對你借走的$5,000 元付你百分之幾複利，複利會變。

全美各大人壽保險公司設計的此一投保人借自己保單內的錢（Cash Value）付公司百分之幾單利，公司付投保人百分之幾複利的情形是：

你向保險公司借錢（Loan），保險公司以你保單內的本和利做抵押，這樣轉一圈就符合稅法 7702(b)條款可以不付稅（Tax Free）。

人壽保險是一個長期儲蓄，在幾年之內放棄保單（Surrender）都有罰款，到第幾年滿期放棄保單就一個錢都不罰。（各人壽保險公司設計不同）但利息部份算你當年的收入要付稅。

我今年 40 歲，男，不吸菸，投一個二十萬的人壽保險，一次存入五萬元可以嗎？

國稅局 IRS 說：「不可以，以你的年齡和投保額一次最多只能存入$32,576 元，多餘錢所產生出來的利息還是要付稅的，如果你不要付稅，你的保額就要變成三十一萬」。國稅局這麼規定是怕把銀行搞垮。

我每個月在人壽保單內存二百元，一年二千四百元，這二千四百元可以抵稅嗎？

不可以！因為所有的好處都在你自己和家人身上。

如果你是老闆，你為員工投人壽保險，受益人是員工的配偶或兒女，你付的保費可以視為開銷（Expense）而抵稅。

如果我沒能力每個月存二百元，或失業不能每個月存二百元，我的保險是不是就沒了？

如果你不能每個月存二百元，你可以改為每個月存$150 或$100 元，甚至最低標準（看年齡、性別、保額和吸不吸菸，也許$30 元，也許$60 元）。存滿一年，失業沒錢存，只要你保單內有足夠的錢去

付每年 Term 的保費，你的保單就不會失效。等找到職業有了錢再存，除非你不再存，把保單內的錢全部用完，你的保單才會失效。

用 Equity Index Universal Life 存自己的退休養老金應該了解：

1. 你今年 40 歲，男，不吸菸，每個月固定存$250 元，一年存$3,000 元，投一個$100,000 人壽保險，每$1,000 人壽險的保費是$2.18（保費隨年齡增加，41 歲$2.32，42 歲$2.46，43 歲$2.54），$2.18 × 100 ＝一年保費$218 元（41 歲每年保費$232，43 歲是$246）,$218÷12＝每個月$18.17，保單費每個月$5.0 元，還有$230 元進入「S&P500」。

2. 「S&P500」產生高利（50 年平均 11.71%），這個高利本來要付稅的，但因為有「人壽保險」遮住就不要付稅了，你的保費是國稅局幫你付的！產生的高利可以延後報稅（Tax Defer）。

3. 當你 65 歲退休時，從 40 歲到 65 歲，你每年存$3,000，二十五年共存$75,000 元，按 10.18%利息計算，這時你保單內已有$260,000，你每年從保單中借 10%就是$26,000 元，這$26,000 不付所得稅（Tax Free）。

4. 萬一中途去世，你在 Equity Index Universal Life 保單的本和利加十萬元投保額給你的家人，家人拿到這筆錢不付所得稅（No Income Tax）。

5. 這是你的退休養老金，如不用到它就不能活了，那就用吧！否則就不要用它！

利用年金（ANNUITY）存錢養老

年金在稅法上給你的好處

年金的正式英文名稱是 Tax Deferred Annuity。你每個月在年金裡存二三百或三五百元，有錢就存，沒錢可以不存，存錢產生出來的利息可以延緩到六十五歲退休，從 Annuity（年金）中拿錢的時候才有稅。（年金只有人壽保險公司才有）

也可以一次存入三萬五萬或五十萬一百萬，每年所產生的利息不付當年所得稅。如果你今年 35 歲，存入年金一萬元，利息 8.25% 不變，到 65 歲時，你年金裡的錢連本帶利是 $107,854 元。這時每個月連本帶利拿 $950 元，共拿十年，或少拿一點，一直到人去世為止，這時才有稅。

Q1：存在年金裡的錢可以隨時提用嗎？

在前五年，你只能動用 10%，超過 10% 就有罰款。五年之內放棄，也有罰款，到第六年放棄，把本利全部提出，沒有罰款。但利息部分是你當年的收入要付稅。（提取和放棄，每家人壽保險公司統計略有出入）

Q2：我今年 65 歲，從國外帶進美國十萬美金可不可以存入年金？在稅上有無好處？

Annuity 是人壽保險公司專為退休養老而設計的，年輕的時候在 Annuity 裡每個月或每一年存點錢，到老了就有一筆錢供養老用。

你進入美國的時候，已經是退休年齡了，您帶進美國的十萬元，可以開一個「立即年金（Immediate Annuity）」，可以選擇每個月連本帶利拿多少錢，也可以選擇一直拿到人去世為

止。三十天以後，保險公司就按當時的利率，每個月連本帶利寄給你一張支票。選擇十年拿完，每個月可以多拿一點錢，選擇一直拿到去世為止的，每個月就少拿一點錢。

Q3：我 65 歲開一個 10 年「立即年金」，70 歲去世，其餘的錢怎麼辦？

其餘的錢，你的配偶可以繼續領滿十年，配偶也在十年內去世，多餘的錢給你的兒女或你指定的受益人，受益人拿到這筆錢要付稅。

Q4：存年金要身體健康檢查嗎？

年金與人壽保險無關，人壽保險與理賠有關，因此，保險公司要求投保人必須身體健康才能投保。年金沒有理賠，不論你有多嚴重的病都可存年金或開一個「立即年金」。不必體格檢查。

利用售屋抵稅開「立即年金」養老，售屋在稅法上的好處

稅法規定，你在現住的房子裡住滿二年，你賣這棟房子時，1997 年准許夫妻賺$500,000 元免稅。

舉例：

1970 年，你 45 歲，$20,000 元買了一棟房子。

2008 年，你 73 歲，把這棟房子賣了$700,000 元，稅法准許夫妻賺的$500,000 元不付稅。

用這$500,000 元開一個「立即年金」安享老年生活。

1995 年，你 40 歲，到 2020 年 65 歲退休，從：

IRA 裡每個月拿	$2,000
人壽保單裡每個月拿	$2,000
年金裡每月拿	$2,000
售屋後「立即年金」裡每月拿	$2,000
「社會安全養老金」每月拿	$2,000
公司退休養老金每月拿	$2,000
	$12,000

國稅局 IRS 認可的退休養老計畫對公司老闆、經理及僱用人員在稅上的好處

一、存錢沒有稅——可以抵稅（401K）

稅法規定，你在 401K 中可以存入你年薪的 10%，1995 年最高不可以超過$9,400 元，2003 年是$11,000 元 2007 年是$15000 舉例：

你年薪七萬元，存入 401K 中 10%就是七千元，這七千元不付稅，用六萬三千元報稅。年薪七萬，稅率在 28%，七千元裡有$1,960 元是政府的。

※註：最高$15,000 元是 2007 年，會按通貨膨脹增加。

二、存錢產生出來的利息不付稅

你存入 401(K)裡的錢所產生出來的利息不付當年的收入稅（Income Tex）。一直延緩到你退休用這筆錢的時候才有稅。

你每年存入 401K 裡二千元，以 10%複利計算：

- 20 年共存四萬，連本帶利變成$126,004 元
- 25 年共存五萬，連本帶利變成$216,363 元
- 30 年共存六萬，連本帶利變成$361,886 元

三、一旦死亡，你的配偶可以拿十年，減低聯邦財產稅和聯邦收入稅

假定你在 401(K)中每年存七千元，一共存了十年，連本帶利有十萬元。這時去世，如果你太太將這十萬元一次提出，不但要付聯

邦財產稅（Federal Estate Tax），因為這是你的現金財產，還要付聯邦收入稅（Federal Income Tax），因為你這十萬元的本和利都沒有付過稅！

你太太每年拿一萬元，連續拿十年就大大減低了財產稅和收入稅。

四、老闆為員工存錢，可視為生意開銷抵稅

老闆僱用張三、李四二個職員。

・張三年薪二萬，存入 401K 中 10%就是二千元。

・李四年薪三萬，存入 401K 中 10%就是三千元。

老闆認為這二個人是得力助手。第三年以張三存入其 401K 中的二千元為準，老闆再為他多存 20%，即四百元，第四年多為他存入30%，即六百元每年以張三存入 401K 中的 10%為準，每年增加 10%，到第十年，張三存入 401K 中三千五，老闆就要為他存入三千五（李四也是如此）。

老闆為張三、李四存進去的錢，可視為生意開銷而抵稅，也是留住張三、李四二位得力助手的一種力量。

稍微睜開眼看遠一點

不少老闆願意設立 401K，但是員工不肯，員工的反應是「先把錢給我」──先把錢給我才是「我的錢」。要了解：

如果你的付稅率是 15%，老闆每給你一百元，其中有十五元是政府的，到了年底報稅的時候，老闆給了你二千元，老闆就報二千元開銷，你就要付三百元稅。

這二千元存入你的 401K 裡，不但不付三百元稅，產生出來的利息也不付稅，老闆為你存入 401K 裡的二千元再加存 20%，30%，40%……到 100%，這個錢都是你的！

眼光稍微看遠點吧！你「先拿」不但自己什麼好處都沒佔到，還害老闆本來給你的四百、六百……可以抵稅的，現在結結實實要付稅。

誰來負擔你的退休生活費？

戴南蔭

經濟發展委員會提出警告，社安制度遲早崩潰

人們期望的退休生活是輕鬆自在，沒有金錢困擾，隨心所欲的日子。在以前，只要靠社安退休福利及雇主提供的退休金就可安享餘年。但是這種好景即將不再，除非您現在開始細心籌劃，累積儲蓄，否則退休後的生活水準，將大幅降低。

這絕非危言聳聽，在五月初，一個由兩百五十位企業主管及大學校長組成的經濟發展委員會，對現行的退休制度提出檢討，他們認為如果不立即採取行動改革並付諸實施，現行的社安制度遲早要崩潰，同時日後退休老人的經濟地位更會大幅下降，而有工作的人將會背負沉重的稅金。

平均兩人養一退休者

經濟委員會提出的報告及建議要點有下列幾項：

一、人類的平均壽命延長

據衛生福利部在 1994 年的統計，目前美國人的平均壽命已達 75.8 歲，同時死亡率及嬰兒出生率都在逐漸降低，這種現象將導致工作人口與退休人口的比例從目前大約三點四比一，變成大約二比一，這也表示未來平均兩個工作人員必須維持一個退休者的生活，這是相當沉重的負擔。

目前領社安福利金的正常退休年齡為 65 歲，但是到了 2003 年起，則逐漸提高到 67 歲；委員會不但建議再一步的提高退休年齡外，其主張將領取社安福利金的人的所得限制提高，以鼓勵老年人繼續工作。

二、二次大戰後出生的嬰兒潮人口，將相繼在十年內退休

據估計嬰兒潮一代的總人口約七千七百萬左右，這將造成退休人口從目前佔全國總人口的百分之十二，到 2030 年提高到百分之二十一。

醫療等開支急遽增加

退休人口空前成長的壓力，使政府為老年人提供的醫療及退休福利等各項開支急遽增加，而不敷支出。社會安全局預測，如果維持目前的社安制度，社安基金到 2030 年將用罄。

因此，經濟委員會建議政府，應該大幅增加社安福利財源，以履行承諾，必要時可以減少福利，以免這種制度崩潰。

三、民營企業及各級政府，甚至軍方退休計畫財源不足的情況，日益嚴重

據估計退休計畫財源不足總數幾乎達一兆五千億元以上，因此，工作人員只寄望靠工作的公司或社安福利金來維持退休生活，那是絕對不夠的。

四、經濟委員會的企業領袖們，建議政府應簡化退休計畫的法規，以及重新檢討並放寬許多新立法對退休基金減稅優惠的限制。

參加 IRA 帳戶者大減

一個最明顯的例子是 IRA 帳戶，自從政府開始對存入金額，是否能全部減稅加以限制後，使許多人對參加這種退休計畫的興趣大減。同時種類繁多的退休計畫讓一般人不易分辨，以及政府對退休

計畫的過度管制。造成雇主管理計畫的成本增加等等，這些都對整體的退休制度帶來不良影響。

五、應該由政府及雇主全面宣導退休計畫（Private Pension Plan）的重要性，讓工作人員知道自己在未來的退休生活中所應承擔的責任。

這些企業主管及學者認為，即使社安福利不削減，公司的退休金照領，兩項數字加起來，也只能提供百分之四十的退休生活費用，其餘的百分之六十就要靠私人儲蓄。

經濟委員的主席更進一步說，假如一個四十歲的人，尚未開始任何私人退休儲蓄，即使他在未來約二十年中，將每年所得的四分之一存起來，其退休後的所得，也只能相當於平時工作所得的百分之六十，因此，私人退休計畫的重要性可見一斑。

如何將退休計畫做好

如何將私人退休計畫做的盡善盡美而事半功倍，以下幾項基本觀念必須具備：

一、立即開始

個人應該儘可能的提早為自己設立退休計畫方案，約束自己將每月收入的一部份，放進預設的退休基金中，讓錢去替您賺錢。

現在舉例說明：有兩個人年齡分別為 35 歲及 55 歲，他們同時開始儲蓄退休基金，目標為 65 歲退休時儲蓄總額達到 25 萬元；假設兩人都在 6%的年回收率及回收免稅的相同情況下投資，35 歲的年輕人每年只要儲蓄 3,162 元，到退休時計算，其存款金額僅佔 25 萬元的 38%。而 55 歲才開始儲蓄的人，每年的儲蓄額要 18,967 元才能達到目標，而存款金額佔 25 萬元 76%。因此及早儲蓄不但存入金額少，獲利率亦高。

　　但是，儲蓄計畫永遠沒有太晚的遺憾，只要著手開始就有成功希望。

二、了解社會環境及經濟變遷的情況

　　這些變化情況除了人類的平均壽命延長外，還包括以下的情況：

　　1. 醫療費用日益升高，年齡超過 65 歲以上的人，目前的平均醫療費大約是八十年代的兩倍，預計到兩千年時，醫療費用將佔退休家庭收入的 20%以上，是項極大的開支。

　　退休年齡提早及勤於更換工作，都會減少退休人員領取社安福利金及雇主退休金的數目，相形之下，私人退休計畫益形重要。（Medicare 到 2019 年就沒了！）

三、不能過度依賴社安福利金

　　社安福利金，雇主提供的退休金及私人退休計畫，是退休生活費用的三項來源。

　　很多人對社安福利的概念模糊不清，以為只要累積工作四十個基數（相當於工作 10 年），付足稅金，美國政府將會供養退休老人一輩子；事實上，個人的收入越高，可依賴社安福利的補助在比例上越少，按目前的社安制度，年薪達$60,600 元的退休人士，領到的社安福利金大約只是其收入的 24%；當年薪達$75,000 元時，所領到的社安福利金大約只是收入的 16%。所以要維持退休前的生活水準，不能只依賴社安福利。

　　同時退休年齡對領取社安福利也有影響，如提前在 62.5 歲退休，社安福利將減少 20%；另外，按目前的規定，在 2003 年之前，65 歲退休可以領到全額福利金；然後將逐漸提高退休金年齡為 67 歲，到了 2027 年，67 歲退休才可領到全額福利金。（2041 年就沒了！）

四、儘量參與雇主提供的退休計畫

雇主提供的退休計畫種類不一，但都有其特點，員工可以利用這類計畫延稅增值的特色來儲蓄退休基金，尤其是有些雇主更會提供不同比例的相對基金鼓勵員工參加，因此有機會在這些公司工作的人，應該儘量參與這類計畫。

但在海外的華人，有許多人一直在中國人成立的公司工作，如餐館、超市等公司，這些公司很少提供員工退休計畫；同時主僱雙方為了省稅，申報的社安稅金（FICA）也很低，再加上自己再不留意儲蓄退休生活費用，未來退休後的生活艱苦可想而知。

另外，特別對有工作的人加以提醒兩點：第一應該每隔三、四年向國稅局申請查看自己的收入紀錄及預估未來退休後的每月收入（填 SSA-7004 表 Request for Earnings and Benefit Estimate Statement 即可申請）；第二應該時常檢閱雇主提供的退休計畫內容及其執行成果，了解退休後的收入情形，並安排私人退休計畫方案。

五、尋找專業人士來幫助您設立私人退休計畫

因為每個人的需要及財務來源不同，所以私人退休計畫並不是千篇一律的，例如：受雇的雇員及自己開業的自由業人士，都應該有不同的考慮。

銷售保險產品及退休計畫，是保險公司的主要營業項目，也是保險經紀人的專業服務項目，有經驗的經紀人會從專業的角度為參加人選擇適當的投資目標及項目，幫助投資人在省稅延稅的前提下，運用正確的投資策略來計畫明天。

六、私人退休計畫可投資項目

以下為讀者介紹幾種常被專業人士推薦為私人退休計畫的投資項目：

（一）投資共同基金（Mutual Fund）

對從來沒有投資經驗的人來說，可以藉共同基金達到投資股票、債券或貨幣基金市場的目的，再從這些投資的獲利來逐漸累積私人退休基金。

共同基金投資的特色是由財務專家採取分散投資的方式，替投資人管理經營錢財，並為他賺取利潤。對投資人來說，是一種省時省力的投資。

投資共同基金是一項長期的投資計畫，至於投資人適合購買那一類基金？應該支付那些費用？及投資帶來的稅務負擔情況等等，常因投資人的具體條件不同、考慮角度不同，回收亦有所差別。因此，投資人務必對細節完全了解後再開始投資。

（二）投資 IRA 或買年金（Annuity）

在沒有提供員工退休計畫的公司服務，以參加 IRA 來儲蓄退休金是最簡單的方法，但因為 IRA 享有減稅及延稅的優惠，所以國稅局對 IRA 開始提款年齡（五十九歲半）及最遲提款年齡（七十歲半）都加以限制，違背規定者處以罰款。

除此之外，IRA 的其他限制也很多，例如限定每人每年最高購買額為兩千元，至於這兩千元能否參加雇主的退休計畫及調整後的收入而定。因而經濟委員會呼籲政府應該修改法規、放寬限制、鼓勵更多人參加。

與 IRA 同具延稅功效由個人退休計畫產品是年金，相形之下，除了也受開始提款年齡為 59.5 歲的限制之外，其他例如購買額、最遲提款年齡的限制都比 IRA 要少。

值得一提的是，多數人對購買 IRA 的處所不清楚，誤以為銀行是唯一購買 IRA 及年金的地方，事實上，銀行的主要業務只是辦理存放款，其他如出售共同基金、IRA 以及年金投資等，都是銀行藉地利之便的附帶業務；銀行所推薦的 IRA 大都為定期存款，銀行所

出售的共同基金及年金，都是代售投資公司及保險公司的產品，所以，投資人要完全了解這些產品內容，就應該直接向原銷售公司洽詢，較為理想。

（三）投資儲蓄人壽保險

讓受益人獲取死亡賠償早已不再是保險公司出售人壽保險的目的了，尤其近幾年來，保險公司相繼推出的生前賠償福利（Living Benefit）條款，更彰顯購買人壽保險不再僅是庇蔭後代，而是對個人整體財務規劃的一項工具。

不同種類的儲蓄壽險，適合不同需求的人用來設立退休計畫，其共同利益有以下幾點：

1. 儲蓄壽險提供生活保障。在沒有壽險保護下所做出的任何投資，都像空中閣樓般的搖擺不定，常因一場意外事件讓投資人全盤皆輸。
2. 保單累積的現金值，可以用做退休後的生活補助。這項現金值是購買人可以支用的，不受提款年齡限制，因此，壽險變現能力要比 IRA 或年金強得多。
3. 可利用壽險所享有的稅務利益，設計多種理想的私人退休計畫，尤其對小型企業的老闆，更應該善加利用儲蓄壽險所持有的重要員工福利計畫（Executive Benefit）或（Split Dolldor）分攤保費的特別作法來累積退休基金，效果是多重的。
4. 個人易於控制掌握，不像雇主提供的退休計畫，選擇的種類及參與金額均受限制。

七、及早設立私人退休計畫

近年銷售率日益升高的多變性壽險（Variable Life）被許多財務專家推薦為私人退休計畫的理想產品，因為多變性壽險可將投保人的付費投資於各類共同基金，除了比傳統式的終生壽險（Whole Life）更具增值潛力外，更比單獨投資共同基金能省去稅金負擔。

　　另外，多變性壽險還可以按照個人投資目標及策略的改變，適時加以修正，投資的控制權完全掌握在自己手中。

　　最後，我仍要重複的提醒讀者，未來退休的生活水準完全要看私人退休計畫的成敗與否。所以，不論從那個角度來衡量，您從應該及早設立私人退休計畫，絕不能等閒視之。因為真正負擔您退休費用的，不是聯邦政府，也不是企業公司，而是您自己。

1995 年 7 月 23 日／世界週刊

國稅局（**IRS**）認可的退休養老計畫 及福利對生意人的各種好處

一、吸引高素質的工作人員

劉邦手下有張良做參謀策劃，蕭何管行政，韓信帶兵打天下。劉邦手下只有三人就做了漢高祖。項羽手下一個人才都沒有，所以在鄔江自盡。

同樣的道理用在今天，劉邦公司有醫藥、殘障、人壽保險及退休養老計畫，項羽公司沒有，你是張良、蕭何或韓信，你選擇劉邦公司還是項羽公司？

二、減少流動量

項羽公司沒有好的福利就留不住人才，這種公司往往是劉邦公司的訓練班——學不會的時候認了，學會了就跳槽。

英諺說：「滾動的石頭不長東西（Rolling stone growth nothing）」。公司人員愈少流動愈好。

三、使年輕人有升遷的機會

一個人了解自己退休後的生活沒有顧慮，他就可以早點退休，把位子讓出來使年輕人升上去。

四、使年老的人有工作士氣

一個五十多歲的人，一想到自己退休以後什麼都沒有，不想做也得做，否則就沒有收入時，他會有士氣？才怪！

五、無後顧之憂而人人效力

你去拉斯維加斯或大西洋賭城玩吃角子老虎，投入一元吃一元只吃不吐，我保證你不會去玩它！大家喜歡玩吃角子老虎是因為它有吃有吐。

人也是如此，所有賺的錢你老闆吃下去，我們「玩什麼？！」老闆吃進一百元吐出四十元為員工買醫藥、殘障、人壽保險和退休養老計畫，使大家「玩」的不想停，也不願意「走」，大家不為你效力為誰效力？！

公司為員工福利所付的錢在稅上有好處，舉例：

公司一年賺五萬元以下是15%的稅，五萬以上到七萬以下是25%的稅，超過七萬是34%的稅。

如果公司今年賺了八萬元，它為員工付各種保險費和存入他們401K中的錢是三萬元，公司的稅率就從34%降為15%。

國稅局認可的退休養老計畫，可以避過雙重付稅

沒有退休養老計畫的人要付二次稅：

你的一萬元，假定付 33%的稅就是三千三百元，還有六千七百元去投資。每年如此，一共二十五年，以年 7%的利息計算，到第 25 年時，你連本帶利得$423,769 元，你賺的錢要付 33%的稅就是$117,331 元稅。

$423,769 - $117,331 = $306,438 元，這是付了稅以後淨得的。

有退休養老計畫只付一次稅：

你的一萬元不付稅，用一萬元去投資，每年如此，一共 25 年。也是以 7%的利息計算，到第 25 年，你本利得$632,490 元，以一次存入（Lump Sum Distribution）法計稅是$179,827 元稅。$632,490 元 -$179,827 元 = $452,663 元，這是付了稅後淨得。

$452,663 - $306,438 = $146,225 元

25 年下來，有退休養老計畫的人，比沒有退休養老計畫的人要多賺$146,225 元。這只是 7%的利息，要是利息 10%，25 年差距就更大了！

用什麼辦法減低公司老闆及主要股東的個人付稅率，不但如此，還要有保障，有退休養老金，也能自己掌握這些錢？

公司的稅率前面說了，如果公司付你年薪二萬四，你的付稅率是 15%；付你年薪五萬，你的付稅率是 28%；付你年薪八萬，你的付稅率是 33%。（這裡指夫妻聯合報稅的稅率）

假定你的公司今年賺了二萬，這二萬元公司以 Bonus 給你，公司可以不付稅（Tax rid off）；但是，你的付稅率會從 15%跳到 28%或 33%。這樣：

一、公司付 15%的稅即三千元，還有一萬七千元貸款給你。

二、你把這一萬七千元存入你淨資產優利儲蓄人壽保險 Equity Index Universal Life 保單內（這樣你個人的付稅率不變），投一個一百萬或一百萬以上的人壽保險，這樣高的保額才能使公司每年貸款給你的錢存入你的保單裡而不超過國稅局規定的標準。

三、當公司需要錢時，你可以從保單中借出給公司用。（記住，這是公司的錢，你個人絕對不可以借用！）

四、你個人只能借用保單內的利息部分。如保單內本金五萬，這是公司的錢， 個人不能借用，生利息二萬，你個人要用錢，只能從保單中借利息二萬用。

五、第二年公司賺了三萬元，付 15%的稅是四千五百元，$25,500 元貸款給你，再存入你的保單中……每年如此。這樣可以使你個人少付 13%或 19%的稅以外，保單內還產生出 8%，9%或 10%的利息。（利率浮動）

六、如果你去世，公司收回他為你存入保單中的本金，你的受益人可以拿到保單中的利息部分及一百萬或一百萬以上的保險公司理賠。這使你的家人生活有保障。

七、如果公司每年賺二萬，付 15%的稅三千元，而將一萬七千元貸給你存入你的 Equity Index Universal Life 保單裡一共 20 年，總共 34 萬，這時你 65 歲要退休了，這 34 萬還給公司，你拿利息部分做為退休養老金。

如果公司把這 34 萬送給你，公司可以抵稅（Tax Deduct），而你要付收入所得稅（Income Tax）。

公司貸款給我，我要付公司利息呀！

沒錯，公司是你的，你付給公司的利息還在自己口袋裡——從左口袋到右口袋而已，總比你多付 13%到 19%的稅少得多吧？！付給山姆大叔 Uncle Sam，錢就從你口袋飛走了！

這種方式英文是 Split Dollar，只准許股份有限公司 Incorporate 的老闆，主要股東這麼做，因為股份有限公司是公司賺錢付公司的稅，個人付個人的稅。以圖解：

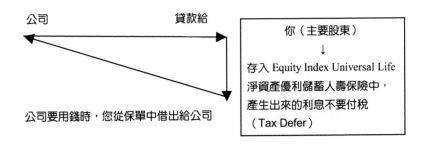

公司　　　　　　　　貸款給

你（主要股東）
↓
存入 Equity Index Universal Life
淨資產優利儲蓄人壽保險中，
產生出來的利息不要付稅
（Tax Defer）

公司要用錢時，您從保單中借出給公司

　　在美國這樣的國家裡，決定一個人生活得「安全不安全」，不是他有多少房地產和克勤克儉，而是決定在他「懂」或「不懂」這些「生老病死基礎稅法」上，「懂」了還要去實行，才能為自己建立一個穩固的「基礎」，然後再去向上發展，而基礎要與大樓成正比，否則「大樓」還是不安全。

舉例：

　　五年前，你的財產值五十萬，其中貸款十五萬，而有一個二十萬的人壽保險，「地基」與「大樓」成正比，五年後的今天，又置產，又貸款，「大樓」值一百五十萬，貸款七十萬，而人壽保險還是二十萬，「地基」與「大樓」成反比就不安全。（地基還包括醫藥和殘障收入保險）

　　省吃儉用的人更應該了解個人退休帳戶（IRA），延緩報稅年金（Tax Deferred Annuity），（Equity Index Universal Life）淨資產優利儲蓄人壽保險和退休養老計畫 401K 的各種好處，使自己省吃儉用存下來的錢「少付稅而多賺錢」，有一個安適的退休生活。

借錢，賺錢及報稅

你是 Business Owner 存大錢不付稅

我們的年收入超過三十萬，要有辦法可以存十萬元，這筆錢可以抵稅（Tax Deduct），產生高利可以延稅（Tax Defer）。

請將表格填好寄回

姓名（中文）＿＿＿＿＿＿＿＿＿＿＿＿

（英文）＿＿＿＿＿＿＿＿＿＿

地址：＿＿＿＿＿＿＿＿＿＿＿＿＿＿

＿＿＿＿＿＿＿＿＿＿＿＿＿＿

電話（公司）＿＿＿＿＿＿＿＿　（家）＿＿＿＿＿＿＿＿

□我（們）工作，只有星期一至星期五晚上七點以後可以談。

□我（們）只有星期六、星期日可以談。

□我（們）星期＿＿＿休假可以談。

□可以到我辦公室談。

□我們已退休任何時間都可以。

寄回：

洛杉磯地區

Mr. D.D.Wang 王定和

P.O.BOX 464

LANCASTER,CA 93584

(661) 948-0760

做 SALESMAN 應知的步驟

　　美國是一個非常看重 Salesman 和 Agent 的國家。如果有一個神經病的當權者下令把美國所有 Salesman 和 Agent 抓起來關到集中營，我敢說美國的商業會在一夜之間破產！

　　因為美國的 Salesman 和 Agent 是職業化的。他們在他那個行業裡具有專業知識和經驗。而美國的 Salesman 以汽車和保險為兩大主流。換句話說，只要能賣汽車和保險就什麼都能賣。

　　汽車在美國是必需品。平均每六個人之中有一個是靠與汽車有關的行業吃飯。但是汽車又不像買衣服和食品那麼花錢不心疼。一部會跑的陽春車也好幾千元。再說汽車種類和汽車商之多，大家競爭的也很厲害。

　　賣車起碼還有部車放在那兒讓人看和選擇。賣保險是光憑 Agent 跟人解釋那就更難了！

　　所以美國人在訓練 Salesman 這方面花時間、花錢，請專家研究，再根據經驗研究出一套極為優良的訓練方式。下面我所說的是美國通用汽車公司研究出來的賣車步驟，照這個步驟做下去，不論推銷什麼產品，十之六七能把產品賣給老美。

一、找客戶 Prospects

　　你來美國要買什麼？你可以到美國的商業圖書館裡去找資料。舊金山的商業圖書館在中國城邊上的 Kearny 路上。

　　等你把資料查出來，你就用電話聯絡。接電話的十之八九是總機小姐。首先你告訴她你是誰？從哪裡來，你要賣的是什麼產品，

267

你應該跟誰接洽？等總機小姐把電話給你接過去之前，你最好從總機小姐那裡先問出那個人的名字，比如他是 Bill Boggs。

等總機小姐給你接通了，對方說：「Hallow」，你就問他：「Mr. Bill Boggs？」，等他答：「Yes！」或「Speaking」，那就是表示他本人。你在電話裡要自我介紹。這時候你不能說你賣什麼，你說關於××的問題，你是專家，請他給你一點兒時間來談談關於也許是玩具，也許是成衣跟他們利益有關的問題。

如果他說有什麼問題就在電話裡說好了，你要說在電話裡說不清楚，而且有東西要給他看，一定要有充分的理由當面見他。約時間你去拜訪他。

美國人非常注重電話禮貌，只要是請求的話千萬不要忘記用 Please 這個字！

如果你要給對方一個好印象，英文說得清楚很要緊。

打電話切忌聲調兒提高！語氣要溫和、禮貌。用字要客氣，這通電話看似不要緊，事實上這個生意成功與失敗，這通電話打得好壞是決定性的關鍵！

二、見面 Greeting ＆ Meeting

說幾點鐘見面就幾點。等到了那家公司就跟詢問台的小姐說：「Mr. Bill Boggs　Please」小姐照例要問你有沒有跟他約好？你叫什麼名字？等你一一回答了，她就通知他。並請你坐一下什麼的。

等 Bill 出來了，這時候也很重要。美國人也講第一面緣。所以你得面帶笑容，握手要有勁兒，眼睛要看著對方。

一般美國人不注重穿衣服和配色。但是如果你的衣服考究，配色調和會讓對方有三分敬意。這是「佛要金裝，人要衣裝」。此外，頭髮一定要梳，鬍子一定要刮，指甲一定要剪，切記！切記！這是你的門面。

三、緩和空氣 Warm up

當他把你帶到他辦公室雙方坐定以後，你開口說：「非常謝謝你見我，」然後看看四周作很欣賞狀：「你們公司好大，好漂亮，我真羨慕你有這麼好的工作環境，」等等緩和空氣的話，只要幾分鐘就好了。切忌瞎扯！

四、開始問話 Start qualifying

好 Salesman 要一連串提出問題，然後你才知道他們要什麼。你能把什麼賣給他。

比如我賣汽車，我就問他：「你喜歡兩個門還是四個門？」「六個缸還是八個缸？」「要不要冷氣？」「你買車是上班用還是做生意用？」……等這些問題問了，你應該知道他需要什麼車了。

五、講解產品 Feature present

把後車廂打開給他看，再把引擎蓋打開告訴他動力方向盤，冷氣，動力煞車……再看車裡面座位夠寬，有電動椅、電動門……這些就叫 Feature present。你對要推銷的產品必須瞭若指掌，而且要強調它的優點。

六、請他用手自己摸試 Demonstrate

比如你賣玩具，等你給他做過 Feature present 以後，你就請他自己玩自己試（如果賣車就讓他自己開）。

七、重複產品的要點以加深印象 Recap

諸如這個玩具用電動遙控，可以自動充電，五個小孩玩……特別強調優點！

八、準備成交 Close the Deal

把他們公司的名字、地址、電話寫到訂單上。然後問他一個月買多少打？用什麼方式付款？貨運到哪裡？……一一寫在訂單上（這個訂單要事先設計印好）。

九、問他有什麼需要幫忙 Ask for help

這時候你已經反客為主了。他提出問題也許是討價還價，也許要你保證品質和如期交貨。

十、簽字 Signature

最後你一條一條的把他要的條件複誦一遍（這時候你問話的語氣要像律師，要他肯定的回答）：「每個月八百打？」、「每打 FOB 高雄八元七角？」、「是美國銀行 Bank of America 信用狀」？都要他回答 Yes！

等你問完話就在訂單下方打×，然後用圓圈把×圈起來，再劃一長橫像⊕＿＿請他簽字認可。

如果你要他簽字，他說考慮，這時候你就要逼他：「這些條件都是你要的，你還考慮什麼？」、「我還有五家要去，如果他們出的價錢好，我就不能賣給你了，因為我們工廠每個月八百打只能供應三家」……諸如此類的話，不要怕逼他，只要他簽了字就是你的成功！

如果他買得很順利，你千萬別忘了請他在他們銷售範圍之外像休士頓、紐約或別州介紹幾位買家給你，省你很多事啊！

這是美國人花了時間、精神、金錢和經驗研究出來的。照這個步驟你賣出產品的成功率是六七成。不照這個步驟十之八九徒勞無功。

如何向銀行辦理商業貸款

在美國這樣高度資本主義社會中，對做生意的人來說，「錢」是非常非常重要的。尤其是需要錢周轉的時候，借到錢轉一下就可以度過難關，或是把借來的錢去賺更大的錢。問題是怎麼借？

向銀行借商業貸款

新開的生意很難向銀行借錢。但是你在自己的銀行有很好的信用 Credit，你可以向銀行借商業貸款 Business Loan。

所謂信用 Credit，不是你在銀行存了十萬二十萬，而是你向銀行借錢，每個月按時連本帶利還銀行，舉例：

你向銀行借二萬元買車，利息 10%，三年付清，每個月十日要付銀行＄650 吧，最晚不可以超過十七日。你每個月都按時付＄650，三年付清，「好借好還」這才是你的信用。有了信用就「再借不難」。

當你向銀行借錢的時候，銀行一定會查你的 Credit。TRW 是全美最大的 Credit 資料公司，只要把你的姓名、住址、社會安全卡（工卡）號碼打入電腦，TRW 就把你的信用資料送到銀行，銀行一看就知道你的信用好壞；凡是遲付，不付或被討債公司追還欠款的人，他的這些資料也會被列入 TRW 報表 NEG 一欄，這個紀錄至少保存七年。沒有銀行願意把錢借給他！因此，想在美國做生意的人，一定要注意自己的信用 Credit。

用自己的房子向銀行借淨值貸款

你在銀行沒有信用 Credit 或信用不好，你就很難向銀行借到商業貸款。但是你有房子，你的房子在 1983 年用十萬元買的，現在經估價師 Appraiser 估價七十萬，這多出的來的六十萬就是 Equity。

你用房子多出來的六十萬向銀行抵押貸款就是 Equity Loan。通常銀行會借給你六十萬 Equity 中的 70%－80%，也就是五十萬上下，你用這筆錢去做你新開的生意。

向銀行借短期貸款

你買的是一個已經在經營的生意，銀行也有資料知道這是一家賺錢的生意，你可以向銀行借一到四年的短期貸款 Term Loan 來買這個生意。

做生意除了向銀行借商業貸款，房子升值貸款和短期貸款之外，還可以向聯邦政府專為個人或合夥做小生意的人而設的貸款機構，這個機構的全名是 Small Business Association，簡稱 SBA 借錢，你向 SBA 申請借錢就叫 SBA Loan。

SBA 所說的小生意是指：

· 製造業：工廠員工在五百人以下，最多不超過一千五百人。

· 批發業：員工在一百人以下。

· 零售業：一年的銷售額不超過三百五十萬或開業的前三年銷售額不超過一千三百五十萬。

· 服務業：年收入不超過三百五十萬，最高到一千四百五十萬。

· 農　業：應該向 SBA 詢問特殊的規定。

小生意的範圍很廣泛，像是迷你市場，加油站，洗車場，連鎖店，汽車旅館，旅館，修車廠，餐館，工業生產及加工等等都可以向 SBA 借錢。

下列生意不可以向 SBA 借錢

報紙，雜誌，技術學校，賣宗教或政治書的書局，投機生意，只供老人吃和住，沒有其他服務的養老院，為別人設計海報等，這些生意都不能向 SBA 借錢。

是向 SBA 辦借錢手續嗎？

SBA 是聯邦政府為你向銀行借錢做擔保人，你要借 SBA 貸款，所有的貸款手續要到銀行去辦。大一點的銀行都有 SBA 貸款部門。

向 SBA 借錢有下列各項好處

一、銀行把錢借給你不收手續費 Point Fee。但是 SBA 規定，你借 SBA 貸款，你得付 SBA 保證金額的 2%給 SBA。舉例：

二、你向銀行借二十萬，聯邦政府為你做擔保，保證還銀行 85%，二十萬的 85%是十七萬，十七萬的 2%是三千四百元，這三千四百元要付給 SBA。

三、你提早付清貸款沒有罰款。

借錢可以分到七到二十五年還清；借錢做營業資本的，七年之內要還清。借錢買生財器具的如機器、工具等，可以十年還清。借錢買不動產如工廠的廠房，供生意存貨的倉庫等，可以分二十五年還清。

四、你把生意賣掉，買你生意的人可以接受這個 SBA Loan。但是這個貸款的所有責任仍然由你這個賣生意的人負責。不是買生意的人負責！

向 SBA 借錢要具備的條件

一、你要向 SBA 說明你做的是什麼生意，要借多少錢，你計畫怎麼
　　做這個生意，同時簡單扼要的說明這個生意的來龍去脈。

二、你得告訴 SBA 是個人還是與人合夥經營這個生意。

三、你自己投資在這個生意中多少錢，SBA 不會借給你 100%的錢。

四、過去三年付稅的紀錄。

五、個人財產及每個月必須開銷的錢。

六、九十天之內的財務平衡表。

七、生意的損益表。

八、如果是新成立的公司或是新生意，就要有計畫書，計畫書裡要
　　詳細說明第一年做生意的收入、支出及現金週轉情況。

九、列出每一項擔保物，並指出每一項擔保物現在市場價格。

十、談談你自己在這個生意中的經驗與管理方法。

　　這十項具備齊了，你可以向銀行 SBA Loan 部門申請聯邦政府保
證貸款。因為有聯邦政府為你擔保，所以銀行很願意把錢借給你。

　　你向銀行借十五萬以下，聯邦政府保證還銀行 90%，借十五萬
以上，聯邦政府保證還銀行 85%。

SBA 其他貸款

　　你要做生意，你向銀行借錢，被當地二家銀行拒絕之後，你可
以直接向 SBA 借 Direct Loan（直接貸款），這項貸款最高只能借十
五萬。

　　E.O.L 貸款，SBA 這種貸款只借給殘障、退役軍人和少數民族，
只有這三種人才能申請 E.O.L 貸款，最高可以借到十五萬。

　　直接貸款 Direct Loan 和 E.O.L 是聯邦政府拿出錢借給貸款人，
所以這二種貸款非常難借到。

借到錢如何付利息

向 SBA 借錢付的利息一定是浮動利率 Variable，這個浮動利率是根據紐約的基本利率，加上 SBA 最高限額 2.75%，就是你要付的利息。舉例：

紐約市場基本利率是 5%，加 2.75%就是 7.75%，你就付 7.75%的利息。紐約市場基本利率升到 7%，加 2.75%就是 9.75%，你就要付 9.75%的利息。

SBA 貸款有沒有上限？

除了向 SBA 借直接貸款 Direct Loan 和 E.O.L 有最高十五萬的限額之外，向銀行借 SBA 貸款，聯邦政府沒有明文規定最高可以借多少錢，最低可以借多少錢的限制。

錢是銀行借給你的，銀行最少借給你五萬，最多借給你一百萬。因為你借一百萬，聯邦政府只保證還銀行 75%，銀行本身要冒 25% 的風險。

如果你要借二百萬，銀行借給你一百萬 SBA 貸款，這一百萬你不必付手續費 Point Fee，只付 2%保證金給 SBA 就行，另外一百萬銀行借給你商業貸款 Business Loan，這一百萬商業貸款你要付手續費。

希望這些資料對您做生意有所幫助。祝好運。

一本專業書籍教你如何做生意

　　雖然美國有不少全國性的大生意，但個人生意仍佔相當大的比例，約百分之八十五。

　　如果你自己有做生意的打算，不妨買一本 BERNARD KAMOROFF 會計師寫的 SMALL TIME OPERATOR 來看看，他說：

一、你要做什麼生意？是販賣、製造、還是修護？

二、你對這門生意是不是內行？光內行還不夠，你必須要有學習精神。最重要的是你的個性是不是適合做生意？次重要的是你會不會仔細閱讀與生意有關的一切文件。

三、在你做這門生意之前，不妨先問問你的朋友們，假如他們是顧客，看已有多少人願意買你要賣的東西。然後再看看你那個區域有沒有別家人與你做同樣的生意。你要用什麼辦法來同他們競爭？

四、生意的地點怎麼樣？

　　這一切都沒問題了，你需要多少錢呢？如果你有一棟房子，即使這棟房子仍欠銀行不少錢，你仍然是這棟房子的房主。你把房子未來的價值向銀行做抵押貸款，銀行也願意接受。

　　等一等，你真的願意拿你的房子及其他值錢的東西來為新生意冒險嗎？萬一生意失敗，你得負全責！

　　當銀行把錢借給你的時候，通常要你對生意投責任和財產險。以及把你人壽保險受益人轉成銀行的名字。

　　如果你想自己做個小生意，而英文程度不差，你可以買這本書來參考參考。這本書的價錢是八元九角五分，再加 8.25% 的加州稅和二元郵費，總共是 $ 11.70 寄：

　　　　　　　　　　BELL SPRINGS PUBLISHING
　　　　　　　　　　P.O.BOX 640
　　　　　　　　　　LAYTONVILLE,CA95454

※買這本書之前請先查詢價錢

網狀銷售賺錢法

　　只要做一點點介紹和示範工作，你一輩子有固定的收入。即使你不做，你一輩子也可以省很多錢。這不是什麼很難的事，只要接受這個觀念就成功了一半了。老美成功的多了，願我同胞也加入這個行列；趕快賺錢。

　　話說 1959 年 Richard De Vos 和 Jan Andel 兩個人想出自由業。凡是有志創業的人都能成功，而且收入高，生活也過得好。又鑒於市面上的產品經過中間層層剝削，到了消費者手中，價錢自然就高了。要儘量減少中間的剝削，增加產品的份量，從工廠透過地方分銷商 D.D.直接供應家庭、餐館、美容院等。於是兩個人在一間木屋裡設立了工廠，專門製造清潔劑。

　　經過二十年的努力，現在工廠在密西根州的 ADA 市，整個工廠佔地二百英畝，出產成品達六千種以上。業務擴展到十一個國家。加拿大、澳洲、英國、法國、西德、日本、香港等。最早公司的名字叫作 American Way 十年前改 AMWAY。

如何開始？

一、把你的親戚、朋友、同學、同事等的名字一一列下來，其個性有可能成為這一行的生意人先聯絡。

二、利用業餘時間向他們介紹（最好自己先用過產品，對產品有信心）。

三、只要幾十元就可以開始。

四、不必冒險，有百億公司作後盾。

五、不需要經驗，更不必沿門求售。

六、彼此合作，不但不競爭，事業仍然是個人的。

說明：

中國人說的老鼠會，英文是「金字塔銷售 Pyramid Sale」，這是指使千百萬人出力只為帝王一人的利益，這種銷售法在美國是違法的（illegal），而網狀銷售法（Networking）是大家幫助大家，人人得利，這才是合法的銷售。

網狀銷售法始於 1959 年的 AMWAY 直到 1988 年以後，網狀銷售法才在美國各行各業風行起來，這是因為電腦的進步。因此，全美國目前有兩百所以上的大學商學院設立了「網狀銷售研究」，其中以哈佛大學商學院的研究理論為最有名，此一理論是；一個公司的產品要採用網狀銷售方式成功必須符合下列各項條件：

一、這家公司必須成立十八個月以上，因為 90%以上的網狀銷售公司會在十八個月內失敗。公司在開創期最後的六個月之內要發展出產品市場計畫。這是公司的「基礎期 Foundation」。

二、這家公司所推出的產品必須具有獨特及高度的消耗性—— 一用再用或不停的使用，而這種產品只有像這家公司的分銷商（Distributor）才能買到。

從基礎期以後，二到四年從事網狀銷售，這是公司「集中精力開展業務期 Concentration」。

三、這家公司必須有「基層 Ground Floor」機會，此一基層機會是指全美國三億人口中已有 0.5%到 1%，也就是 150 萬到 300 萬人從事分銷商的工作，這時候你已經沒什麼機會了，如果在 50 萬人以下，這可能是你大有可為的機會，如果這家公司只有十萬以下的人做分銷商，這可能是你一生中只有這一次的機會！

因為公司在二到四年「集中精力開展業務期」內達到一年五千萬營業額的時候，公司就度過了失敗的「臨界 Momentum」，只要公司度過此一臨界點，從此以後公司的營業額及分銷商的人數都會暴增。

　　你要在這家公司從成立到四年之內營業額突破五千萬「臨界點」，而分銷商人數又在十萬人以下的此時加入這個公司成為分銷商，這才是你一生中的大機會！

　　專做天然植物健康食品的 Herbalife 公司，其營業額在四年突破五千萬「臨界點」以後，在十二個月之內，其營業額跳到一億五千一百萬，分銷商達到八十萬人，早期加入此公司的人其收入從每個月一千元暴漲至每月一萬元的收入。

四、這家公司通過成功與失敗的「臨界點」之後，即進入平穩期。

結論：

　　金字塔銷售法「即老鼠會」在美國是違法的，網狀銷售法正在美國風行，只是你選擇加入網狀銷售的行列時，一定要把這家公司的背景按哈佛大學商學院所列出的這四點理論基礎查清楚。

老闆不是「萬能」

從國內金融風波到國外金洋銀行被關門都是人為因素。

一個人，當他在「棒下出孝子」、「不打不成器」、「翅膀沒硬就敢自作主張，長大了還得了，跪下」！「叫你上東，你竟敢往西，給你兩個大嘴巴子，看你下次還敢不敢不聽話」！「罵你，打你，都是為你好，你敢頂嘴，看我不撕了你的皮！」的觀念和教育之下，一個人的自重和自尊感嚴重受到傷害，天長日久，在權威壓力之下自重和自尊被逼擠在一角。

有一天，當他有權管人的時候，那種「媳婦熬成婆」的心態就出籠了！因此，中國人一旦做了老闆很自然地就擺出一副「我是老闆」──順我者生，逆我者亡的架式！

做老闆的人可以叫僱用人員多做工作，時間加長而不多付錢，沒有福利，環境就是這樣，愛做不做，不做自有人做！僱用人員不可有怨言，更不可有要求！

老闆，有一件事您必須了解，美國的老闆與僱用人員之間是基於工作、薪水、福利、環境和相處的好壞來決定個人的去留。任何生意要靠人去做。別忘了，劉邦當上漢高祖也只用了三個人──張良、韓信與蕭何。留不住優秀的專業人才，要談成功太難了。

灣區福特水星牌（Mercury）汽車銷售北加州冠軍國馬汽車公司，老闆是沈淳一先生，沈先生與你我一樣都受過傳統文化薰陶。最先在紐約代理 AMC 汽車。1979 年調到加州舊金山市邊 Colma 的 AMC 汽車代理，他從紐約過來時，修車部經理 Tom，領班 Harrle 和現在的業務經理方學璞先生隨他一起過來。

　　由於 AMC 在加州市場有限，不得不把 AMC 代理出售，遷到離舊金山四十五哩外的 Vallejo 經營福特水星牌汽車（此時本人在此賣車），Tom、Harrle 和方學璞又跟過去。在 Vallejo 慘澹經營二年，終於掙到現在灣區售車黃金地點－Burlingame，Tom，Harrle 和方學璞再跟過來。沈先生今天的成功在於他有人──有優秀而盡忠的專業人才。他能留住這些專業人士乃是沈先生用美國制度，即工作、薪金、福利、環境好之外再加中國人的厚道。

　　老闆，今天在美國，如果你仍有下列觀念和做法不妨自我修正一下：

一、事必躬親。不論大事小事沒有你不管的──統統一把抓。這樣做固然可以滿足自己的權力慾，但是下面的人沒有一個人肯盡責。做老闆的只要有踢人屁股請他另謀高就的權力就夠了，其他叫張良做參謀，韓信帶兵打天下，蕭何管行政就行了。

二、錢比命重要。能荷待員工賺一文是一文。英文 Enterprise 譯成中文是企業。把 Enterprise 這個字拆開來看 Enter 是進入，Prise 是獎，人人想要的，進入人人想得到的東西，那就是錢！做老闆的一個人進入錢，那誰要同你玩呢？你去任何賭城玩吃角子老虎機，放一元吃一元永遠不吐，你還玩不玩？道理一樣，你吃進十元吐三、四元永遠有得玩。

三、不把人當人看。老子賞你一份工作已經不錯了，你還不知感恩，膽敢要什麼醫藥保險、退休金，你真不知天高地厚！

　　老闆，你家養一條狗，那條狗見了喜歡牠的人又叫，又搖尾，又往他身上撲，見了不喜歡牠的人，回頭就往沙發下或床下躲起來。

　　狗的智慧比人低多了吧？牠都知道誰善待牠，誰碰都不能碰一下。

　　今天沒本事的時候受你老闆的氣，有一天本事學會了還受你氣，看你臉色？！

英文說：「Rolling stone growth nothing.（滾動的石頭不長苔蘚）。」這意思是說一個人一再換工作不穩定，也可以說公司行號留不住人才。如果你要留住人才就要把人當人看，留住人才的公司才能長「苔蘚」。

老闆或總經理不是說當就當。你了解工人有哪些問題？對什麼措施不滿，希望得到什麼？這些問題是怎麼產生的？要用什麼辦法來改進？進而注意工人中有領導能力的人並加強技術工人的專業知識訓練。

你更要了解低級職員對公司的政策了解多少，以及執行公司任務的態度。此外，要看看中級幹部對上與對下的態度，以及部門與部門之間橫的聯繫是好是壞？如何處理事情？

最後，你要了解整個組織的通盤情況，這些在美國都有一套完整的制度。不幸的是，我們到今天還是老闆說了才算數，同時還用「媳婦熬成婆」的方式對待員工。

不論經營那一種行業，若是沒有制度觀念和忽視人才，再大的企業最後也會面臨危機，我們倒閉的大企業幾乎全是人為因素。

在美國，要當老闆不難。要一直能當下去，而且愈當愈大就得有點「學問」。

沈淳一先生說：「不論做那一行生意都有下列三個基本因素——

1. 如何使老闆投資得到應得的報酬。

2. 如何使顧客滿意。

3. 如何使員工滿意。

這三個基本因素的安排往往決定生意興隆與失敗。沈先生的安排是——

1. 排第一，也就是先使員工滿意，員工滿意了才會好好招呼客人。

2. 排第二，因為有人好好招呼客人，所以客人滿意。

3. 排第三，員工滿意，客人滿意，老闆自然會得到投資報酬。

如何從房地產上賺錢

——房地產是高風險投資

在房地產上真正賺錢的是誰？

只有二個人，一個是地主，一個是建築商，若是地主兼建築商更賺。對買房子的人來說，地主和建築商已經先賺了他至少五年通貨膨脹的錢。

在美國，如何投資房地產？

這要從二方面說，投資地面建築如房子、辦公大樓、旅館等，或是投資土地。在美國，不論從地面建築或土地上賺了錢都得付稅，從付稅這方面二相比較：

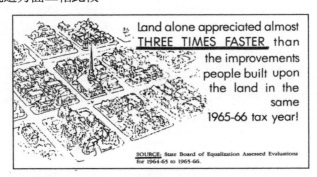

Land alone appreciated almost
THREE TIMES FASTER than
the improvements
people built upon
the land in the
same
1965-66 tax year!

SOURCE: State Board of Equalization Assessed Evaluations
for 1964-65 to 1965-66.

圖 1

根據加州地價評估委員會（State Board of Equalization Assessed Evaluation）就 1965 和 1966 兩年納稅的情形提出的報告說：「投資土地所賺的錢，比投資地面上建築所賺的錢幾乎快三倍！」

美國那麼大，投資那種土地才能賺錢呢？

土地分為三種：

一、沒有開發（Undeveloped）的土地：這種土地沒水、沒電、沒路，一片荒地，要等到開發不知何年何月。

二、已開發（Developed）的土地：這種土地蓋滿了房子，如紐約、舊金山、洛杉磯及距其半小時車程內的都市，地價都很貴了。投資大而回報率低。

三、正在開發（Pre-developed）的土地：這才是投資的土地，因為低買高賣。根據史丹福大學調查報告，全美國這種正在開發的土地，必須符合下列十大條件，每一項都是 Yes，土地才會大幅增值：（有一項是 NO 都不行！）

1.可用而平坦的土地；適合人居住。

2.有充足的水源。

3.靠近大都市：距紐約、舊金山、洛杉磯車程一小時之內。

4.有便利的交通網：高速公路（Freeway）連接各市的 Highway，火車及飛機場等。

5.有都市計畫：包括 General Plan，Zoning Map（什麼地方是工業區，什麼地方是商業用地及住宅區），道路鋪設等都規劃好。

6.有公共設施及預算：埋設水管、架設電線、廢水處理、電話線路、煤氣管等等都是公共設施，也都預先做好。

7.目前和將來的學校：已設有小學、中學甚至大學，或依照都市計畫，已取得各級學校預定地。

8.現有和計畫中的工業設施：這些工業設施是指多元化的工業而言。

※在開發區內，由於地價和房價低廉而吸引人們來這裡買房子安居；因為人口進入而使此一地區具有勞動力，於是工業才會進入。

9. 現有和計畫中的工商設施：因為有人口進入，工業進來而使商業跟進。

10. 人口增長：人口、工業、商業進入此正在開發區，一旦有了工業和商業，謀職不成問題，於是人口又再進來，因而使地價上漲。南加州的 Orange 郡就因為符合地產投資十大條件，從 1950 年開始發展，到 1980 年已經成為全美國房地產最貴的郡。

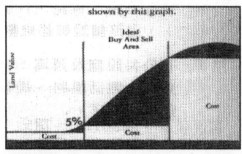

圖 2

※從這張圖上您可以看出最值得投資的土地是 Predeveloped 的土地。
※有水（消防栓），有電，有路的地是 Pre-developed 的地，地價節節上漲。

投資那種土地能賺到錢？

土地依使用情況而增值，一畝地是四萬三千五百六十平方呎，合 4,287 平方米及 1,210 坪，位於正在發展區內的地價其比例如下：

1. 農業地（Agricultural）：每十～一百六十畝准許建一棟房子，有可能一到五千元一畝。

2. 單一住宅（Single family house）用地：在都市計畫的 Zoning Map 上已經規劃好；五畝建一棟，這是美國人的夢，依序是二‧五畝建一棟，一畝建一棟，半畝建一棟，一畝建四棟，一畝建六棟等。

3. 集合住宅（Multi-family house）用地：在都市計畫的 Zoning Map 上可以建共有公寓 Condominium，Tom House 和公寓 Apartment。

4. 工業地（Industrial）：可以建裝配廠、汽車鈑金廠、家具廠、機器製造廠、成衣廠、玩具及百葉窗工業等等。

5. 辦公樓（Office）用地：建辦公室。

6. 商業（Retail）用地：可以建旅館、商業中心、（Shopping Center）及各種零售商店。

4～6 項都是按平方呎買賣的，一個都市裡，工業、辦公及商業地最多不會超過 10%，因此漲幅也大。

※土地一萬元一畝或一塊錢一呎買進，變成三萬元一畝或三塊錢一呎賣出容易，三萬元一畝或三塊錢一呎買進，要變成六萬元一畝或六塊錢一呎賣出就難哪！所以，投資土地，一定要在正開發區（Pre-developed）內才能低買高賣。

1979 年，在 Orange 郡的 Cost Mesa 市以十萬元買一棟房子，現在漲到三十萬元，十六年賺 200%。1995 年以三十萬元買下這棟房子的人，到什麼時候才能漲到六十萬？！

房子的漲價絕對不能成幾何級數，但是投資正開發區內的土地可以成幾何級數一萬變二萬，二萬變四萬，四萬變八萬……的賺。

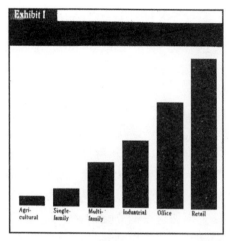

圖 3

※土地有很多種，依土地使用情況其價格也各不相同（一畝地是 43,560
平方尺，合 4,287 平方米，1,210 坪）。

市場──建什麼價位的房子可以賺錢？

　　在美國，一年有五萬美元收入的人算是高薪了，養太太和一個
小孩，公司發薪水之前要先扣除稅和社會福利金，要扣掉 20%，他
實際拿到手的是四萬元， $40,000 ÷ 12 個月＝每個月拿 $3,333 元。

　　他買房子的時候，銀行只借給他年收入 $50,000 元中的 30%，
也就是 $15,000 元，這$15,000 中還包括一年兩季的房地稅和房子保
火險費。因此，年收入五萬元的人，只能買十五至二十萬元上下的
房子，年收入七萬元的人，也只能買得起二十至二十五萬元上下的
房子。

　　在洛杉磯 Los Angeles 地區，只有北洛杉磯縣的羚羊谷 Antelope
Valley 內的 Palmdale 和 Lancaster 二市才供應二十到二十五萬的房
子，原因是地價便宜。

在羚羊谷的 Palmdale 和 Lancaster 二市內買地,建房子應知:

第一步:有水、有電、有路、有陰溝 Sewer 等公共設施 Utilities,市政府規劃 Zone 為七千平方尺土地建一棟房子,一畝地 43,560 平方尺,可以建五棟房子,一共四畝的土地,可以建二十棟房子,你以 $100,000 買進,每個 Lot 平均$5,000(很便宜了)。

第二步:請土木工程師做建築草圖 Tentative Map 送進市政府,問市政府「我們這樣規劃 20 個 Lot 可不可以?」這份圖要付給工程師$10,000 元上下,每個 Lot 平均$500 元(圖的價錢隨當地建築業的興衰而價格也不同),市政府批准了,接下來。

第三步:工程師要做建築細分圖 Tract Map 和施工圖 Final Map 再送進市政府這份圖要付給工程師$44,000 元,每個 Lot 平均$2,200 元,市政府也批准了,接下來。

第四步:建築包商在地上開路、鋪柏油、做路燈、水、電、煤氣、電話、電視等管道接到每戶人家 Lot 的土地上,這種工程英文叫做 Construction Grading,全部費用要$600,000,平均每個 Lot 要$30,000 元。到此為止是工地完成 Finished Lots,接下來。

第五步:建房子,每一平方尺的平均造價是$100 元,舉例:

市內面積三臥房、客廳、廚房、家居室共 1,400 平方尺加二車位車庫,造價是 1,400 尺×$100=$140,000 元。

為什麼在 Palmdale 和 Lancaster 二市投資土地或是建房子會賺錢?

這二個市完全符合上述土地投資十大條件,而且距洛杉磯市只有一小時車程,除此之外,請看下列各方報導:

1985 年 7 月 15 日全球性「新聞週刊 Newsweek」中第 57 頁說:「Palmdale 和 Lancaster 二市是矽谷 Silicon Valley 第二個有錢堂兄弟」。

1995 年 2 月 27 日「美聯社華府電文」說：「空中交通 20 年內將增一倍。因此，需要更多跑道，要新建機場或在舊機場擴建跑道，否則將使班機延誤情況比現在更加惡化」。

「土地投資新聞 Land Investment News」1992 年夏季刊社論說：「二位加州重量級議員 Richard Kats 和 Jerry B.Epstein 都是加州交通委員會的委員，也都做過洛杉磯國際機場的（LAX）的主席，極力推動把 Palmdale 機場建為國際機場」。

1995 年 Palmdale 機場大廈從現在約九千平方尺擴建到三萬六千平方尺，以備五十萬旅客之需。

1991 年 7 月 25 日羚羊谷當地最大報 VALLEY PRESS 頭版頭條新聞「從 Palmdale 機場到洛杉磯國際機場高速火車已定於 2001 年通車」。

1991 年 9 月 17 日 VALLEY PRESS 頭版第二條新聞「加州議會通過授權州長批准由 Palmdale 機場到洛杉磯國際機場興建高速火車」。

1991 年 10 月 16 日 VALLEY PRESS 頭版第二條新聞「威爾遜州長對連接洛杉磯國際機場和 Palmdale 機場興建高速火車一事再加把勁兒」。

1992 年「土地投資新聞」冬季刊頭版頭條「從 Palmdale 到洛杉磯國際機場（LAX）建時速 125 哩磁浮子彈列車一事，已有各個公司自行組成的四個團體將競標系列計畫送入洛杉磯交通委員會。

1992 年 1 月 10 日 VALLEY PRESS 頭版頭條新聞第一段就指出「加州先動用六千二百二十萬元把 138 號公路由二線道拓寬成四線道，此一拓寬工程不只是為了安全和交通，主要的目的是為了 Palmdale 機場的興建以解緩洛杉磯國際機場的擁擠和壓力」。

說明：138 號公路從東邊 106TH ST.到 130TH ST.已經於 1993 年拓寬，1994 年從四點＜FOUR POINT＞拓寬到 LITTLE ROCK 鎮的工程已經開始動工。

說明：Palmdale 機場的興建已經定案，此一機場佔地一萬七千七百畝，是美國境內最大的飛機場，只因為美國目前經濟不景氣，此一興建機場的計畫才緩下來，一旦美國經濟恢復景氣，此一機場勢必興建。

趁現在美國經濟不景氣的時候來這裡投資土地，一旦經濟恢復，機場開始動工，高速火車興建，這裡的地價勢必大幅上漲！

1994 年 5 月 3 日 VALLEY PRESS 頭版「從 1993 年 1 月到 1994 年 1 月，這一年中 Palmdale 市人口增加 9.5%，到達 98,678 人，Lancaster 市人口增加 3.6%到達 115,524 人。

說明：Palmdale 和 Lancaster 二市是羚羊谷內最大的二個市，從 1993 年 1 月到 1994 年 1 月一年內約有二萬人上下遷入這二個市。

※註：1980 年 Palmdale 市的人口只有 12,227 人，1994 年 1 月人口達到 98,678 人，到 1995 年 1 月又移入至少四、五千人，人口已經超過十萬人了！

從 1980 到 1995，這 15 年來，Palmdale 市的人口增加率平均每年高達 60%！

1993 年 4 月最有權威性的商業月刊「加州商業 CALIFORNIA BUSINESS」根據一個市的人口，公司僱用人，商業稅率、辦公室租金、中等房價、犯罪率和教育等在第 27 頁指出「加州人口在 9-18 萬四十個中等城市中，最適合生意人做生意的城市 LANCASTER 市排名第一。」

說明：全國性的大百貨公司 K-MART、WALL-MART；大建築材料供應商 HOME BASE，HOME DEPOT；家庭日常用品大批發兼零售商 COSTCO，家庭電器供應商 CIRCUS CITY 等全部進入此一區內。

1993 年 10 月 27 日 VALLEY PRESS 頭版頭條新聞說「Lancaster 市尋求工廠直營店」。

說明：此一 38 家工廠直營店，佔地 24 畝的商業中心於 1994 年感恩節的前一天正式開張營業。

　　　1993 年「土地投資新聞」春季刊頭版頭條報導「聯邦政府商業部批准 Palmdale 市 1,315 畝土地規劃為『對外貿易區』」。

說明：「對外貿易區」可以在稅上給製造商很多好處，因此吸引製造業在此區內設廠，也因而帶來工作機會。

　　　Rockwell 飛機製造公司在 Palmdale 市機場的第 42 廠僱用 300 人。

　　　全美國最大的帳篷製造工廠 Lance Camper 在 Laneaster 市的工業區內買了 11.5 畝地建廠並僱用 235 人。Palmdale 市政府送給 Packard Bell Electronics 公司價值 750 萬元的土地，該土地位在「對外貿易區 Foreign Trading Zone 內」，該公司進入此區，會帶來 2,500 人工作機會。

　　　專門為飛機做 X 光透視檢驗的 Tensiodyne 公司於 1994 年 5 月 17 日與 Mojave 市的 East Kern Airport Distric 簽下合約，要在 Mojave 市 300 畝的土地上建一專為飛機做 X 光透視的檢驗廠，合約帶來 800 工作者。有人，才有工業進來。

　　　1994 年 2 月 Metrolink 通勤火車正式從 Lancaster 市載運通勤人士去洛杉磯。

說明：如果沒有這麼多人要乘火車，Metrolink 是不會進來的。

　　　1994 年「土地投資新聞」秋季刊頭版頭條報導「RITTER RANCH 開發商開始在 Palmdale 市西邊 10,625 畝土地上建一個大社區，第一期工程建 1,200 棟。」1994 年 7 月 17 日 Valley Press 星期日「房地產版 Real Estate」加州最大建築開發商 KAUFMAN & BROAD 的廣告，這一家公司有 10 個不同的工地建築新房子出售。

1995 年 1 月 15 日星期日 Valley Press「房地產版」中建新房子出售的建築商有 21 家。（90 年最高有八、九十家建築商）

說明：南加州經濟不景氣，在羚羊谷竟有二十家以上的建築商在這裡建新房子，如果這裡建房子不賺錢，他們瘋啦！把錢投資在這裡？！

警告：

美國加州（CALIFORNIA）洛杉磯縣內的羚羊谷（ANTELOPE VALLEY）是一個新興區。在這個新興區內不是所有的土地都可以買的，買錯了，你的錢就泡湯了！舉例：

一條大路上，西邊的土地上有房子，東邊的土地上沒房子，原因是自來水廠只供西邊土地的水，不供東邊土地的水。雖然土地都在大路的邊上，你買在大路的東邊，你的錢就白花了！

在你投資美國土地之前，你不妨先跟我談談或是看看拙作「美國地產投資須知」。

我的電話是：（661）948-0760

地址是：MR D.D.WANG

P.O.BOX 464

LANCASTER,CA 93584

4 個單位的公寓要賣$400,000，你頭款付$100,000 向銀行借$300,000 年利 6%，30 年付清，每個月付$1,800 利息給銀行，房地稅是房子賣價的 1.25%，每個月要付房地稅$417，火險$100，總共每個月支出$2,317。

每個單位每個月收租$1,000，4 個單位就收租$4,000 減去每個月付$2,317 支出，淨賺$1,683×12 個月＝$20,196，投資$100,000，年回報$20,196，等於 20%的回報率。

　　50 歲你賣了一棟房子賺了$200,000，這$200,000 投資在 4 個單位的公寓上，賣價$400,000，頭款$200,000，向銀行借$200,000 利息 6%，15 年付清，每個月付銀行利。$1,688，房地稅$417，火險$100，每個月總共支出$2,205，每個月收租$4,000 減去$2,205 支出，每個月淨賺$1,795×12 個月$21,540，投資回報 10%。

　　到你 65 歲這 4 單位借款還清，你也退休了，每年漲房租5%，這時每單位每個月的收租是$2,000×4＝每月收租$8,000減房地稅$1,000 火險$300，每月淨收入是$6,700 退休生活也很好過了。

※你要這麼做，請找夏台莉女士幫你，夏台莉的電話（626）278-2795

投資「保單貼現」既安全又高利

　　美國政府鼓勵大家花錢消費，因此美國人沒有儲蓄的習慣。根據美國聯邦健康、教育、福利部的統計報告：「每一百人從他們開始工作賺錢到六十五歲退休，其中有二十九人到不了 65 歲就死了」。美國人在中年得癌症或其他的絕症，平時又沒有儲蓄，這時他唯一能變成現金的財產就是他的人壽保險保單。舉例：

　　Gray 先生，53 歲，經過 AmScot ，Viatical Service 等權威醫學鑑定機構根據 Gray 先生各種病歷及病史評定他最多只有四年的壽命。現在他只有一個一百萬死亡理賠的人壽保險保單要賣，他就找保單貼現公司，這情形跟賣房子和買房子的人都找房地產公司是一樣的。保單貼現公司把一切費用計算在內，這費用包括這張保單賣方的賣價，繼續要付的保費，律師費，公證公司及佣金要價五十萬。你是投資人，你可以 Make Offer（出價）。出價時你要說明是你自己付 Gray 先生的保費還是保單貼現公司付 Gray 先生的保費，你自己付則價錢可以便宜一點。保單貼現公司接受你的 Offer 以後就會提供給你：

一、AmScot 醫療化驗室對 Gray 先生病歷和病史的權威鑑定報告（大額保單有二或三家鑑定報告）。

二、Gray 先生的壽險保單供你向這家人壽保險公司查詢。

三、保費例表（Premium lllustration）

　　你滿意了，你把錢付給公證公司（Escrow），公證公司辦理一切過戶手續，這手續包括 Gray 先生的所有受益人都要放棄受益的權利，受益人成為你的名字，這個名字是不可以更改的（Irrevocable）以保障你的權益。此外你還可以指定你自己的受益人，以防 Gray 先

生還沒死，你卻先他而去。這些手續要三到八個星期，等一切手續辦好，你成為這張保單的受益人時才 Close Escrow。那時你從 Escrow 公司拿到 Gray 先生保單，Escrow 公司把該分的錢分給各人。Gray 先生在四年之內任何時候死亡，他的人壽保險公司就付你 100 萬，你花五十萬去買這個保單，Gray 先生第四年死了，你的投資回報率是每年平均 25%，唯一的風險就是 Gray 先生有了錢心情愉快，吃得起好藥，四年沒死，十年才死，你的投資回報率是每年 10%。（這種情況不多見，但有可能）。

1945 年美國人提倡節育，今天平均 2.8 人付社會安全養老金養一位老人。拿錢的人多，付錢的人少，社會安全養老制度面臨崩潰。老人多，美國的老人一旦有病纏身，因為沒有儲蓄的習慣或是財務計畫錯誤，他們沒有多餘的現金可用。這時唯一可以變現的財產就是賣他們的人壽保險單。

如果你個人有錢投資，「保單貼現」是一種既安全又高利的投資方法。如果你是銀行的老闆或投資主導人，你可以看出來「保單貼現」是大生意。不但為銀行和你主導的投資公司帶來大利，也為你的客戶帶來大利。只要客戶得到 10%以上的高利，你們的銀行一定生意興隆——都來存錢了。

2002 年保單貼現的生意是 25 億美元。這個行業剛剛開始。Merrill Lynch, Fidelity, Putnam 等大公司現在還在研究，不出三年，這些大公司一旦醒了，大概中國銀行和主導的人就沒什麼戲可唱了！

你個人要買保單投資怎麼做？銀行或投資主導人要做保單貼現的生意要怎麼做？

請打電話給王定和：(661)948-0760

投資者應謹防十二項錯誤

　　許多華人隻身來美闖天下，身無分文，或僅數十美元，經過若干年辛苦打工後，便積蓄了一定資金，他們或置房開店，或進行其他投資。從打工餬口到投資獲利，實在是一種質的飛躍。正如打工仔必須知道老闆訂立的規矩一樣，投資者也必須了解投資場中的規則，否則一定會輸得很慘。

　　許多人去過大西洋城，觀賞並讚嘆過雄偉華麗的印度神宮（Taj Mahal），聞名世界的美國地產業鉅子唐納‧川普（Donald Trump）當時斥鉅資興建這一別出心裁、獨具匠心的豪華建築，憑的是他十足的信心——印度神宮一定會吸引各方遊客和賭徒，他們在進入觀賞過程中多數會上賭台試身手，由此將為川普帶來豐厚的投資回報。與川普和其他許多人意見不同的是，財經專家馬文‧羅夫曼（Marvin Roffman）早就預計印度神宮的命運不佳。近年來的事實果然證明，羅夫曼的估計沒有錯。

　　羅夫曼最近與麥可‧謝瓦格（Michael J. Schwager）出版了一部新書，名為「掌握你的財經命運」（Taking Charge of Your Financial Future），該書由 Carol 出版集團出版。羅夫曼在書中介紹了投資的經驗體會，並提醒投資者避免犯十二種大錯誤，羅夫曼的建議值得投資者參考。

一、忘記投資風險

　　投資者需記住：任何投資項目都隱藏著風險，即使是政府債券也不例外。

　　有些投資者認為，政府債券是萬無一失的，其實並不盡然。在正常情況下，如果購買三十年期的政府債券，並將其保存到期滿兌現，他將能取回所有的本金，利息則是每六個月領取一次。然而遇到特殊情況發生，債券的價值就可能貶值。特殊情況包括：買債券者一旦急需錢用，不得不違約提前兌換債券，以及通貨膨脹率失控，出人意料地跳升至兩位數字等。從一定意義上說，債券的期限愈長，其價值的變化也愈大。由此可以說，即使是投資者公認的安全可靠的聯邦政府債券，同樣也存在著投資風險。

二、貪婪

　　想賺錢是每一個投資者的共同目的，然而貪婪則是投資者應注意克服的習性。

　　羅夫曼在書中用自己親身經歷，說明貪婪對投資者具有的危險性。

　　1974 年羅夫曼三十四歲，他雄心勃勃而且貪心，準備在投資場上大撈一筆。他借了高達六位數的錢，投入證券交易市場。他當時購買的是可以轉換為股票的債券，利率為百分之六點三五。他所借貸款的利率僅為百分之六，由於利率之間的差額，一進一出即可獲得百分之零點二五，進出的金額愈大，他賺得也就愈多。

　　然而羅夫曼並不滿足於這種穩賺的低利率，他想賺更多的錢，因此將債券轉變為風險係數較大的股票。他所買的股票當時每股價值六十四元，出乎意料的是，過了六個月它們竟貶值為每股九元；而他所借貸款的利率，則從百分之六上升為百分之十三點二五。羅夫曼當時的證券經紀人見狀不妙，趕緊收回羅夫曼所剩餘的貸款，羅夫曼所欠的貸款幸好有他老爸幫助付還，否則羅夫曼早已破產了。

三、感情用事

　　投資往往很容易感情用事，這點很像上賭場賭博。許多人上賭場會事先給自己設定一個錢的下限，例如輸兩百元便退出賭台，然

而卻很少人會為自己設定一個贏錢的上限，譬如說一旦贏了二百元便乘勝收兵（不是乘勝追擊！）由於贏了不想罷手，賭的時間便不斷延長，而這樣明顯對賭場有利，多數人在長期賭戲中均是向賭場「捐款」。先贏後輸的賭客大都會不服輸，並感情用事地繼續再賭，結果往往是血本無歸，敗興而返。在投資方面，控制時間同樣是非常重要。所不同的是，投資的時間和回報往往成反比關係，例如將某種股票保持足夠長的時間後，投資者才可能獲利，如果過早地脫手求現，結果很可能是虧本。

在投資場上也應和在賭場上一樣，盡力避免感情用事，即不要頭腦發熱，一廂情願地硬著頭皮與「敗運」抗爭，或是向「勝運」異想天開地提出過高的要求。好的投資者主要贏在時間的掌握上，而時間的掌握則與保持理智分不開。

四、一朝被蛇咬，十年怕草繩

投資場充滿刺激和風險是家常便飯。這方面的最典型例證是股票，今天大賺，明天大虧並不稀奇。好的投資者不僅是勝不驕，更重要的是敗不餒。

羅夫曼在書中介紹了他的叔叔薩姆的投資經歷。薩姆於 1929 年主要投資於股票，他在當時出現的股市崩盤之前不久，非常聰敏地將全部股票脫手，一下子賺得一百萬多元。股市崩盤後出現的低迷股價又將薩姆吸引至股市中，然而 1931 年時，股市出現更嚴重的崩盤，股價比前一次跌的更低，由此薩姆輸的幾乎一無所有。

薩姆具有出眾的智慧，然而他從此不再涉足股市，而是轉向債券，羅夫曼寫到，雖然債券是一種不錯的投資項目，但是長期的投資實踐證明，股票遠勝於債券，從 1926 年至 1991 年約六十五年期間，股票的投資報酬率比債券高二十二倍。

　　羅夫曼指出，人們很容易犯他後所犯的錯誤，特別是在上當吃虧後，然而如果因一次的失敗而完全拒絕股票，則可能錯失一生中最好的一些投資機會。

五、錢存銀行不值錢的想法

　　1992 年，聯邦儲備理事會為了遏制經濟衰退加深而將利率降至近二十年來的最低水準，銀行的定期儲蓄存款降至百分之四以下。由於許多人抱怨說：「錢存銀行變廢紙了」。不少人不願將錢存入銀行，而是另尋其他能夠使錢保值和升值的途徑。

　　羅夫曼提醒投資者說，錢存銀行並非成廢紙，即使是百分之四左右的利率也比在股票投資中虧本強。股票市場行情千變萬化，捉摸不透，誰能保證自己總是贏？

六、將所有雞蛋放在一個籃子裡

　　永遠不要將所有的資金全部投入股票市場，這樣可以避免由孤注一擲引起全軍覆沒的危險。股票價格有時會突然狂跌，如果將資金全部投入股市，遇到這樣的情況時就會輸得很慘。即使是在股市崩盤後股價低迷時買入股票，也不能保證一定盈利，說不定以後的股票仍一路走低。

　　有些人不願意投資股票，而將所有資金投入具有固定低利率的投資帳戶中，這樣做法產生的問題是，隨著通貨膨脹率高於利率，投入這種帳戶的錢實際上是在貶值。

　　另外有些人則用所有資金購買利率固定的長期債券，然而隨著銀行利率提升，他們便會發現債券貶值，因而後悔當初。

　　如何避免這些問題？答案是進行分散投資，即將一個籃子中的雞蛋分置於多個籃子中。這些籃子可以是股票、債券、房地產，也可以企銀、珠寶、骨董等等。至於各種投資的比例分配，則要根據不同的經濟形勢以及個人的背景及愛好來決定。

七、盲目信賴經紀人

投資領域有許多經濟人，他們中不少人有豐富的投資經驗，然而亦不乏濫竽充數者。羅夫曼在書中說，有一名男子向他諮詢時告訴他說，自己有二十五萬元資金用於投資，經紀人幫他作的安排是，將其中的大部份投資於債券共同基金。

羅夫曼指出，債券共同基金，特別是不收佣金的債券共同資金，比較適合於小投資者，如果是擁有數十萬元資金的大投資者，則應選擇個別的投資項目，這樣可節省千元的債券共同基金的管理費和銷售費。羅夫曼的結論是該男子缺乏必要投資知識，以至於無法對經紀人的不正確安排提出質疑，只能錯誤地盲目信賴經紀人。

八、不理解投資說明書

一名女投資者 1983 年給一家有限合夥公司二萬五千元，委託其進行德州房地產投資，不久前她接到一份審計財經報告，說此項投資以失敗而告終。她所投資約二萬五千元資本全部喪失，她從這項投資中唯一得到的是早先收到的二百元股息。二萬五千元的資本損失使她苦思不得其解，她不得不求教於財經專家羅夫曼。

羅夫曼指出，這種事情發生的原因在於，投資人早先並不清楚自己進行的是什麼樣的一種投資。

羅夫曼建議投資者在進行某項投資之前，先閱讀有關該項投資的介紹資料或說明書。然而他又補充說，投資說明書很難看懂，有些人即使閱讀它，多年也不能理解它，因為寫投資說明書的人喜歡故弄玄虛，唬弄外行，從來就沒想到讓一般人看懂它。換而言之，如果投資說明書讓人看懂，它就不能吸引多人對它所介紹的投資項目進行投資了。

羅夫曼提醒投資人：投資說明書愈厚，投資人就應該愈加小心。

九、迷信新的熱銷貨

在商場上經常會看到這樣的情景：許多人爭相購買某種新上市的產品，他們中的許多人之所以爭相購買是因為相信有這麼多人搶購的產品一定是好產品。他們沒有想到的是，「這麼多人」中有許多是和他們一樣對該產品情況一無所知的人。

在股票市場上，這類情況也時常發生。1970 年代初，股票市場中新上市的股票特別熱門，羅夫曼的一位投資客戶要求羅夫曼幫他購買所有新上市的股票，每種一百股。結果，這些新上市的股票後來表現不佳，幾乎每種都貶值，那位投資者因此損失了數千元。

十、不敢進行風險較大的投資

許多人不敢進行風險較大、但利潤較高的投資，他們只是將錢存入銀行的定期儲蓄帳戶。無可否認，銀行定期儲蓄帳戶也是一種投資形式，這種投資安全可靠，十萬元以下享有聯邦銀行保險。然而問題是，其利率較低，並隨通貨膨脹變動，與通貨膨脹率變動而變動，與通貨膨脹率相差不多，基本上只達到保值目的。

有些人年輕時不敢進行風險較大的投資，等到年老發現僅靠定期儲蓄利息和社會安全福利金不能完全維持晚年生活時，後悔早先沒有進行一些風險較大但利潤較高的投資。後悔之餘他們並不敢進行補求性嘗試，因為這時他們已無足夠的財力進行投資冒險了，一旦新投資失敗，他們的晚年生活就會出現很大問題。

十一、迷信「賭神」

香港拍了不少「賭」片，名曰「賭神」、「賭聖」、「賭王」、「賭俠」等等，看了一些賭片後，人們會發現，所謂「賭神」只不過是會玩一些雕蟲小技的「魔術師」或江湖騙子，他們並沒有特別的記憶力和計算工夫，並非靠真本事取勝。美國華人中也有自稱「賭神」的，他們津津樂道自己在拉斯維加斯或大西洋城的賭場中贏了

多少次，贏了多少錢。然而他們在進行賭博時從來不讓熟人在一旁觀看，也從來不對別人說自己輸了多少次，輸了多少錢，他們輸的錢很可能多於贏的錢。

在股票投資界也有所謂的「賭神」，他們也是只談勝不談敗。羅夫曼舉了喬‧葛蘭維爾（Joe Granville）的例子，他在 1970 年代末和 1980 年代初是美國最享聲譽的「股票專家」之一。所謂股票專家，是指最會選擇好股票，並最會選擇買入和賣出的時機。然而 1981 年一月，葛蘭維爾制訂的股票投資計畫慘敗，其原因用他的話說是遇到了多年來最嚴重的股市崩盤之一。此後不久他就逃離股市，後來股市出現了有史以來少見的「牛市」時，葛蘭維爾及其投資客戶又錯失時機，眼睜睜地看著其他投資者在股價驟降時大賺了一票。

羅夫曼奉勸投資者不要輕信自己聽到的任何事。他說，沒有一個人永遠知道利率或股市的走向，投資專家的預言今天可能是對的，明天則可能是錯的。在這一方面並不存在著固定的公式。

十二、負債投資

有些人用信用卡或信用帳戶借錢買股票投資，所借的錢甚至超出自己的償還能力。這種作法往往會產生問題，他的債務會迅速增長，在最糟糕的情況下，他還可能會因此被宣告破產。

羅夫曼勸股票投資者不要建立貸款帳戶（Margin Account）和（Stock Margin），因為他們在一定情況下會使股票所有人失去對自己股票的控制權。股市一旦出現崩盤，股價狂瀉，股票所有人的股票價格跌至一定程度時，債權人會迫使借貸款者出售股票還欠債。而股市狂瀉後正是乘低買入還不是賣出的時候，因為狂瀉後不久往往會出現止跌回升的行情，而不得不賣股票還貸款的人這時只能後悔莫及了。

1994 年 10 月 9 日／世界週刊

▲ 介紹一本實用的稅法書

　　美國的聯邦稅法厚厚一本，而且每年都有修正。如果你的英文程度不錯，你每年都可以買一本 J. K. Lassers 所寫的 HOW YOU CAN PROFIT FROM THE NEW TAX LAWS「如何從新稅法中得利」。這本書每年按聯邦稅法修正，J. K. Lassers 把稅法中與我們個人利益有關的稅法，用淺而易懂的英文節錄並寫出來。像是投資、存錢、賺錢、夫妻所得、退休、屋主、不動產、財產計畫、退休養老、公司、派駐國外、折舊、避稅等都在這本書裡。

　　這本書，厚只有一百六十頁上下。全美國各城市的大書店都有代售。

國稅局稽查帳應對秘訣

白洒昱會計師

　　如果您收到國稅局的查帳通知，心裡不要發毛，先弄清楚是那一種稽核。國稅局一般的稽核可以分成下列三種：

一、Service Center Examinations：全國有十個服務站，它們稽核是針對計算錯誤、Schedule A 的減除額（Deductions）以及和 1099 表的所得核對。通常這種稽核都是以電話和信件來處理，您只要將國稅局所需要的證明文件副本寄去便可。如果國稅局和您不能達成協議，國稅局會寄一封三十天的通知，說明您上訴的權利和程序。

二、District Office Examinations：全國劃分有五十八個區，它們的稽核是針對所申報的寬減額（Exemptions）、小費、退休金、房租收入、合夥收入、交通費用、娛樂費用、壞帳減除、買賣地產的交易等。通常會先寄一封信給您，邀請您帶著指定的資料紀錄去局子裡坐坐。

三、Field Examinations：這一類的稽核是主要針對商家較複雜的稅務問題，由會計、稅法等專業知識非常豐富的稽核員（Field Agent）來執行。通常會先給您一個電話，要求到貴寶地查帳，並請您準備好他們要看的資料、紀錄等。法律上並沒有規定稽核的地點一定要在貴寶地，如果稽核的工作會影響到您的生意，您可以請求將資料帶到您的會計師的辦公室。在會計師的辦公室裡稽核的好處是避免稅務員在貴寶地掘寶而節外生枝，有意外的發現。

1986 年 3 月 10 日／世界日報

國稅局利用查帳嚇阻漏稅

白迺昱會計師

　　國稅局查帳的目的是要增加聯邦政府稅收，但另一方面是要透過查帳的手段來嚇阻一般人民的漏稅，達到人人守法的目的，所以每到報稅季節，國稅局總是利用各種媒體發佈一些牽涉逃漏稅的法律案件，以使社會大眾有所警惕。如最有名的皮件公司 Gucci 的老闆漏稅被判刑。最近發生的金無忌案件除被控間諜罪外，還被國稅局調查並控訴漏稅，國稅局發表這些案件，主要就是要使其發生「震撼作用」。

　　為什麼有的人常常被國稅局查帳，有些人二、三十年來從未被查過？答案是國稅局的預算和人力都有限，它無法稽核每一個人的稅單。每個稅務員都有一定的配額工作，因此每當工作分配額滿以後，國稅局往往便停止分配新的案例。同時，國稅局有一套非常實際的電腦系統叫做 Discrminant Function System 稱為 D-F，這一套系統以個人的總正值所得（Total Postive Income）或營利事業的總收入（Total Gross Receipts）將個人或公司、合夥的稅單區分為數類。一般說起來個人的總正值所得超過七萬五千元者 High Non Business Return，而營利事業的總收入超過十萬元者稱之為 High Business Return。

　　總而言之，愈是複雜的稅單或是較容易發現錯誤的科目是容易成為稽核的對象。

305

國稅局選擇稽核的對象有三種方法：

一、國稅局設定有約二百五十種不同的變數（Variables）以 D-F 電腦系統將每一個人的稅單做電腦分析並計點，每一種不同變數的結合都有不同的點數，點數超過一定標準以後自動被電腦選出，再由國稅局的工作人員複查，以決定是否有稽核的理由和條件，選擇的標準又以是否有補稅的可能性和補稅款額較高約為首要對象。

二、TCMP 特種稽核選擇（The Taxpayer Compliance Measurement Program）。

　　這種抽樣選擇和（1）所述的年度抽樣是不同的，大約是每三年隨機抽樣一次。過去十年來抽樣的年份是 1976、1979 和 1982。每一個人都有同等的機會被抽到，每次抽樣的數目不定，通常都是在五萬到十萬份稅單。顧名思義，這種稽核要來得更加仔細，可能連出生紙都要檢查，它的目的是檢查納稅人是否遵循法律規定，並提供資料以改進 D-F 的系統，如果納稅人有蓄意漏稅的企圖，這種逃稅往往會吃上詐欺的官司。

三、告密，申請更改已申請的稅單，或相關的連帶（譬如說合夥人，公司股東等，一個合夥人被查可能連帶所有的合夥人）都會促使國稅局主動調查。

1986 年 3 月 5、6 日／ 世界日報

不要付遺產稅！

我現在 65 歲退休了，房子、股票，地產都付清了，賣掉要付重稅，不賣又沒錢用，**我要：**

* 賣掉房子、股票、地產不付稅。

* 我們夫妻有生之年有錢享受人生，直到我們二人都去世。

* 去世後子女可以拿到大筆錢而不付財產稅（No Estate Tax），也不付收入稅（No Income Tax）。

* 我所喜歡的教會、廟寺、孤兒院、大學等也可以拿到我的捐助

姓名（中文）＿＿＿＿＿＿＿＿＿＿＿＿

　　　（英文）＿＿＿＿＿＿＿＿＿＿＿＿

地址：＿＿＿＿＿＿＿＿＿＿＿＿＿＿＿＿＿＿＿＿

＿＿＿＿＿＿＿＿＿＿＿＿＿＿＿＿＿＿＿＿

電話（公司）＿＿＿＿＿＿＿（家）＿＿＿＿＿＿＿＿＿＿＿＿

　　□我（們）工作，只有星期一至星期五晚上七點以後可以談。

　　□我（們）只有星期六、星期日可以談。

　　□我（們）星期＿＿＿＿休假可以談。

　　□可以到我辦公室談。

　　□我們已退休任何時間都可以。

寄回：

　　洛杉磯地區

　　Mr. D.D. Wang 王定和

　　P.O.BOX 464

　　LANCASTER, CA 93584

　　（661）948-0760

死與稅的關連

在美國，不論多偉大，對國家多麼有貢獻的人，一旦去世，國稅局照樣抽他遺產稅。活人用 1040 表格報稅，一旦死亡，就要用 706 表格報遺產稅。

我的錢是從國外帶進來的也要付遺產稅？

陳博仁會計師寫了一篇「美國遺產稅簡介」特別指出：

「……所有有財產在美國本土的外國人也要繳稅的。不但如此，稅法又規定，應該繳稅的人，不是接受遺產或被贈與的人，而是你這位施予的人。這種規定，公平不公平，由著人家去評判了……」

中國人一向是家族企業經營，1984 年 6 月份「美國新聞與世界報導」裡指出「……家族公司生存受到威脅的第二項問題就是稅務問題。一家公司因創辦人死亡，所帶來的的大筆遺產稅，而使其家族不得不出售公司股份來繳稅。例如著名的 Coors 啤酒廠，當 Coors 先生於 1969 年去世，其夫人於次年接著逝世，其子女不得不以舉債來繳付遺產稅。因此遺產稅往往會使家族企業無法經營……」。

是不是財產在六十萬不付遺產稅？

對！稅法上是給你們夫妻每人六十萬的 Credit。如果丈夫死亡，他所擁有的一切有形如房地產、股票、公債、銀行存款及無形如生意等的財產都要計入，正好六十萬，這六十萬就轉到太太身上，等太太去世時才抽遺產稅。

如果車禍，先生當場死亡，太太送到醫院才死。在法律上，先生的六十萬 Credit 立即轉移到太太身上，馬上要抽遺產稅！

遺產稅是怎麼抽的？

遺產稅是按一個人在死亡時，其有形與無形財產的總值（Gross Estate），依法可以先扣除下列各項費用：

逝者所欠的債（如買房子所欠的貸款）

逝者的喪葬費用

遺孤即子女減除額

婚姻即夫妻減除額等等，扣掉這些費用以後再抽稅。這要由專門算遺產稅的會計師來算。

下列各種費用乃政府直接介入，其費用由逝者財產中扣除：

行政費　Administration Expense

律師費　Attorney Fee

執行費　Executor's Fee

遺產稅由 37%抽到 55%

有什麼辦法可以逃過遺產稅？

逃不過，因為在美國人人都有工卡號碼，買房子、買車子、向銀行貸款等等都要填這個號碼，只要人死，國稅局按這個號碼，你所有的財產都顯示在電腦螢光幕上。

紐約洲，Rochester 市代表美國政府判定死者要付多少遺產稅的遺囑檢定法官（Surrogate Count Judge）Michal A. Telesca 說：「……一位成功的人，只估計他能再借到多少錢，可是，一旦去世，他的太太要有再付款的能力，因為他太太現在面對的是新債主，而這位新債主始終沒人把他當債主看，這位新債主的大名就是山姆大叔 Uncle Sam（美國政府）。」

我可以要很少的錢把財產賣給兒女

您實在太英明了，請再聽聽 Telesca 法官告訴你：「……每一個人都知道『立一個賣約，將自己的財產賣給人做好安排』，這意思是說價錢上可以討價還價，立這種合約，對寡婦來說真是一個可怕的震撼，因為她發現，她必須要從稅務當局把她丈夫一生心血付稅所賺的財產再買回來的時候，那才昏倒！」

Everybody knows that "a sale to settle an estate"means bargain prices. It is a terrible shock for a widow to discover that she has to buy back the estate from the taxing authorities after her husband has spent a lift time paying taxes on earnings in every imaginable form.

能使他太太把他一生心血所賺的財產再從美國政府手中買回來的一種方法就是人壽保險。

Life insurance is the way a widow buys back the busband's estate from Uncle Sam.

※註：你把房子賣給你兒女，而你們仍然住在這棟房子裡是犯法的！不信你問問 Estate Planning 律師看。

正確的做法：

如果你是一個公司的創辦人，你以公司為受益人而投人壽保險。同時將你名下的公司股票成立一個信託基金會。一旦你去世，公司以人壽保險理賠買回基金會的全部股票，而基金會則以這筆人壽保險理賠的錢去付清遺產稅。

如果你個人有很多財產，你應該立一個 Revocable Living Trust，再買足夠的人壽保險以 Irrevocable Living Trust 為受益人。因為一旦死亡，你所有的財產立刻從 Revocable Living Trust 變為 Irrevocable

Living Trust，在這轉變的過程中要付 10%～20%的行政費，Irrevocable Living Trust 收到人壽保險理賠，就用這筆錢付清行政費。

財產在六十萬以上的人都應該做這種 Living Trust。這要找專門做 Estate Planning 的律師去做。

如果你們是合夥生意，你們二人應該買人壽保險，甲的人壽保險受益人是乙，乙的人壽保險受益人是甲，同時到律師那裡簽一份 Sale and Buy Agreement。如甲死亡，乙從保險公司領到理賠，將此理賠交予甲的太太或先生買回他（她）的股權。這麼做的好處是：

一、如果甲的太太對乙說：「我沒興趣經營，把我丈夫該得的錢給我」。乙拿不出就要賣生意，或是：

二、乙根本不願意和甲的太太合作。

甲乙雙方有了 Sale and Buy Agreement，乙把保險理賠給甲的太太就一切問題都解決了。

我們的財產沒有六十萬，不必付遺產稅，也不需要人壽保險。

1987 年 4 月 1 日「世界日報記者張亦男舊金山－佛羅理達電話採訪」標題是：

羅××醫生因車禍遇難

妻小頓失依靠生活無著

新聞中間二段最重要的部分摘錄讓大家了解一下「美國多沒有保障」；

「……羅醫生並沒有人壽保險。羅太太說：『他那麼年輕，還有一大堆計畫未完成，從未想到買人壽保險』，羅太太在佛州並沒有工作，家中也無積蓄，先生辭世，家中生活馬上遭遇困難，羅醫生送醫急救，還有千餘元帳單得付。使羅太太根本不知所措……」。

假定：

羅醫生的房子是二十萬買的，20%頭款，向銀行借十六萬，10%固定年利，每月要付銀行一千四、五百元，房地稅半年六百，一年一千二，火險一年三百。只房子每月要付一千六、七百元。

現在羅醫生突然意外死亡，羅太太每個月不能付一千六、七百元，就會發生下列情況：

一、銀行一個月沒收到分期付款就會發出警告單（Notice of Default）

二、向銀行貸款買房子，必須簽一張 NOTE（借據），言明欠銀行十六萬，年利 10%，三十（或十五）年付清，每月付銀行一千五百元。

　　一旦沒能力付款，銀行根據此一 NOTE，在九十天以後把羅醫生的房子收回 Foreclosure，收回十六萬借款及四或五個月的分期付款。

三、這棟房子賣了二十五萬，銀行收回十六萬及四個月的欠款六千四百元；再扣除房地產公司售屋 6%的佣金一萬五千元；再扣增值所得稅 28%八千元，到羅太太手上只有六萬零百元。

遇上經濟不景氣，銀行只拍賣十六萬沒人再競價，銀行就賣十六萬，羅太太一角錢都拿不回來！

如果羅醫生有二十五萬的人壽保險，情況就大大不同了：

一、人壽保險公司接到州死亡證書（尤其是意外死亡），通常在七至十天之內就把二十五萬理賠交給羅太太。

　　二、羅太太以這二十五萬付清十六萬房子貸款。一切不變。

三、剩下來九萬存入銀行，年利 7%，一年得利息六千二百元，隨便做點事，每個月八百元，一年九千六百元，生活過得平穩。

你只想到不付遺產稅，你有沒有想到誰付每個月房子的分期付款、房地稅、火險及家人的生活費？！

再假定：

羅醫生有一個十萬元人壽保險，現在保險公司理賠十萬元給羅太太，這十萬不夠付清十六萬房子貸款，放在銀行產生 8%的利息，一年八千元，不夠付房子每年一萬八千元的分期付款。即使羅太太很快找到一份年薪二萬的工作，扣除 15%的稅，拿到手的只有一萬

七千元，還要從八千元利息中拿出一千元才剛夠每個月付銀行的房子分期付款。

八千元利息也要付 15%的稅，實拿六千八百元，六千八百元裡有一千元付房子的 Payment，還剩下五千八百元，要付房地稅、房子、汽車保險、汽油費、吃飯等等開銷，夠嗎？！

如果你買房子欠十五萬，至少要有一個二十萬人壽保險，一旦不幸，家人先把房子貸款還清，生活才不會遭到遽變！

美國遺產稅簡介

陳博仁

　　我們中國人通常認為財產是自己勞力收入，在繳過所得稅以後，所辛苦積下來的，並不是從天上所掉下來的。因此之故，自己對於財產之支配應有完全的控制權，不容許他人有干涉的餘地。

　　我們的這種觀念，在以前的舊社會裡也許行得通，但是把它拿到現在我們身處於二十世紀美國社會裡來應用，就遇到很多問題了。

　　根據美國的法律，個人財產的轉移，不論是生前的贈與，或是死後的遺產，都要課稅的。這個課稅的範圍，不僅及於美國公民及居民而已，所有有財產在美國本土的外國人也要繳稅的。不但如此，稅法還規定，應該繳稅的人，不是接受遺產或贈與的人，而是你這位施與的人。這種規定，公平不公平，由人家去評判了。

　　既然茲事重大，我們應該對有關遺產稅的法規有些基本的了解，以避免可能的錯誤與罰款。

　　根據稅法的規定，遺產基本上包括死者於死亡日時所擁有的一切有形及無形的財務。有申報及繳稅義務的人，為遺產管理人。

　　遺產稅的申報，有所謂的最低點報起。如果遺產總額沒有超過此起報點的話，遺產管理人是不必替死者申報遺產稅的。這個起報點年年不同，在 1981 年時為十七萬五千元，而 1982 年到 1987 年的起報點依次為：二十二萬五千，二十七萬五千，三十二萬五千，四十萬，五十萬，及六十萬。（編註：2009 年是三百五十萬）

　　遺產價值的衡量是一門大學問，因為那關係著所需繳納稅額的多寡。由於政府對死者的體恤，稅法特別准許遺產管理人，以死亡

日，或者死後六個月為準，來衡量遺產的價值，遺產管理人可以權衡利益得失之後，擇一為之。當我們知道了遺產總額之後，我們進一步，需要知道應該被課稅的遺產有多少，在計算此項金額時，我們可以從遺產總額裡，依法先扣除掉下列的費用：

1.遺產管理和死者喪葬費用。

2.死者所欠下的負債。

3.竊盜損失。

4.遺孤減除額。

5.婚姻減除額。

6.慈善捐款減除額。

在我們計算出了應付遺產稅總額以後，我們即可以進一步計算出初步的欠稅額。美國聯邦的遺產稅率，最低是百分之十八，而最高稅率，由 1981 年起，每年減少百分之五。由 1981 年的百分之七十，一直降到 1985 年的百分之五十為止。

如果我們要計算淨納稅額的話，必須從以上初步計算出的欠稅額裡，減掉下列五項法律所許的減除額（1）聯合減除額；（2）州死亡稅；（3）贈與稅；（4）以前所繳財產轉課稅；（5）外國死亡稅，在這五項減除額裡，要數聯合減除額最重要，它的金額由 1982 年約六萬二千八百元，逐年增加到 1985 年的十九萬二千八百元。

遺產稅的申報，應在死亡發生後九個月以內報好，如果沒有事先獲准延遲申報而不報，遲報或欠稅的話，都有可能受到罰款及利息處罰。（編註：用人壽保險理賠付遺產稅）

如同其他的稅一樣，遺產稅是很複雜的一門學問，納稅人除非受過有關此稅法的專門訓練，否則宜請自己信任的會計師，代為申報，以免發生錯誤。

陳博仁會計師簡歷：

1. 國立中興大學法商學院商學士，主修會計，副系企業管理。
2. 美國威斯康辛大學麥迪生本校企業管理碩士，主修會計及國際貿易。
3. 美國加州及科羅拉多州註冊會計師（CPA）。
4. 美國國家會計師協會管理會計師（CMA）。
5. 多年美國會計查帳經驗。
6. 目前為陳博仁會計師事務所負責人。

財產在六十萬以上的人應及早設立 「生前信託」Living Trust

什麼是「生前信託」Living Trust？

　　「生前信託」是一種財產計畫方法，近十年來為自己立「生前信託」的人愈來愈多，「生前信託」只是一個信託而已，信託要在你有生之年設立。

　　「生前信託」與「遺囑裡有的基金（Testamentary Trust）」是有區別的，「遺囑裡有的基金」其中包括的只是一個遺囑（Will），而此「遺囑」只是當一個人去世以後才有效。

　　「生前信託」卻必須由專門律師來準備各種文件，其中包括：

一、立信託者（Trustor（s））；你個人或你們夫妻。

二、信託受託管理人（Trustee）；可以有幾個人或公司來做信託受託管理人，這些人或公司有頭銜（Title）來掌管此信託內之財產。

三、受益人（Benficiaries）；從此信託內得到好處的個人或一些人。

　　當你們夫妻二人與律師談過話，而決定設立一個「生前信託」：

　　1.所有設立信託的各項文件，律師都得先準備好，然後由你們夫妻在各項文件上簽名。

　　2.你們夫妻二人是立信託者（Trustors），然後把你們自己轉為信託受託管理人（Trustee）。實際上立信託者及信託受託管理人是你自己或你們夫妻。

　　　　此信託內之一切錢財，在你們夫妻有生之年可以隨意動用（Revocable），只要你們高興，你們可以從信託內提取任何錢；

317

賣掉房子或土地；大房子換小，小房子換大，就像沒有設立此
一信託一樣。

3.當你們夫妻有生之年，你們夫妻二人就是此一信託的受益人。
一旦你們夫妻去世，你們的兒子及孫子女就成為此一信託的受
益人。

同時，被指定的繼承人，也就是信託受託管理人（Trustee），
繼續掌理此信託內之資財（Assets）。信託受託管理人的名字都特別
列入文件內。（如你們夫妻去世，你們要先生的弟弟做信託受託管
理人，那麼就要把先生弟弟的名字列入文件內）

「生前信託」Living Trust 得到什麼好處？

要了解「生前信託」的各種好處，就要了解轉變（Alternatives），
最明顯的轉變是一個人的遺囑（Will）。

一、在普通遺囑裡，設立一個在自己去世後來執行自己遺囑的人
（Executor），由這個人執行你的財產分配，如把錢給誰，房子
給誰，遺產稅怎麼付等等，你的這些指示要在遺囑認證法庭
（Probate Court）監督下完成。

只要經過遺囑認證法庭的查驗，就要把你名下的財產轉到
活著的人（如你太太）的名下，等你太太去世，所有的財產不
會受到影響，尤其是遺產稅。此外還有執行費、律師費和行政
費等。

「生前信託」比遺囑要有很多好處，因為「生前信託」允
許一個人死後可以避過遺囑認證法庭的處置。

因此，當你有生之年設立一個「生前信託」，一旦去世，
則你名下所有的財產都轉入此「生前信託」名下，「生前信託」
不會死亡，所以，「生前信託」可以不經遺囑法庭查驗的處置而
避過重大損耗（如律師費、行政費及執行費等）。

二、「生前信託」比遺囑要隱私的多，一經遺囑認證查驗，你的遺囑就成為公開的紀錄。而設立「生前信託」的人一旦死亡，不經遺囑認證查驗，所以不列入法庭公開紀錄，只有受益人才有權利知道此信託內之各種約章。

三、當你因病或傷成殘而失去管理自己財產的能力時，此「生前信託」遂成為很重要的一個好處，那就是不需要指定一個管理人來管理立信託者（Truster）的財產。

　　因為指定一個人來管你的財產，與遺囑認證查驗一樣手續繁雜而費用甚大。如果立了「生前信託」，一旦殘障，則其財產管理即轉入此一信託，信託受託管理人（Trustee）為你這立信託者（Trusters）的利益而管理此一信託內之財產，因而避過在法庭監督下來指定管理人的一切重負及費用。

四、凡是不受遺囑影響的資財，像是壽險理賠和僱用人員死亡福利轉入「生前信託」；一旦死亡，保險公司理賠就是實收款項，馬上由立信託者的家人接受理賠掌管。

說明：

　　如果你立了一個「不受限制的生前信託（Revocable Living Trust）」，在你有生之年，隨你意願把錢從信託提出或放入，一旦死亡，則此「不受限制的生前信託」立刻轉變成「受限制的信託 Irrevocable Living Trust」。

　　從 Revocable 轉變成 Irrevocable 之間，在轉變的過程中，按你「生前信託」內財產的總值，你要付 10%～20%的行政費。如果你的人壽保險受益人是「受限制的信託」，則此信託以你的人壽保險死亡理賠來付清這 10%～20%的行政費。

注意：

1.在你立「生前信託」之前所投的人壽保險，其受益人是你的太太，丈夫或子女，在你立此信託之後，把受益人的名字轉成這

個「受限制的信託（Irrevocable Living Trust）」，要三年以後才有效。

2.在你立了「生前信託」之後，發現你的人壽保險理賠不足以付這 10%～20%的行政費，還得加保，加保時受益人的名字可以用「受限制的信託」立即有效。

「生前信託」可以完全代替遺囑（Will）嗎？

從上述情況看來，在你有生之年將財產轉入「生前信託」，一旦去世，則此一「生前信託」可以完全轉變成遺囑。

在你有生之年，你可以把錢或不動產從信託內拿出去，也可以放進來。但是有的財產如某種專業公司（Professional Corportions）的股票不可以放入「生前信託」。對於這種財產，你可以立一個遺囑 Will 去處理它。這種遺囑可以附加在「生前信託裡」。

即使這種專業公司的股票及其他不可存入「生前信託」內的財產無法避過遺囑認證法庭的查驗與處置，你更應了解：

遺囑認證法庭是按死亡者的財產總值直接徵收各種費用的，如果只有很少的財產要經過遺囑認證法庭的查驗與處置，就大大減少被徵收的費用了。

「生前信託」可以節省財產稅 Estate Tax 嗎？

新稅法規定夫妻二人，其中一個人過世，另一人還活著，則不徵收財產稅，等另一半也去世時才徵收財產稅。如果你（你們夫妻）的財產在 10 萬元以上，你（們）就應該立「生前信託」，不要等死了一個才去辦，辦了「生前信託」你們有更多的錢財留給你們的子女或孫子女。

當錢和房地產（Assets）轉入「生前信託」時會有什麼情況發生？

信託者（Trusters），對此一信託內之所有錢財保有一切權利，也就是此一信託實際上的所有人（Owner），只是將錢財轉入此一「生前信託」內時會有一些問題，這些問題須要專辦此事的律師來幫你準備各種文件。特殊情況發生，律師會給你建議來解決它。

一、把錢財轉入「生前信託」內還有幾個重點：

收入稅（Income Tax），在立信託者（Trusters）有生之年，其所有的收入及抵稅（Deduction）都由個人申報。信託則分開二部份報稅，一是聯邦 Federal 的 1041 表，一是加州的 California 541 表。

如立信託者（Trusters），也是此一信託的託管人（Trustee），而夫妻二人又都活著，則不必分開填報聯邦 Federal 的 1041 和加州 541 表格。

二、在加州 13 號提案下（Proposition 13），將加州的不動產（Real property）轉入「生前信託」內，不會再估價而增加財產稅。

三、將一棟住宅轉入「生前信託」，對抵押貸款（Mortgage）或抵押權狀（Trust Deed）都不違反任何「售屋還清（Due-on-sale）的條款。因此，不會被催還貸款。

四、將住宅轉入「生前信託」，屋主財產稅（Property Tax）的寬減額（Exemption）會被取消，如果立信託者（Trusters）活著，還是住在這棟房子裡，仍然可以申請此一財產稅的寬減額。

五、將住宅轉入「生前信託」內，此住宅在出售時，也不會喪失某種稅上的利益。

六、把 Subchapter 公司的股票轉入「生前信託」，不會被取消其 Subchapter 的選擇權。

結論：

　　一個「生前信託」是一個很有伸縮性的財產計畫的工具，此一基金使自己及其受益人避過遺囑認證法庭的查驗，而得到延緩，節省費用，避免公開秘密及諸多不便的好處。凡輕視此「生前信託」伸縮性的人，會使他的財產計畫變得非常複雜，也耗費他更多的錢財。

王定和的忠告：

　　我們移居美國，為的是追求「安定」，如果你一生心血所賺的錢投資於房地產上，而又不知道「生前信託」給你這麼多的好處，等於是沒有保護「殼」的蝸牛，又像是大雨滂沱下面沒有「傘」。

　　老大，什麼大錢都花了，還在乎二、三千元給律師為自己造一個「殼」，為子女和孫子女做把「大傘」嗎？！

　　不是所有的律師都會辦「生前信託（Living Trust）」的，辦「生前信託」是專門律師，美國各大城市的大律師樓裡都有這樣的律師。

　　遺產稅的寬減額從 2001 年的夫妻各$675,000 逐漸增高到 2009 年的夫妻各 350 萬。

2001 年	夫妻每人免稅額$675,000
2002~2003 年	2001/5/26 新稅法由 700,000 增加到$1,000,000
2004~2005 年	$850,000 增加到$1,500,000
2006~2008 年	$950,000 增加到$2000,000
2009 年	$1,000,000 增加到 3,500,000
2010 年	廢除遺產稅
2011 年	恢復遺產稅

　　你們夫妻二人沒有生前信託，一旦一個人死亡就先損失了一個減遺產稅的名額。

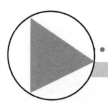

法律常識

應該知道「情、理、法」和「法、理、情」的不同

　　中國在人治和專制政體之下，只有皇帝一個人是「人」，其他的人必須作踐自己及沒有自尊的活著。因此中國只培養「大」！「小」的遇上「大」的，「小」的必須作踐自己及沒有自尊。

　　最大的官員是宰相，宰相見皇帝時，眼睛必須看地、下跪，自己說自己是「奴才 XXX 叩見皇上」。我們面對宰相時，我們能眼睛跟他平視、站好，自稱「我」嗎？我們得更卑賤！

　　在中國，有品格、是非、黑白、對錯分明又有才幹的人，他們的結局都很悽慘。胡秋原先生寫了一本《中國英雄傳》，七百二十位英雄，沒有幾位英雄的結局是好的。

　　宋朝岳飛將軍能沒品格、是非、黑白、對錯混淆不清嗎？如果他是這樣，他絕對不可能帶兵！結局就是被砍頭。

　　明朝袁崇煥將軍能沒品格、是非、黑白、對錯混淆不清嗎？結局是被剮 308 刀凌遲而死！（作者讀這本書從頭哭到尾）。

　　在人治和專制政體之下，中國人的人性遭到嚴重的扭曲。因此人人以「自我」為中心，「大」人說的話不是人話，謊話、瞎話，「小」人只能聽著，「小」人指出「大」人說的話是錯話傷到「大」人的「自我」，使「大」人覺得沒有面子而怒，「小」人就慘了。

　　蔣中正獨夫說「一年準備，二年反攻，三年掃蕩，五年成功」，睜眼說瞎話，雷震先生說：「反攻無望」，雷震先生犯到蔣中正獨夫的「自我」，雷震先生慘了！

　　人治不是只有一個人慘，會使一家人，甚至九族人跟著一起慘。

　　為了防止兒女得罪有「權勢」和「管」我們的人而連累到老子慘，所以中國人的教育必須把人從小罵、壓、打「乖」——聽話，要沒品、沒格、作踐自己，沒有自尊，屈辱的活著。除此之外各行各業的人都得「乖」！

　　中國人唯一找到自尊的方式就是我「壓得住」你！你「禁止」進去，老子偏要進去哦，你「不准」吸菸，老子偏吸！誰能違反「禁止」和「不准」的人，沒人敢把他怎樣，他就有自重感和面子了。

　　在中國大家都知道「大」人大過法規，有「事」或出了「事」就找「大」人或有「關係」的人擺平，因此中國人講「情、理、法」。台灣國民黨秘書長許水德先生的名言：「法院也是國民黨開的」，就是「情、理、法」人治社會最好的例證。

　　你注意看美國立的「禁止」和「不准」的告示牌，下面有 SEC. 1234（法條 1234），XXPD 是說 XX 市警局，City code 1234（市法規 1234 條）等，這是說法既立，大家一體遵守沒有例外！這就是法治社會。

　　2002 年 8 月 18 日星期日世界日報頭版第二條新聞標題是「拒罰單，華裔父子遭警痛毆逮捕」，副標題是「紐約法拉盛警方取締雙排停車疑濫用暴力，楊德才，楊林被控襲警，妨礙公務」。

　　作者已看到雙方衝突點：

　　中國人認為對警察說「我太太一分鐘（或馬上）就出來了（意思是警察你就通融一下嘛）」就行了，用的是習慣成自然的「情、理、法」方式。根本不知道美國警察的觀點是「違規就是違規」，我就執法——開罰單給你！中國人認為你這個警察怎麼這麼不講理！？我跟你說了我太太馬上就出來，你還要開罰單，這個罰單我不收！拒收罰單小事變大事！

　　陶龍生律師在世界日報發表的「在美國不能不會打官司」一文中說：「有小事被警察詢問或拘捕，請不要抵抗，如果是冤枉的，不必和警察吵架（其實越少說話越好），到法庭後找一位好律師替你辯護和開脫。如果當場和警察吵架甚至相拉，便是節外生枝，這

時變成『拒捕』（Resistance）或「阻礙法律執行（Obstruction of justice）會把事情弄得極為複雜……」。」楊先生拒收罰單就是把事情弄得極為複雜！

中國人最恨別人看不起他，但是在屈辱中成長的人和在自尊尊人中長大的人，他們做事和說話是 180 度不同，因此中國人天天很自然的做讓美國人看了就看不起他的「事」，也很自然地說讓美國人聽了就看不起他的「話」。只要美國人用美國辦法對付中國人就是「種族歧視」、「濫用暴力」。是這樣的嗎？

美國人說：「打不過他們就加入他們 If you can not beat them join them」，中國人說：「寧為玉碎，不為瓦全。」你想在美國生活得快樂，你要「加入他們」呢，還是「不為瓦全」呢？你自己給自己找個答案吧！

該打官司時即應打官司，不要自認倒楣

中國人一聽到打官司就努力搖頭。以這種不要打官司根深柢固的觀念生活在美國，當意外發生時，就注定得自認倒楣啦！在美國，你可不要自認倒楣！

許坤國先生在專做裝油漆用的鐵皮桶製造廠（B.W. NORTON MFC. CO.）操作壓、滾、拉、切鐵皮的機器。這種機器只能使很薄的鐵皮通過。有一天，許先生一不小心，右手除大拇指以外，其餘四個指頭全被捲進機器。當場連皮帶肉壓碎。意外發生時，這部機器已經用了十二年。

許先生被送入醫院，住院二十四天，開刀三次，照中國人的想法，這是自己不小心，保險公司連醫藥、開刀、住院費及修養期間的薪水共賠了二萬三千六百元，已經不錯了，其他的只有自認倒楣了！

許先生並沒有自認倒楣。他請了律師 BILL SMITH 先生控告芝加哥 LETALL MFG. CO.機器製造廠。

BILL SMITH 先生聘請博士學位的機械專家，到工廠從各個角度對著機器照相，然後鑒定出這部機器有在危險的地方，沒有明顯的警告標誌。就憑這一點控告製造廠。

機械製造廠也請了律師來向許先生問意外發生的經過，並作了詳細筆錄。

　　接下來，雙方律師協商，經過三個月，機器製造商答應賠償許先生九萬元，但是許先生的律師堅持要賠十二萬，又過了兩個月，機器製造商答應賠償全部。

　　許先生服務工廠的保險公司，也要求機器製造商賠償許先生的十二萬元中取得他們支付的醫藥、開刀住院費及休養期間所支付的薪水，共計二萬三千六百元。

　　等許先生的律師拿到機器製造商的全額賠償之後，倒過來跟保險公司協調，理由是：工廠對此意外事件也應該負部分責任，所以不能付二萬三千六百元，協調到最後，付保險公司二千五百元了事。

　　從開始許先生不付一角律師費，一直到機器製造商賠償十二萬以後，支付律師三分之一，四萬元，許先生得到八萬元的賠償。（註：這是 1978 年的八萬元，那時舊金山日落區的房子五、六萬一棟）。

　　所以，在美國，你可不要自認倒楣！

租車肇事受傷豈可放棄理賠；爭取自己權益乃必要的觀念

劉中原律師舉出案例，希望華人注意

三年前，兩名來自台灣的工程師，和兩位朋友共同租車遊覽黃石公園，不幸發生車禍，三人均受重傷，可是他們卻險些喪失了高額的賠償金！

車禍受傷是難免的，保險的賠償數額，卻因索賠方式不同而產生差異，執業灣區的劉中原律師，舉出了這個具有參考價值的案件，希望華裔人士能培養正確觀念，千萬不要輕易放棄自己的權利。

兩位來自台灣的王姓和曾姓工程師，在結束舊金山貝泰爾公司為期半年的受訓課程後，在 1983 年 5 月，與蔡姓友人和另兩位女士，相約租車出遊，租車時僅用了蔡先生一個人的名字。

租車公司根據「假若受傷者姓名不在租車駕駛者名單上，不予任何賠償」的租車合約，拒絕支付醫藥費和傷害賠償給受傷的人，王、曾兩人所幸有貝泰爾的員工醫藥保險，無需自掏腰包付醫藥費，可是車中的女士，卻無法用其他保險付醫療費。

三位男士雖然兩人也受重傷，對同車女士深感歉意，便想三人拿出一萬元給這位女士，聊表慰問之意，其中一人，因為認識劉中原，就問劉律師，這種做法是否合理，劉律師一聽，大為驚訝，因為這種私相受授的行為，顯示太多問題。

　　基本上，劉律師指出，雖然王、曾兩人並沒有登記在租車駕駛上，在某些情況下，租車公司仍應賠償，除非某人在租車當時，出示證件但被租車公司拒絕列入駕駛名單人士，後來卻因車禍受傷者才無折衝餘地。

　　劉律師說，當時，他試圖說服兩位工程師，申請理賠。兩位工程師思慮再三，又怕難堪不願意出庭，更令劉律師不解的是，其中一位工程師傷勢十分惡劣，醫生要他休息，他居然覺得不好意思，忍痛帶傷上班。

　　直到最後一刻，這兩位工程師才同意委託劉律師辦案。這場賠償之戰，打了一年，不久前租車公司答應和解，一共賠了十八萬七千餘美金。

　　痛苦與折磨，有時理應得到賠償。劉中原在經手這件車禍賠償時，心中感觸良多，在他多年的律師生涯中，碰過不少這種典型的華裔委託人——事情過去了，就算了吧！劉中原強調，「保險契約」其實就是在所有可能的範圍之內，支付因災禍產生的傷害，美國人大多很了解這種利害，中國人則不然。「息事寧人」是許多中國人處世的態度，但是盡力爭取並保障自己的權益，卻是生存在現在社會中必須必要的觀念。

1986 年 3 月 12 日／世界日報

※註：中國人的道德觀念是「怎麼可以告朋友？」美國是告行為人以得到
　　　保險公司的賠償。如果你不告朋友，得利的是保險公司，你保險費
　　　白付！
　　　朋友的錯誤造成你的傷害，你就告朋友；其目的是要保險公司賠償，
　　　不是朋友賠償，更不是朋友去坐牢。

中國人的「權益」

為什麼中國人的「權益」受到傷害時，往往自認倒楣「算了」？！

中國的法律是被有權有勢有錢的人所控制的，法官要聽任有權有勢的人所言，明知道此人有罪，因為有權勢的人命令他不准起訴，他想盡了辦法說他無罪，這叫做「奉命不起訴」。明明知道此人沒罪，有權勢的人命令他起訴判刑，他非得冤判枉判不可！

沒權沒勢的老百姓進了法院就要看誰錢多了，中國俗語說：「法院大門八字開，有理沒錢莫進來」、「有錢判生，無錢判死」。

在中國近代史上，「屈打成招」的，「有理變沒裡」的，「原告變被告」的，「奉命不起訴」的，「奉命要他死」的，用 IBM 最大型電腦恐怕都統計不完！因此，中國人分明百分之百有理，一聽要去法院「告」，他自己心理就告崩潰，連忙搖頭「算了！算了！」

在美國，你的「權益」受到侵害，要不要告上法庭由你自己決定。現在請你聽聽兄弟單鎗匹馬，從頭到尾「幹」對方的報告：

話說 1985 年底，王公子在全美國「世界週刊」上做廣告，「凡是買到封底廣告只有黑白沒有彩色的，『在美生活須知』，一書就是香港盜印版，請寄回給作者並告知在那一家書局買的，本人立即以最新修訂本寄給您。」

新澤西洲有位讀者將此盜印版的書寄來，並告之在「費城玉民書局」買的，本人立即寄一本最新修訂本給此讀者，同時把美國版權和海關登記寄給玉民書局負責人，要求一千五百元賠償和解，他們連理都不理。

　　1988 年 4 月本人親自到「玉民書局」買到該書香港盜印版，由於律師費驚人，第一次和第二次書局賣香港盜印版被告的賠款，不但全部被律師拿走，我還得賠錢，這一次我從頭到尾把以前的訴狀仔細讀過，讀完了，我自己提告！

一、訴狀寄到費城聯邦地方法院，登記字號是 88-4647。登記費一百二十元，再付七十元由專門送傳票的機構將傳票送到玉民書局。該書局仍然不理。

二、法院通知我，玉民書局不提出辯護（PLEAD），教我根據聯邦法規第五十五條將缺席（DEFAULT）送進法院。這 DEFAULT 是啥玩意？咱家跑到洛杉磯聯邦法院圖書館將此條查出並影印。原來是給法院主事者一封信，內容是「被告（DEFENDANT）不回答法院的傳票」，告之被告已缺席（DEFAULT）就行了。

三、此信寄到法院後，法院通知來了「1989 年 4 月 12 日上午九時十五分在 601 MARKET ST.費市聯邦第八法庭舉行損害公聽」。這時玉民書局理我了，老闆說：「我的律師說『只要賠幾百元就可以了』，又說『我的律師百分之百可以打贏這場官司』。此時，王先生上法院看美國法律怎麼說的決心已定，上法庭！

四、屆時法庭門一開，原告和被告進入法庭，王公子單鎗匹馬坐到原告（PLAINTIFF）位子上，被告和律師坐到被告（DEFENDANT）位子上。

　　法庭人員問明雙方姓名及律師姓名後，等待法官坐上法官席。

五、法官坐上法官席，雙方起立向法官致敬後，法官說：「請坐」，此時法官請我提出說明，我說：「『在美生活須知』一書不但有美國版權登記，還有海關登記」，說完把這兩種登記證明送給法官，回到位子繼續說：「玉民書局賣香港盜印版，我已寫信警告他們不得在美國地區賣此書，他們不理，1988 年 4 月，我親自

到玉民書局買到此書」,說完再把此書及收據送給法官,同時把損害要求如機票、租車、住旅館、送傳票一一列單,一併呈上。」

六、對方律師開始辯護:「書是由香港寄來的……」,法官反駁律師:「王先生已經寫信警告你們了,為什麼你們還賣?」,律師說:「王先生來買書的時候,是老闆太太的父親從庫房裡拿出來的……」,法官反駁說:「不管怎麼說,王先生親自到書店買到這本書是事實,現在暫停二十分鐘待我研究案情。」

七、法官再回到法官席說:「王先生要求損害賠償合理,再懲罰性賠款(PENALTY)一千元,合計二千五百九十五元,並把剩下沒賣完的書退還給王先生,」木槌一敲定案!

八、四月十三日法院將法官命令對方賠償的命令(ORDER)副本寄給我。

九、五月十一日我還沒收到玉民書局的賠款和寄的書,我影印法官命令(ORDER),告訴法官:「至今一個月沒有從被告那裡收到任何東西。」

十、法官於五月十六日發信給被告律師「隨函附原告的信,你的客戶不遵守 1989 年 4 月 12 日法庭命令,你是否可以告訴我為什麼不遵守?如果十天內不回話,我就認為你的客戶輕蔑法庭判決」。

十一、書和錢都收到了。

　　我第一次上美國法庭為自己而戰,平心而論,美國法官及法庭工作人員對原告與被告都予以尊重,法官反駁律師也是心平氣和的指出事實。

　　美國的「法」是獨立的,不受任何人的控制,因此,美國的法庭是「法院大門八字開,有理沒錢請進來」,美國人有冤有處訴。

　　一旦你的「權益」受到侵害,你又有足夠的證據,在美國這樣的社會裡,妳還要自認倒楣嗎?

車禍時的法律問題

　　到過美國的人都知道，在美國開車幾乎成為生活的一部份，要是經常開車，難免有碰到車禍的機會，萬一車禍發生後，在法律上應如何處理，值得駕駛人注意：

　　第一，一旦車禍發生，不論是否你的過失，最好不要先承認自己的錯誤，所有公路警察的紀錄，將為後來法庭上的重要證詞，你應該儘快的與你的保險公司或律師取得聯絡，由專業的業務代表替你答覆問題，可減少將來法庭上對你不利的證據。

　　第二，車禍發生後，一定要立刻停車，不然你將犯了刑事「撞車逃逸」的刑責，除了你的駕駛執照將被長期吊扣外，公路警察把你的案子移送檢察官後，你將被提公訴。如果撞傷了人，應儘快打電話請救護車將傷者送醫院急救，在等待期間除將傷者移送到安全地帶外，其他不要妄動傷者身體，以免將來發生額外的責任。如對方傷重死亡，則千萬不要移動車禍現場，靜待公路警察前來處理，如只是撞到路邊停著的空車，則可以將自己的姓名、電話、車號及保險公司的名字留在被撞車子容易看見的地方，留言以後取得聯絡後解決，這樣離開現場才算合法。

　　第三，與調查車禍現場的警員必須客氣有禮貌。但對不能確定的問題要留給你保險公司或律師來事後補述，不要隨便發表意見，亦不要強辯自己沒有過失。交通警察給你的車禍單子，看過內容後不得拒絕簽收，否則將遭警察現場扣押，事後還要交保，多生是非。

　　第四、發生車禍後立刻與對方駕駛人交換姓名、電話號碼、住址、車牌號碼、駕照號碼，以及保險公司的名字。如路旁有目擊現場情況的證人，更應記下其姓名與住址。待處理現場的警員到達時，

要記下他的警章號碼,更重要的是必須記下車禍發生時的地點與確切時間。

第五,車禍發生後,如有人受傷或死亡(不論那一方),則要在二十四小時內向車管處及公路警察隊提出書面報告。同時亦要以書面向你自己或對方的保險公司提出理賠要求,如車禍情形嚴重時,最好由你的律師代提書面文件較為妥當。

第六,如與外州來的車子發生車禍,則必須儘快找位專理車禍事件的律師來處理,因事後理賠的手續極為複雜,目前亦沒有絕對的法令可供借鏡,因美國的各州法律有異,更涉及司法管轄權的問題,一件車禍很可能涉訟數年而無法解決。

消費者受騙投訴處管什麼事？

　　美國的生意人和其他地方的人一樣，也是良莠不齊。在一個工商發達的社會裡，大家都想賺錢。那麼，欺詐顧客錢財的事也就時有所聞。因此，美國全國地方檢察官協會總裁 Robert W. Johnson 特別警告大家，他說：「像許許多多其他美國人一樣，你要有你自己的生意……在家裡賺錢……經營一家連鎖店嗎？提供這種「機會」的人是愈來愈多。有些人的動機正當。但是有太多太多的人只存著一個念頭──賊！因此，在你沒有弄清楚和親自觀察好之前，千萬不要把錢冒險放在這種『生意機會』上！」

　　世界上存心坑人的人實在防不勝防。如果你在錢財上被生意人詐欺而吃了虧！你可以到消費者受騙投訴處去申訴。這個機構在全美國各地都有。它的英文全名是 District Attorney′s Office Consumer Fraud Unit。這個機構在舊金山的地址是：800 Bryant St., Suite 320 也就是舊金山警察局三樓三二〇室，電話是(415)531-1814。由舊金山地方檢察官主持。

　　如果你家住的遠，該處有巡迴服務車。車廂外面有一把大鑰匙圖案，內寫 District Attorney′s Consumer Fraud 一行小字，下面大大的 Complaint-Mobile。你可以先打電話問巡迴車什麼時候會往你家附近？你也可以到巡迴服務車那裡去投訴。該處有說中國話的人員幫你。

這個機構代消費者解決吃虧上當受騙的事包括：

　　1.修車的爭執或買車上當。（如果你向專賣舊車的車行買一部舊車，在簽字之前，你特別要看清楚有沒有 As is 這樣的字，如果有下

列這樣的字 As is XXX（車行名）Hereby expressly disclaims……。這是說你買了這部車，只要開離車行停車場，日後車行不負任何修理責任。所以 As is 這兩個字含有廣泛合法的言外之意。所以你一定要賣車的人把 As is 兩個字刪掉，而且要他把他的名字縮寫 Initial 簽註。一旦上法庭才對你有利）。

1. 用郵寄方式買東西受騙。
2. 生意人在報上登虛偽的廣告，因而使你上當。
3. 有人欠你錢不還或欠房租不付。
4. 買汽車、買手錶對保證書和保單上所列問題的爭執。
5. 任何不公平的買賣。
6. 你買的貨品來時已損壞，店家不肯退換。
7. 房子修理，如修了屋頂仍然漏雨，付最好油漆的錢，卻用最差的油漆等。
8. 職業介紹詐欺。職業介紹所對你說他們為你介紹去大公司做事，要你付多少錢也許五百，也許一千。但是只為你寫履歷表 Resume 的介紹信，這就是詐欺。
9. 租房子問題，像是被房東逼搬家，種族歧視等。凡是在上述問題，你花了錢還受氣，或被生意人敲竹槓，吃虧上當，借錢不還等等。你都可以向該處投訴。

投訴時，應該注意下列步驟

1. 先填寫投訴表。
2. 附一切證據之影印本，如收據。合約、欠債借據、兌現支票等。
3. 填寫完畢就交給該處的工作人員。
4. 如果你需要別人幫你填表，你得向該處工作人員申請。
5. 在該處負責調解的人員都是義務服務。因此，不要性急，應該耐心的等候幾天，調解人員自會通知你與你接談。

　　如果你不會說英文，你可以請他們幫你找位會說國語或廣東話的人來做翻譯。一切都是免費的。

　　美國是保護消費者的。這種消費者受騙投訴處是全國性的組織，每個地方都有。朋友，中國人在美國賺錢多難，花錢受騙還受氣。不幹！至於做生意存心坑人的人——尤其是專坑自己同胞，唬他不懂英文，不知道到那裡去告的人，也應該知道美國有這種機構可以治他！一旦坑人被人告而榜上有名，以後的日子可就難過了！

小額訴訟法庭管什麼事？

專管小額債務糾紛

小額訴訟法庭的英文全名是 THE CONSUMER AND THE SMALL CLAIM COURT，專管五千元以下的債務糾紛。如果有人欠你五千元以下，屢催不還，或是高價買了一臺爛電視機，賣方不肯退錢退貨，而你認為有告的必要，那麼去小額訴訟法庭告狀是你的權利，用不著怕。

原告英文是 Plaintiff，被告英文是 Defendant。在審判之前，你最好同你律師先討論一下案情。有很多郡的小額訴訟法庭裡都有小額訴訟顧問（Small Claim Advisor），你也可以先同顧問談，這是免費的。他們會幫你準備一切控告對方的手續和資料檔案。

提出充分人證物證

在開審之前，你要對顧問或律師簡單扼要的說明被告為什麼欠你錢，屢催不還，並提出人證、物證。審判之後，由法官判定誰輸誰贏。如果你輸了，因為你是原告，所以不得再提上訴。換句話說，在你告對方之前，你要有充分證據。

告人是以被告者的所在地為準。如果你住在洛杉磯，要告舊金山的人欠錢不還，那麼，要到舊金山的法庭來告。我在聖荷西電器行買了一臺爛電視機，那家電器行不肯退貨還錢，我得去聖荷西小額訴訟法庭告。如果不知道到那裡去告，可以先問你當地小額訴訟法庭工作人員，他們會告訴你到那裡去告。

可以自己帶人翻譯

要告人的時候，你可以把表填好寄給當地的 Municipal Justice Court 或親自去這個地方的法庭見工作人員。

在這張表上，要把每一個你要告的人的姓名、地址列上去，如果你告的對象是公司行號，你一定要知道這個公司行號的負責人是誰。通常到市政府執照局（City License Bureau），或較好營業局（Better Business Bureau），或 Corporate Status Division of the Secretary Office 去查就可以查到這間公司行號負責人的名字。此外，你要求償還多少錢的數字也要寫上。隨表繳十至二十元的編檔費。

有很多小額訴訟法庭為方便大家，下午五點以後傍晚或星期六上班。如果你需要有人幫你口譯，你可以要求法庭工作人員為你準備。你也可以自己帶人幫你翻譯。

為了確定被告收到法庭的通知，你可以要求法庭工作人員寄保證信函（Certified Mail），經被告簽收後，收條送回法庭，到時候被告一定要出庭。你要這麼做，每一個被告，你得付七、八元錢郵費。你也可以授權指定由什麼人把此法庭通知送給被告簽收。

庭外和解撤銷告訴

一經入檔，法庭工作人員就要排定聽訟日期。在開審前這段日子裡，你要蒐集所有對你有利的證據，諸如修理帳單、傳票、收據、兌現支票等。若是該案涉及合同（Note），在開審當天要把原稿帶去。此外，要更廣泛的接頭人證，凡願意為你出庭作證的人，開庭那天要同你一起來。

如果你確定某一個人可以為你作證，但是他不願意前來。你可以請法庭工作人員對他發出到庭傳票（Subpoena）。他到時候就得來。此一傳票或由警長，或由十八歲以上的人或由你親自送給他。由他簽收，簽收單送回法庭工作人員存案。前來為你作證的人有權

要求每天十二元，每哩二角及單程旅費。這筆錢由你原告負擔。如果你贏了，這筆錢可以列入法庭審判費，由你負擔一部份。

記住！你必須要蒐集每一樣對你有利的證據！如果你提出的案子比較複雜，像是專業修理，你就得帶專家來為你作證。

在沒上法庭之前，被告自知理虧，願意與你在庭外和解（Out-of-court）——還錢，退貨還錢，減收價款，重新修理不再收費等等，一經和解，你就得通知法庭工作人員撤銷告訴。

如果在開庭日你不能到，你得事先通知法庭工作人員，另行安排日期或延期審判。

開庭日應準時出席

所有審理的案件都貼在法庭室的大門口，所以要早點去看看你的案子是在那一天，那個法庭審理。

全體就座後，法官宣讀程序，你要注意聽。當輪到你時，法庭人員會叫你名字。你走上前去，如果有人證，他也跟你走上前去。被告也一樣，包括證人在內，都得舉手宣誓自己所說句句實話。

首先由原告訴說為什麼要告對方的事實與經過。法官只要聽事實經過，其他婆婆媽媽的事少講。法官也可能向原告問問題。除非法官要雙方辯論，否則，不要為這個案子當庭辯論。當然，法官也會向你的證人問話。

證人所說的話應該簡單扼要。如果你還有重要文件，認為法官應該知道，在輪到你說話之前，要把重要文件先給法官。這樣做，可以幫助你的這個案子速審速結。

法官聽完你這方面的話，也要聽被告和他證人怎麼說。這時候，你不能打岔和爭辯。

聽完雙方的說詞，通常法官會當庭做出判決。但有時候法官也得思考思考，或在法庭外徵求他人意見，或提交公斷，遇到這些情況，法官的裁決由法庭日後以書面通知你和被告。

開庭時，原告不到，法官可以判被告不必還錢。被告不到，法官判被告缺席（Default），必須還錢。

如果你贏了，法官判定被告要還你所提出的錢數。法庭工作人員會列入紀錄。由此時開始由法庭來對抗被告。該判決十年有效，如果被告還是不還錢，只要你再告，他對抗的對象已經不是你，而是法官了。法官會對付他。

執行傳票加速催討

法庭不會幫你去向被告收錢。但可以幫你用命令或文件通知被告叫他還錢。

如果被告輸了，或被判缺席，那麼，必須在二十五天之內付清法庭費用。同時必須提出他（她）個人財產的清單，這財物放在那裡，坐落在何處都得報知法庭。原告可以從法庭工作人員那裡憑被告所提出之財物清單，得到法庭工作人員發的一張「執行傳票」（Writ or execution）。這傳票指示警長或警察來管制被告的某些財務，像是薪水、銀行帳戶、汽車、首飾等，但你必須告訴警長和警察欠你債的人，他的這些財物在那裡。

如果你也不知道他的財物放在那裡，那麼，原告可以向法庭申請 Supplemental Proceeding（補償處置），這是要被告到法庭裡來回答你，他的財物放在什麼地方。

如果被告是州、郡或市政府僱用人員，而你認為他有變賣所有財產、就是不還你的錢的意圖。你可以先下手為強，請法庭工作人員先發出「執行傳票」，這張「執行傳票」約有效期是六十天。在這六十天內，你有足夠的時間追回你的錢。

勝訴者可以要求法庭把所有有關該案聽證後的訴訟費用令由敗訴一方負擔。因此,勝訴者要填寫花費摘要(Memorandum),一一列舉你的花費向敗訴一方討回。

向對方要回該還你的錢的時候,不論遇到什麼困難,都不要猶豫,立刻請教法庭工作人員,你應該採取什麼步驟才能收回你的錢。

告狀權利不要放棄

一、如果你接到小額訴訟法庭通知要你出庭的傳票,要先弄清楚是誰告你?為什麼告你?若是明知自己理虧,那麼,與原告「庭外和解」。千萬不要發揚「死不認錯」精神!免得多花許多訴訟費用。

二、如果自信本諸良心,絕沒欺詐對方,是對方胡攪,那麼,在聽審日之前要蒐集證據,找證人來與對方公堂相見,以保護自己。

三、你確知某人可以為你作證,而他不願意上法庭,你可以要求法庭工作人員發出傳票傳他來。

四、如果你在開庭那天不能出庭,你要儘快通知法庭工作人員換時間或延期。

五、如果你輸了,你有權在二十天之內上訴最高法庭(Superior court)申請再審。

凡我同胞,一旦吃了虧上了當,對方又不肯還錢退貨,或就是不還你錢,你能把我怎樣?!遇上這種事,絕不要怕上法庭,上小額訴訟法庭告狀是你的權利!不會說英語,沒關係,申請口譯人員幫你翻譯。祝勇敢,不讓人欺侮!

法律顧問公司——有保障，也可賺錢

　　美國各行各業及各種法律規定多如牛毛。個人、家人及自己的生意隨時都有捲入法律問題的可能。一旦發生法律問題，我們首先要了解的是前因後果和對付之道是不是？誰能告訴你這法律問題的前因後果和對付之道呢？！是親朋好友嗎？是在美國住了二十年的人嗎？都不是！是專業律師。這專業律師也有段數高低之分。找那一位律師辦你的問題呢？或是只要問問題找到答案就行了？

　　你是加州居民，每個月只要付$26元會員費，你、配偶、二十一歲以下子女和你名下的生意一旦有法律問題，在上班時間內隨時接受你打八○○免費電話詢問，如果必要則為你介紹專業律師。

有多少事情可以問呢？

　　個人和家庭有——

　　鄰居問題，有人威脅要告你、刑事被告、偷竊嫌疑犯、性騷擾、欠債被討債追擾、買東西被詐欺、子女二十一歲以內而有法律麻煩、與建築商就建材和價格爭執。立遺囑、破產、收養小孩、汽車過戶、稅法問題、工作受歧視、買財產、房客遭房東欺壓、換租約等等。

　　生意人有——

　　成立公司、合夥經營、基金、稅務、長期租約、買財產、收債、租店收回或趕走承租者、有人威脅要告你、員工利益、製造發生問題、公司租七部車以上等等問題都可以打電話問。

會員有什麼特別優待嗎？

會員夫妻在加州或去別的洲（加拿大也算），一旦有民事或與其工作有關而被告刑事罪，在第一年期裡，每一案件可由加入 Pre-paid 的律師給與二個小時半的忠告、諮詢和協助你訴訟程序，此忠告、諮詢和協助可用電話或在律師辦公室進行不收費用（外州找當地律師也一樣。）

這忠告、諮詢和協助每年依會員資格增加半小時，最高到四個半小時。此一合約除非會員犯詐欺（Fraud）或不付會員費，否則不得以任何理由解約。

※凡會員之家務事：離婚、分居、子女監護權，因離婚而破產，飲酒或吃麻醉藥而成刑事被告及入會前已成被告等都沒有上述優待。

誰是我的律師呢？

此法律諮詢公司聘請各有專長的律師，如同醫院聘請各科醫生。一來在電話裡面回答你的問題，再來為你介紹所需要的律師。這一點對我們老中非常重要。

因為我們沒有家庭醫生和律師的觀念。沒事則已，一旦生病，出事不是亂投醫，就是到處打聽。其結果是小病變大病，小事變大事。

如果有家庭醫生，一旦有病，家庭醫生會為你安排專治你病的醫生。成為法律顧問公司的會員，一旦有法律問題可以事先了解前因後果。非上法庭不可，公司也會為你安排居住地專辦這個問題的那種律師。

他們只是回答法律問題和介紹律師嗎？

不是，你一家人（夫妻子女）任何人開轎車、卡車、貨車、摩托車等各種車而肇禍成為被告，這家法律諮詢公司負擔你的律師費。舉例說明：

你開車換道撞上前車，前車因而撞上路邊護欄，以致車毀人亡。你的保險公司負責賠他車，但對方家屬告你刑事 Manslaughter（無恨意殺人屬二級謀殺罪）。自聘最好的律師脫罪，自聘律師辯護脫罪的費用，保險公司不付。

這場官司打了二年，法院判你無罪，但律師費要付數萬，這律師費全部由法律諮詢公司付。

駕車違規被警察開罰單，要請律師代表出庭辯護消除紀錄，為的是汽車保險費不增高。請律師出庭辯護費，法律諮詢公司全付。

只要你有駕照，一旦出車禍，法律諮詢公司對車身毀損之修復和你人體受傷之復原仍予以法律支援。

※如因吃麻醉藥、醉酒駕車肇禍成為被告，車體受損和人體受傷，公司不付律師費不支援。

我們會說英文，但對律師回答的法律問題不見得全懂！

你把你的問題說給美國同事或朋友聽，他們懂了，請他們幫忙打八〇〇免費電話問你要問的問題，同時用錄音機把律師的答話錄下來，先請美國同事或朋友用日常英文說話給你聽，然後再聽錄音帶。（徵求回答律師同意錄音）

我們不會英文，就是成為會員對我們也沒多大用處！

錯了！團體就是力量，在加州只要有一千個家庭參加此一組織成為會員，這個力量就大了！Pre-paid Legal Sercice 公司的副總裁 Virgil Coffee 答應：「只要有一千家中國家庭參加，就聘請會說國語和粵語的律師。」

朋友，我們生活在一個法律多如牛毛的社會，實在不是我們故意要犯法，最冤的是不知道犯法就犯法被告了！

要是一有問題，事前知道是怎麼一回事，總比事情臨頭，再來亡羊補牢好吧？再說，花了許多時間和精神東打聽西問，能問出所以然嗎？

每個月只要$26元，就能請到各種法律顧問保障全家人及生意；吃開車違規罰單，請律師辯護消紀錄；車禍被人告為刑事犯，請律師脫罪，這大筆律師費由此一法律諮詢公司負擔。

每個月只有$26元而已，那裡不花這$26元呢？！

要有一千人參加，就對大家有利！

這家 Pre-paid 法律諮詢公司靠不靠得住？

投資者日報（INVESTOR DAILY）1986 年 2 月 13 日：把 Pre-paid 的股票列為第一位。1985 年時，五元一股，現在則已漲到十六元一股。

華爾街商業報導（THE WALLSTREET JOURNAL）1986 年 2 月 24 日巨幅報導：「Pre-paid 提供法律諮詢及介紹律師，但收費低廉」。

愛達市晚報（THE ADA EVENING NEWS）圖文並茂報導：「美國證券交易公司董事長 William Alter Jr.直接找 Pre-paid 創始人 Harland C. Stonepher 請其股票上市。」

舊金山紀事報（SAN FRANCISCO CHRONICLE）1986 年 4 月 22 日通欄報導：「一項百分之百保障的投資產品」。

報導多了。這家公司於 1972 年在奧克拉荷馬州的愛達市成立，1983 年底接受市場經理 John Hale 的建議採用多層銷售制度廣徵會員。短短二年半內，從九百會員一下子擴充到十四萬。現在每天快速增加中——基於大家需要之故。

我每月付$26元，能不能再從這家公司賺回來？

可以！這家公司採用多層銷售制度，任何人都可以成為會員，成為會員任何人都可以再賣；買的人還可以再賣。勤快的人隨此一制度可以無本賺大錢；既得法律保護又可賺錢。

我們怎樣參加為會員呢？

此一法律諮詢公司幾乎全國各州都有。每一州的會員費不同。你要知道在你住的那個地方如何加入會員，可打免費電話：800-654-7757 詢問。

該法律諮詢公司聘請周靜海律師為加州中文律師。

在美經商要知法律的嚴重性

中國是人治社會,「君叫臣死,臣不敢不死,父叫子亡,子不敢不亡」是人治社會最高境界。因此,中國人對「現官現管」,「官大一級」和跟你有關係的那位有權「大」人很有概念,對法律規定沒什麼概念。

美國是法治社會,英文說:「Rule is Rule(規定就是規定)」,法規既定,人人必須遵守,沒有例外!這是法治社會最高境界。因此,美國人對「法律怎麼說」很有概念,對「現官現管」、「官大一級」和跟你有關係的那位有權「大」人沒有概念。

當你跟美國人做生意或自己的企業在美國創業時,你必須對美國的法律有基本的認知,否則,你將受到慘痛的教訓,茲將美國報紙上所報導「犯法」的事情向大家做一番轉介及說明:

漲價可以,偷斤減兩不行

(1994 年 10 月 26 日,L.A.世界日報)美國賓夕凡尼亞州(Pennsylvania)的 Philadelphia 市政府檢驗人員在市內檢驗一家溫蒂漢堡(Wendy)快餐店(美國第三大漢堡快餐連鎖店)約二十四個牛肉餅,發現其中二十二個牛肉餅的重量沒有達到廣告(說明一)中所說的四分之一磅,差了 0.25 兩。

處罰:

市政府沒收了溫蒂漢堡店內約九百六十個牛肉餅,同時根據賓州法和聯邦法(說明二)對被沒收的牛肉餅,每一個罰美元一百元,一共罰了九萬六千元。

在美國製造的貨品或從國外進口的產品都得在貨品上貼上標籤，標籤上註明這個產品包含 Contains 什麼，舉例：

不論什麼牌子的汽水上市，汽水工廠必須在汽水瓶（罐）的標籤上註明「這瓶（罐）汽水包含卡洛里 100，蘇打 55mg 2%，醋 26g 9%，糖 26g，蛋白質 9g」。如果造汽水的各種原料都漲價了，工廠要維持合理的利潤，當然汽水也要漲價。如果工廠減低原料的成份來維持原價，一旦被檢查人員發現汽水內所含的各種成份比標籤上所註明的要少，說不定會從開廠的那一天罰起，罪名是「欺詐顧客」！

基本上，美國的執法人員採取「我相信你不會偷工減料，也信任你不會犯法」的心態。一旦你偷工減料或犯法被發現了，你就是「不值得信賴的人」，溫蒂漢堡在廣告中說「牛肉餅是四分之一磅」費城市政府檢驗人員檢驗二十四個牛肉餅，其中二十二個差了 0.25 兩，九百六十個牛肉餅沒收，每個牛肉餅再罰一百美元，一共罰了九萬六千元！

假定美國禁止進口魚翅，從法律生效那天開始到今天，你們公司進口了一百個貨櫃，前面九十九個貨櫃都沒有查，你以為第一百個貨櫃也不會查，於是夾帶了魚翅，正巧碰上海關抽查，發現魚翅，你完了，從第一個貨櫃罰！以後進口的貨櫃就要送到檢驗場，什麼時候檢查完，沒問題了，再放行。這一檢查說不定好幾個月。

英文說：「One who earns the respect 為人所尊敬的人是他賺來的」，同樣地，只要他亂搞，「不為人所尊敬也是他賺來的」！亂搞的人沒被逮到是運氣，只要被發現一次，保證他會後悔的捶胸擂頭。（說明一）

美國的五十個州（State），如同五十個獨立國，由聯邦統大成，所以每一個州的市（City），有市議會，州有州議會，聯邦有國會，議會的議員通過的法律交由市長、州長執行，國會通過的法律交由總統執行。因此美國的市有市法，州有州法，聯邦有聯邦法。市法

不可以牴觸州法，州法不可以牴觸聯邦法。不論市法、州法還是聯邦法都不可以牴觸憲法。憲法是美國最高法。

任何貨品只要被查到「不誠實」就會受到市法、州法或聯邦法的聯合懲罰。（說明二）

商標、版權及專利權

絕對不可以侵犯：

（1994 年 11 月 30 日 L.A.世界日報），有一位名叫沈喬治（George Shen）的中國人，在加州洛杉磯市開了一家 Dragon Pacific 公司，從中國及台灣進口仿造的任天堂（Nintendo）電視遊樂器及卡帶在美國銷售，這就侵犯了任天堂商標，版權及專利權，因此，任天堂提出控告，沈喬治被美國海關特勤人員逮捕。

沈喬治上訴到美國首都華盛頓 D.C.的聯邦上訴法庭，結果被駁回，維持舊金山聯邦法院原來的判決。（說明三）

處罰：

＊民事上，沈喬治及其公司要賠償任天堂四十多萬美元。

＊刑事上，已經被聯邦法庭刑事陪審團判罪，要坐牢。

（1994 年 11 月 28 日，L.A.世界日報）洛杉磯市專做批發及零售的服飾區內，一家韓國人安建洛（Jang Lo Anh）所開的店面，警方搜出價值十萬四千八百零五元假美國名牌 Chanel 女用香水、化妝品等，此外還有二千三百七十四件皮包、皮夾、手飾盒等仿冒品。

處罰：

＊法官判安建洛一千三百五十美元及二年緩刑，所有仿冒品予以沒收後銷毀。

在美國，商標、著作版權及專利權三項合稱為「智慧財產權」，美國可以說有世界首屈一指的法律制度來保障個人或公司的智慧，

更把這種智慧視為個人或公司的財產。這種智慧財產除非得到個人或公司的同意,雙方簽下合約,否則任何人都不能任意使用。因此,在美國做生意千萬不能發揚「看得起你才盜印你的書或仿冒你們的產品」的精神!

美國的律師每小時要收一百五十美元,大律師一小時要收三、四百元,律師打一通電話,影印一張紙都另外算錢。律師幫你寫一封警告對方的信,至少收費三百美元。你從盜版或仿冒品上所賺的錢,說不定不夠付律師費!沈喬治先生上訴到美國首都華盛頓 D.C.最高聯邦法庭,律師費就不得了又兼了不得。(說明三)

產品得符合法規

(1994 年 11 月 25 日,L.A.世界日報)總部設在洛杉磯市的銀星(Silver Star)家具公司,他們所製造的沙發被加州消費者事務處家具隔熱局發現不合加州防火與標籤的規定(說明四),檢驗人員同時發現「銀星」根本沒有有效的家具製造執照。

今年 10 月,檢驗人員發現「銀星」製造的家具還是使用不能防火的材料,但沙發的商標卻標示是使用防火材料,同時又發現「銀星」在沒有零售執照許可下出售其產品,於是隔熱局下令禁止「銀星」公司生產並出售家具。

後果:

全案由家具隔熱局移送洛杉磯地區檢察官辦公室的消費者詐欺小組處理,一旦老闆斐瑞茲被定罪,最高可能面臨三十萬美元的民事與行政罰款。

在美國,法規規定產品不准使用什麼原料製造,如不准使用石棉做建築材料,不准使用含鉛的水管等,因為石棉和鉛使人得癌症。製造沙發必須用防火的材料,防火的材料成本高,「銀星公司」生

產的沙發用的是不能防火的材料，卻在標籤上註明用的是防火材料，這種作法是用便宜的材料冒充貴的材料賣高價。因此會被同行或消費者告到主管機關，一旦主管機關查明產品不符合法規規定，後果就嚴重了。（說明四）

別人犯法，你也會被告

（1994 年 11 月 1 日，L.A.世界日報）紐約中國城內中華公所大樓樓下有店面租給別人做生意，其中有一家「富華商店」的租戶出售名牌 Polo 運動服及勞力士手錶的仿冒品。這三家正牌公司查出中華公所是房東後，委請律師致函中華公所提出警告：「如果富華商店不停止銷售仿冒的 Polo 運動服及勞力士錶，將對屋主中華公所提出連帶的法律控訴（說明五）」。

美國人告狀的方式是「所有跟這『事』沾邊的人，公司或政府機關都告進去」，其最終的目的就是「總有一個要負責賠錢的」。

加州洛杉磯市的市民金恩先生開快車超速，又不理警車叫他停車的命令，後來四、五部警車把他追停，眾警員把他拖下車，用警棍痛揍，這時有二位學區警衛在一旁看熱鬧。金恩律師告警察、告警察局、告洛杉磯市政府，連帶在旁邊看熱鬧的學區警衛所屬的那個學區也一起告。（1992 年洛杉磯大暴動就是這件事引起的）看熱鬧也會被告，這就是美國告狀的方式。

如果你的權益受到侵害，你不要自認倒楣，要用美國人的方式告狀。（說明五）

只要你到了美國，開始跟美國人做生意，遲早會接觸到美國的法律。基本上美國的法律分為刑法和民法二種。

刑法是一個人犯了政府的法，如殺人、搶劫、詐欺等，這由警察機關蒐集證據，證據確實，警察或治安人員就會逮捕這個罪犯，經過法院審判或坐牢或死刑。刑法是可怕的。

民法是一個人或一夥人或一個公司與另外一個人或一夥人或一個公司引起了利益衝突，原告的律師在法庭上提出可信的證據，被告提出辯護，原告與被告雙方對簿公堂，警察和治安人員不參與。民法是可厭的、很煩人的，搞不好就得賠大錢。

醫院有各科，如內科、外科、眼科、耳鼻喉科、婦產科、泌尿科等，一個人那裡有病就找那一科的醫生看。

美國的律師跟醫生一樣，也分很多類，要辦移民找專辦移民的律師，要離婚找專辦離婚的律師、車禍或工作受傷要找專辦傷害賠償的律師，犯了法要找專門出庭辯護的律師，出了什麼「事」，要找專辦那個「事」的律師。因此你來美國做生意的第二件事就是找一位律師做你的「法律顧問」。

附記

因為中國是人治社會，所以講「情、理、法」，因此做起生意來也是「情」字在前。「情」是情緒化的，生意做得成做不成要看我們之間的「情」和「關係」到什麼程度，以及你對「我」侍候到什麼程度而定。你做得不好，或做得不對，因為我們有「情」，我得包容或擔待。否則，就「不夠朋友」了。

美國是法治社會，所以講「法、理、情」，因此做起生意來也是「法」字在前。「法」是理智的，生意做得成或做不成要看你的實力，雙方條件及他所能得到的「利」而定。定了就要簽合約（Contract），日後發生利益衝突或糾紛，合約就是上法庭給法官看的證據。你跟美國人訂合約的時候，所有的細節你都得想到。

　　「情」對美國人來說，是你把一切按合約做好，做對以後才有「情」。

　　「情、理、法」是「先君子，後小人」；「法、理、情」是「先小人，後君子」這是中美二國人做人處事的最大不同點。

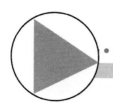

社會福利簡介

這裡說的只是一個大家應知的社會福利概念。

這福利會隨著社會的變動而修改的。

如果你有這方面的問題應該到你住的那個市，

靠近你住的地方 Social Security 去問清楚。

▲ 象徵安定的社會福利制度 ▼

張慶禧

　　美國社會安全福利制度（SOCIAL SECURITY），自 1935 年創立迄今七十餘年，使此民主自由國度的社會結構，更趨安定。雖然此制度也為美國社會滋生了不少副作用，但不可否認的是：此制度不但為美國居民所普遍接受，而且也使真正需要的人士，普受其惠；了無後顧之憂。

　　社會安全保障，是一種福利；也是美國公民和居民，在美國法律下應享的利益。此福利的範圍包括「醫療服務」、「殘障保險」、「退休及殘障子女教育補助金」、「社會安全福利金」、「失業救濟金」、「保護業者之失業補助金」，乃至於對低收入家庭子女的津貼，對失業者的工作訓練補助、學童營養、甚至家庭電器化的補助等等均包括在內。

　　為此，美國聯邦政府在全國總預算中，列有一筆為數龐大的福利預算。在過去五年中，聯邦政府每年均以百分之十五的比率，增加該項預算。以 1981 年為例，聯邦政府即列估了一百六十四億八千三百餘萬的預算，作為補助各州的福利支出。

　　不過，自雷根總統 1980 年 1 月底上臺，為了要平衡預算，在其經濟方案下，大事削減聯邦各部門預算，有關社會安全的福利預算自然也在削減之列，對一些受益人來說不無深受影響。雖然如此，此制度在可預見的未來，必將繼續賡續下去，並且成為美國生活重要的一部份。

　　美國的「社會安全保障制度」，係由美國聯邦政府衛生教育福利部所主持。自 1935 年創立以來，幾乎歷年均有所改革，有關其利益金，也隨著社會物價的波動，和當局的政策，隨時在變革。有關社會安全歷年來重大改革如下：

1935 年	該制度法例首次創立，保障範圍僅係部份工商藍領階級勞動者及其家屬。
1939 年	更改此社會安全法例；勞動者如果死亡，其遺屬亦可領受社會安全金。勞動者退休後，其他依靠其撫養的家屬，亦可領受社會安全金。
1950 年	社會安全保障擴展及大部份的自僱店主，也就是小生意老闆、大部份省市公務員家務僱員、農場僱員、武裝部隊人員乃至教會人士均在保障範圍內。
1957 年 7 月	首次發給「殘廢保險利益金」。勞動者因完全殘廢而無法賺取收入時，可獲得保障。
1965 年	社會安全保障制度再度擴大。創立「聯邦保健」，對於六十五歲以上的老年人給予醫院保險和醫療保險。
1973 年起	對六十五歲以下，如連續領取殘廢金支票兩年以上者，也可獲得六十五歲以上的同等待遇。
1972 年起	立法規定，如生活費提高，社會安全利益也隨之自動增加。

　　時至今日，美國全國差不多各行各業都已受到社會安全保障制度的保障。

▲「工卡」申請福利所繫 ▼

　　在美國，一般人的「派司套」裏，少不了的會要夾入駕駛執照、油卡、信用卡及一份不可或少的社會安全卡（SOCIAL SECURITY），華人俗稱「工卡」，以備不時之需。

　　「工卡」上九個數字的號碼，除有證明身分的作用外，在此社會不論應徵尋職，赴任做工，銀行開戶、貸款，福利申請，填報正式表格，甚至申請入學，其中最少不了的一欄，就是「社會安全卡號碼」。尤其是有關社會福利金的領取，若遺漏該欄則將前功盡棄。

　　「工卡」係由社會安全局發給。社會安全局則隸屬於聯邦政府衛生教育福利部。在全美五十個州內，有全權發給「工卡」的社會福利局，共一千三百餘間，並大多設於各州主要城市，負責受理該社會安全卡、及有關福利的申請和發放事項。

　　社會安全卡號碼，每人一生只有一個，並使用終生。有關其申請，只要親赴所屬城市最近的社會安全局，填報一份包括姓名（原出生時「護照」使用的姓名）及將來在該卡上使用的姓名（不少華人為方便稱呼，抵美國後除其中國姓名外，另取一洋名），出生年月日、性別、地址、電話、籍貫、及父母姓名的表格。

　　在填妥上述有關資料的表格後，申請人應持同原始證件，如護照、出生紙等證明，出示給承辦官員，並經其核對確係本人無誤後，即係完成受理申請。普通在三至八個星期，即可收到一份有九位數字使用終生的「社會安全卡號碼」。

　　設若申請人要更換姓名，只要到社會安全局重新填報，可隨時換領一張寫上新名字的新卡。萬一遺失該卡，亦可申領一份遺卡的副本。

　　對一般人來說，工卡號碼的主要用途是作為報稅。其「福利」則是當失業、傷殘、年老退休始發生作用。工卡號碼就是保存持有人的收入及繳稅全部紀錄。因此最好每三年上下應查核「社會安全紀錄」一次，看看歷年的收入及繳稅是否正確的登記在內。有關該項紀錄，該局有一種明信片，可向其索取填寄查詢。

　　按目前每個受薪人，每月將在其所得的薪資內，扣繳固定百分之六點六五的聯邦社會安全稅（FICA）、百分之零點六的州傷殘保險稅（SDI）、及按照全家人口比率及收入多寡繳納的地方政府稅（SITW）及聯邦稅（FITW）。因此，在此四項所繳納的稅目中，前兩項稅只是聯邦及州政府代該納稅人暫為保管，統籌作為社會福利之用，使該納稅人年老退休、或傷殘失業時，再予逐月補助。後兩項稅則分為地方及聯邦政府作為國家及社會其他建設之用。

　　這也說明，如果沒有「社會安全號碼」，老闆即無法正式為受僱人填報繳稅紀錄，受僱人便成為「黑市」的受薪人，為此老闆便無法報銷其開支，另方面受薪人雖領受薪資，卻無法得到社會安全福利應有的保障。在年老，失業或傷殘，皆無法得到政府福利機構的任何津貼。故此，「工卡」不但是就職的第一步，也是確保納稅人福利的唯一根據。

▲ 繳納稅款有利於己 ▼

美國的社會福利，其資金主要係來自民間兩項稅收，其一為聯邦安全保險稅（FICA）；另一項則係州傷殘保險稅（SDI）。

聯邦安全保險稅的稅率，是在個人所得薪資內扣繳總額的百分之六點六五。其所屬的公司行號或機關單位，將相對的報繳百分之六點六五。換言之，聯邦政府將自每位受薪人的薪津內及自僱主方面，按月收取佔受薪人百分之十三點三的稅金，統籌運用於社會福利。

以月薪一千元的受薪人計，不論其為單身一人，或撫養多人，每月應繳六十六元五角的聯邦社會安全保險稅。唯一區別的是，月薪超過兩萬一千元，其超過部份即不予計算，也就是說，扣繳該稅金，以二萬一千元的百分之六點六五為限，多收入的部份則不再累計扣繳。

聯邦安全保險（FICA）的稅入，主要係做社會福利保險之用，包括年老退休的養老金、工人失業及其配偶的補助、傷殘保險、醫藥保險等。在養老部份，如六十五歲退休，可領全額的養老金，六十二歲提前退休，則可領百分之八十。其次，該稅項將對極端需要的公眾，或生活上需要補助者也予以補助。譬如：新移民來美國，年屆六十二歲提前退休年齡，並失卻生活保障，聯邦政府即在此稅項下，撥款按月補助。此外，對兒童的各項福利補助，諸如孤兒，缺陷或低能兒童等，均係在此項下提撥。

另一項社會福利金源，是由各州自行徵收的傷殘保險稅，其扣繳比率是受薪人薪資總額的百分之零點六。以月收入一千元計，每

月應繳六元。州政府對傷殘人士的補助資金如有不足，聯邦政府會另予撥款給州政府運用。

有關州傷殘保險稅，其徵收百分之零點六的主要用途是對失去工作能力的傷殘人士予以補助。聯邦政府相對的提出 FUTA 對州政府的補助。

此外，聯邦及州政府另將在個人所得的薪俸內，按撫養人數，扣繳 SITW（州所得稅），及 FITW（聯邦所得稅）。此兩項稅是政府軍備、經建、教育人事等費用的主要來源，在必要時或會移用於有關社會福利之不足。

此二項扣稅標準，係按個人收入及撫養人數而有所不同。在聯邦所得稅方面，以月入一千元而屬單身者論，約需繳一百六十九點三元，設若已婚家庭人口四人計，則需繳六十九點九元。

地方州政府所得稅方面，月入一千元者應繳廿二元三角，已婚且家庭成員共四人則只要繳三點九元。

雷根政府在今年元月初，曾提出了一項減稅計畫，目前該計畫仍在醞釀中，如國會通過，每個家庭均可獲得相當大的減稅額。其構想如獲通過，自今年七月一日起，家庭與個人的減稅額約為百分之十，八二與八三年再各減百分之十，至八四年止，其減免稅額，將可達到百分之三十。

不過，不論其計算方法如何，其福利計畫仍將在憲法保障下，繼續維持，而且也是取之於民，用之於民，其納稅紀錄，將有利於個人及家庭的福利保障。

▲ 誰有資格領養老金

一般而言，在美國不分膚色種族、年輕年老、貧窮殘廢、甚或富有，均有資格自政府福利機構領取社會安全支票，或享有關之福利。

政府發放的福利金支票，主要分兩大部份，其一為退休養老金支票，另一為殘廢金支票。

美國規定的退休年齡是六十五歲，但一般均可在六十二歲提前退休。也就是說，在六十二歲時，就可提前領受養老金支票。其寡婦或鰥夫及子女也可得到適當補助。

以 1979 年年達六十二歲計，按其月所領的退休金，將由九十七元五角至三百六十五元五角不等。六十五歲後退休，最低可領一百卅三元九角，最高則可領取五百八十七元七角，但一般勞動者通常最高只能領到五百五十三元三角。而退休者尚有家庭負擔，且均無工作能力，則最低可領到兩百零九元，最高至一千零廿八元四角。這完全是受益人在過去歷年所賺及其繳稅撫養人數多寡而定。

顯然，提早在六十二歲退休而打算開始領其利益金，比較不划算，其支票金額亦會減少很多（約百分之二十）。

其減少的金額，係視乎未屆六十五歲前領受支票月數共有若干而定。倘提早開始領取養老金只不過分期提前三年去領而已。

該項養老金發給，目前有兩種計算方法，其一是根據退休前薪資收入平均計算，並以過去收入的美元實值付給，在 1978 年十二月前，年屆六十二歲，或變為殘廢、或逝世的受薪人，其所領的社會安全支票，全部以此方法計算。

　　其次是，在 1978 年十二月以後，年屆六十二歲或變為殘廢，或者逝世者，則用新的方法計算，係對其過去工作的實際入息，並考慮 1951 年以來平均工資的變動而加以調整，再把這些混合調整過的入息予以平均，此平均數即決定養老金的數目。

　　這個新方法的目的，係使該受薪人工作一輩子的工資，獲得保值，也就是說，退休前當時的工資和前半輩子的工資與物價及幣值的變動，乃有穩定的聯繫，因此在該福利法制下，使每一個退休者，不會蒙受損失。在此保證下，凡在 1978 年以後，與 1984 年以前年達六十二歲的退休受益金，悉由負責發放該社會福利機構，用前述兩種方法先予計算，並採此二計算法中較多者發給受益人。

　　假如在 1979 年達六十二歲，過去一直領受高薪，是否就可領取最高額的退休養老金？那也不一定，因為過去如 1951 年，聯邦徵收的社會安全福利保障稅之課稅額，最高只收到年入三千六百元的百分之六點六五，年入超過三千六百元，即不再計算。1981 年課稅最高額是以二萬九千七百元計，多賺的錢即不再多扣超額稅。

　　以 1979 年年屆六十五歲的一個受薪人計，其所獲最高額退休金只有五百五十三元三角，這個數目是根據受障人的每年平均收入八千七百卅元計算的。

　　年老退休後，如又恢復做工，或六十五歲後延遲退休，其繼續工作的績效，將加在其以後退休的養老金上。如從六十歲至七十二歲，因做工而未領過養老金，其利益金將每年可增加百分之一。六十五歲以後仍繼續工作，其增加數是百分之三。稍有不同的是，所增加的養老金只適用其本人，其家人則不會增加。

　　以上退休養老金，要在退休前三個月到社會安全局申請，當月即可領到寄來的第一張福利金支票，開始其另一頤養天年的生活。

　　美國現在的情況已大大今非昔比了。任何人從現在開始就要為自己養老做好計畫，否則，請看下列各項報導——

「社安」制度面臨解體！

財長預告難以為繼，羣情譁然，但無善策。專家說制度降低為僅能濟貧。

【貨幣雜誌訊】財務部長芮根上月預期聯邦政府將在八十年代結束以前重新考慮整個社會安全制度時，曾引起美國羣情大譁，國會山莊一般的反應是：「不可能！」但是根據某些知悉內情的人說，這件事其實是「無法避免」。

據知，美國許多頂尖的財務顧問已在勸告他們的顧客，社會安全福利不可能繼續存在太久，在為將來的理財著想時，可以不用將它考慮進去。華府的一名財務顧問亞歷山德拉‧阿姆斯壯說，「他的客戶多為納稅額在百分之四十到五十之間的人，對這些人來說，社會安全福利不會存在太久。」阿姆斯壯女士相信，由於社會安全受益人口已愈來愈多，這套制度將逐漸崩潰，而政府將削掉那些不用社會安全金也能生活者的受益權。加州聖地牙哥「財務計畫顧問公司」的總裁格萊登‧卡德說：「社會安全將被降格為一套救助制度（Welfare System）。」

某些財務專家認為，社會安全制度的沒落，事實上在國會去年採取一項行動時已經埋下種子。當時國會通過，一個人一年的收入若超過二萬五千元時，他所收到的福利金的一半必須繳所得稅，（若為夫婦，則兩人的收入合起來為三萬二千元以上者）。財務專家們認為，這只是一個開端，而將來的社會安全福利將僅限於貧苦之人。另外財務專家們也認為，最近的某些財務措施，如「個人退休帳戶（IRA）」和可以負稅的薪水扣減辦法，其實都是政府在發出暗示，那些非貧窮階級的人最好為將來的退休儲蓄早做打算。華府提供這些新的甜頭，無非是要大家準備，社會安全已經來日無多。

　　黑人工人的失業率從百分之十六點八降到十五點八。白種工人從六點七減到六點四。全部成年人的失業率從四月的六點九降到六點五。但成年女性的失業率仍有六點八。

1984 年 6 月 3 日／世界日報

▲七一老人靠救濟金過日，朝不保夕▼

老人社會福利金聊勝於無，五十年社福制度功效爾爾，全美貧困老人仍有六百二十萬。

【華爾街日報俄亥俄州楊氏鎮訊】七十一歲的馬丁薩凡奇，瘦削萎靡，坐在巴掌大的廚房裏，陪伴他的是一隻小貓和一具陳年的收音機。

他說，他整天只喝了一杯咖啡，不免飢腸轆轆。昨天晚上，麵包吃完了。冰箱裏所剩下的東西，一條大蒜臘腸和兩包蘿蔔——必須維持到下個月領的社會福利支票。每月福利金三〇六元，還有兩星期好等哩！他說，雖然能吃的東西所剩不多，但是聊勝於無。

薩老的生活重心是每個月三號，社會福利支票到達之日。像他這樣朝不保夕的生活，全國還有好幾百萬人。

社會福利制度是五十年前（1935 年——編者註）開始。羅斯福總統說，這項法案的宗旨是為了拯救貧困的老年人。可是半個世紀以來，其功效亦不過如此。倘無社會福利，半數以上的老年人所得就要降到貧窮線以下。現在的貧窮老年人約佔總數的百分之十二點四。

很多老年人固然能夠暫解困阨，但是貧困的老人還有六二〇萬。其所得百分之九十完全仰賴社會福利金。

前社會福利局委員羅柏爾說，對低收入的工人來說，社會福利金只能辦到勉強可以餬口。補助社會福利所得原義是要填補這個缺口，但是以老人為戶長的低收入家庭只有半數取得這項福利。包爾說，原因是，這項計畫訂下了收受人的資產和所得的附帶條件。

369

　　社會福利金從開始就不是支助的唯一手段。社會福利總署發言人說，它只要提供一個基礎，過去是如此，現在還是如此。在這個基礎上，養老金、儲蓄和私人資產加起來烘托老年人的金色年代。

　　楊氏鎮社會福利局主管說，可是，實際狀況往往並非如此。這個地區有退休的老人和未亡人四萬七千名，殘障者也有五千四百名，在上班的年代，一名退休者可能更換職業，永遠不可能守在同一個崗位上取得領養老金的資格。不然就是自己開一個小店，或者替一個小雇主工作，結果還是拿不到養老金。

　　對若干人來說，家庭義務、疾病和低收入，都不容有任何積蓄。例如七十三歲的老太太桃樂賽，她的父親早年過世，沒有遺下存款和保險。她說，「有人告訴我，如果妳存錢就沒有問題。可是我有一個患癌症垂死的妹妹，如何存錢？」

　　由於社會福利金是根據歷年的所得，低收入者每月所收到的福利金通常在全國平均水準以下，退休人每月四四九元，夫妻七七六元。

　　由於收受人年事漸高，疾病更多，這個問題遂益告複雜。據估計，聯邦醫療保險時代付金額還不到醫療支出的半數，通常不管藥品、牙齒、眼鏡以及長期看護等項目。另一種社會福利計畫聯邦醫療補助（Medicaid），也是補助性質，但是資格的規定很嚴，個人資產和所得必須很低。

　　光靠社會福利金生活的老年人相當少。可是，只有這一項收入的老年人往往擺不脫社會福利制度所要預防的貧困。

　　包爾說：「我們離成功的目標還有一大節。雖然他承認政府開支不可能增加，可是他希望對老人取得補助所得的規定能放寬一些。」

　　楊氏鎮是賓州邊界的一個工業城，若干社會福利收受人的經驗顯然證明這個制度已不能使老年人免於貧困。

薩老的桌子上有一大疊帳單。他說他都無力付款。錢數雖然不大，可是已足夠難倒他的。

他說，除非我再出去工作，我真不知道怎樣付這些帳單。他以七十一歲高齡，還希望回去擔任半工清潔夫，由於他在貧窮線以下，經一個老年人輔導機構協助，他得到了那份工作，但是因為腿部患靜脈曲張，八個月前就辭職了，在就業期間，每週工作二十小時，每小時最低工資是三元三角五分，但是勉強可以彌補他社會福利金不足。

薩老的每月福利金三〇六元，一間破舊屋子月租一二五元，冰箱欠款還有八十元。最近他花了二十元修好 1976 年的舊車，因為他腿部有毛病，不良於行。看病費還欠醫生五十元，藥費九元四角五分。每年郵箱租費二十元，因為他擔心社會福利支票送到家時被人偷走。

他每月的伙食費從五十元到一百元，主要是罐頭食品，一點洋蔥和馬鈴薯。他說，他申請過糧券，可是從來沒有收到。「他們認為我每月有三〇六元，是很多錢。他們認為我擁有資產，因為我有一輛舊車。事實上，我什麼都沒有。」

薩老一生沒有結婚，早年在鐵路公司做事，後來在一家消聲器工廠和廢品場供職。畢生操勞，還是沒有養老金。

他說：「如果沒有社會福利金，我可能早已不在人世。」

經濟大恐慌時期生於貧家，長於貧家，艾卓娜巴恩斯學會了很多應變之道。暖氣費高漲時，她把天花板降低高度，節省油料，臥房的電線需要修理時，她自己動手，她的丈夫在可能時給她做幫手。可是 1961 年他從鷹架上墜落受傷。四年前一命嗚呼。

現年六十四歲的她，必須學會更多應變之道。她和她的十八歲女兒每月社會福利金四〇八元，每年四八九六元，照理兩人每年應有六五五〇元，還是在貧窮線以下。她想法子做到收支相抵，一方

面推銷人造首飾，同時在當地一個基金會擔任義工，希望以後拿一點酬勞。

她們的社會福利金全被水電和電話費吃光。前年冬季改用瓦斯以前，電費帳單超出二百元。去年冬季的電費還是一八三元。但是最近降到一百元，其他費用一百元，每月伙食費為一百至一百二十元。

她雖然夠格申請糧券，但是自尊心的驅使，她不願走這條路，這位看上去比年歲較輕，語調溫和的太太說：「我就是不要糧券。」他開始節衣縮食來彌補其不足。每日三餐改為兩餐。

她出門時不是乘巴士就是步行。幸而在她丈夫上班時就付清了房屋費四千元。她的女兒在上大學，靠州政府補助攻讀會計。她希望女兒學成後能讓她們跳出貧窮。

至於衣著或房屋修理費，巴太太說她自己沒有力量支付。她說她很擔心。她說，「除非你也過這種日子，你不會了解。有的人窮無立錐，即使拚命工作，還是不能擺脫貧窮。誰能了解？」

亞伯拉罕培根一輩子期望有一個金色的退休年代。因為他相信，他一生事業順利，晚年一定有一個安適的退休生活。

但是，事與願違。他說，「我已經七十歲，還是在工作。」他的職業是鋼鐵技工。經一個老年人輔導機構的協助，他找到了一個半工。因為他的太太羅曼娜合於低收入標準。

兩夫婦每月的社會福利金六九〇元。他曾在紐約一家公司當過門房和小工，也在車衣廠做過事，可是從沒有拿過養老金。

他稍有積蓄，但是膝下有六個孩子，這筆存款也聊勝於無。孩子成人以後，他們從紐約搬到楊氏鎮。六十三歲那一年，他以一萬一千八百元買下第一棟房屋。終於實現了他早年從波多尼哥到美國來時的夢想。他付下頭金一千元，再以六千九百元換上新屋頂和牆板。花掉了他的全部積蓄。他的太太有嚴重的糖尿病，尚欠醫院帳單一千元，每月分期付還三十元。

對培根說，社會福利金還是一個恩惠。他說，「有時不夠開銷。可是，如果沒有這一筆錢，真是不堪設想。」此外，只要他一天工作，他還有力量償清大部份債款。十八年後，當他八十八歲時，每月一一五元的抵押貸款就可以結束。那時他才真是擁有自己的房屋。他說，「也許我會活那麼久。」

1986 年 1 月 14 日／中報

受傷殘廢的福利保障

　　美國做工的人士中，百分之九十以上都受到了社會安全福利的保障。目前，每個月自政府福利單位領取福利金者，共達三千四百餘萬人。

　　天有不測風雲，人有旦夕禍福，在一個人一生的工作時間內，頗有可能遭遇殘廢的危險。當殘廢發生後，該受薪工作者一家人的經濟將受到嚴重威脅，其家庭生活並可能比退休或身故遭受的打擊更為嚴重。為此，聯邦政府特訂社會安全福利法，以保障年老退休、失業或傷殘人士。並在州傷殘保險稅（SDI）項下，提撥款項最為受傷殘廢後，不能工作的家庭贍養金。各州的職業康復機構，並將予以多面照顧，竭力使其適應新的生活或恢復工作能力。

　　在社會安全保障制度下，能夠獲得殘廢保障的對象，包括六十五歲以下殘廢者及其家人。如廿二歲以前成為殘廢，其父母甚至祖父母也可領到該殘廢金；受保人的父母之一死亡，這種殘廢金還可提早在十八歲時支領。受保人的先生和妻子，或其離婚獨居的另一半也可享此福利。

　　「傷殘」的定義，社會福利單位的解釋是：凡不能從事實際賺錢的工作，或其病情將會，或已經持續十二個月以上，可能致死者，甚或有可能復原希望，均可自社會福利局領取傷殘支票。不過，這類傷殘要經醫生從受保人的年齡、教育、訓練和工作經驗及傷殘程度，作多方面考慮，始能發給。

　　傷殘福利金的發給，與其他各類福利發給唯一不同的是：受益人至少要有一點工作紀錄。在該安全保障制度下的計算辦法，主要的重點是：如在廿四歲以前受傷殘廢，其所需要的工作紀錄是至少

一年半，而這一年半並包括在傷殘前三年內。廿四歲至卅歲間開始殘廢，社會安全局所規定最低層工作的年數，是由廿一歲至傷殘為止的一半時間。

在卅一歲至四十二歲以下，其所需的工作紀錄至少要有五年，五十二歲則為七年半，六十二歲以上，則要有十年的工作紀錄。

以一個在 1978 年以後殘廢的勞動者和其家屬的利益金，一部份是根據曾經調整的收入計算的。以 1979 年內殘廢的受薪人而論，每月的傷殘金由一百廿二元至五百元不等，如受益人逝世，其家屬每月也可得到一百八十三元至九百元不等的支票。如生活費高漲，超過百分之三以上，其所發放的金額也會自動按比率增加。

假如在六十二歲以後忽然殘廢，而當時正在領退休金，如改領傷殘金，其金額會比原領者為多。

有資格領傷殘福利金支票者，失明或啞巴，自然包括在內，但係以另一種方法計算。其他如腎臟機能喪失、纏綿的癌症、精神病、肺或血管疾病，甚至有時對消化系統的疾病，包括營養不良、身體虛弱及貧血理由，也可申請得到傷殘補助金。

社會福利局在受益人傷殘時，並將積極幫助患者改善其病情，並會輔導職業及找尋工作。「復原」工作是由聯邦及州地方政府聯合撥款專責辦理，並支付復原費用。

受益人如拒絕此項特別服務，很可能有停發傷殘金的可能。

美國看起來是很有保障的國家，實際上不是那麼回事，你應該為自己買足夠的殘障保險 Disability Insurance。

年輕力壯何需殘障保險？

每四秒鐘便有一宗意外！每六分鐘便有一人因意外喪失生命

　　美國有一種由社會保障的未亡人，退休後殘廢保險計畫組成社會保險系統。在這系統之下，數以百萬計的員工、僱主及自僱的人士繳付稅款做為基金，當員工退休及傷殘時，他們的福利便從這筆基金中支付。如果他們死亡，他們的未亡人便可從這基金獲取福利金。

　　或許有人會問，為什麼一位年輕及健康的工人需要關心到殘障及死亡的可能性。當你考慮到由全國安全局所蒐集的以下資料時，你會明白箇中的因由。

1. 意外是卅八歲以下人士的首號殺手，亦是所有年齡人士的第四號殺手。
2. 在美國，每四秒鐘便會發生一宗意外，每六分鐘便會有一人意外的喪生！
3. 在 1982 年，大約有九萬三千名美國人因為意外而死亡。
4. 每十一分鐘，便有一位因交通意外而死亡。
5. 平均而言，每一小時有十一人因意外而死亡。

　　如果一個人能保證獲得一份高薪酬而又不虞被解僱的工作，又能保證他所受投資的每一分錢，亦會獲得豐厚的盈利，這個人經過一生的工作後，他可以獲得像現今數以百萬計的接受社會安全退休福利人士的同等程度生活保障。

　　但誰能保證自己不會遭遇嚴重的疾病或受傷？全國安全局的統
計只針對意外的數字，當你閱讀這篇文章後，全國已有最少廿五宗
意外發生，而因為疾病而導致死亡或殘障的數字，還未列入這項統
計之內。

　　就是因為我們無法預知未來，現今的社會安全計畫仍如五十年
前一樣，成為美國生活的基本部份。

1985 年 9 月 25 日／中報

理賠人數金額增加

州殘障保險金短絀

【美聯社沙加緬度廿三日電】從加州一千萬名受薪工作人員扣存部份薪資維持的「州殘障保險基金」，到了今年 12 月時可能出現赤字，且金額或將高達三千六百萬美元。

「沙加緬度聯合報」星期一報導稱，據估計這次赤字將繼續增加，而於明年年底超過一億一千萬美元。

1985 年度，約有六十六萬一千名受薪人員，因罹患與其所作工作無關的疾病、致無法繼續工作，而申請此項補助金。此項殘廢保證補助金來源係扣自受薪者的薪水。

1985 年 9 月 25 日／中報

老吾老的聯邦保健

醫療保健是在美國社會福利保障制度下，最受歡迎，使受益人深受其惠的一項社會福利系統。

在該制度下的聯邦保健，分為醫院保險及醫療保險兩大部份，主要目的是幫助六十五歲以上老年人及六十五歲以下的殘廢人士，應付健康護理的昂貴費用。

聯邦保健項下的醫院保險部份，係幫助醫院住院病人，支付留院期間的醫院費用，及其賡續的護理費用。其醫療保險部份則係幫助受惠人支付醫生的服務費用，醫院門診費用，和若干醫院保險所不包括的醫療物品及服務費用。

醫療保險的費用，三分之一以上是由聯邦政府的普通稅收項下撥付。醫療保險基本保險費，1979 年 7 月起是每月八元七角。自去年 7 月起至今年 6 底已增加至每月九元六角，今年七月起每月的保險費將增至十一元。關於這部份，是自願參加之保險，並每月自付保險費。如果是每月領取養老金者，保險費將在每月的養老金內扣除。

至於醫院保險，自 1981 年 1 月 1 日起，其保險費比去年漲了百分之廿左右，關於這部份的申請是只要一到六十五歲，受薪者或其家屬，甚至遺族，或其他有資格領社會安全支票的人，都會自動獲得醫院保險，同時也將獲得聯邦保健下的醫療保險。

如果六十五歲以上，未做夠工時，則將不夠資格領受醫院保險，諸如甫移民美國時，即已屆六十五歲者，自然沒有工作和繳稅紀錄，唯聯邦政府提供另一辦法，使其得到保障，但此人必須按月繳付保險費——如購買其他民間健康保險一樣付款。自去年 1979 年 7 月

起，至今年 6 月底的醫院保險費基本保費是每月六十九元。今年七月起，則將增至每月八十九元。此外尚須買聯邦保健制度下的另一醫療保險。

以上這兩種保險，病人均須自付一部分費用，因此，在病人住院期間，由今年 1 月起，由第一日至第六十日期內，病人只須自付二百零四元，從第六十一日至第九十日期間，每人每日須自付五十一元，自第九十一日起之六十日後備期中，每日須付一百零二元。按以前住院的前兩個月是自付一百八十元，第三個月起每日自付四十五元，第四個月起則是每日九十元。

關於參加醫療保險，與其他社會福利制度不同的是必須在六十五歲生日前後三個月之內申請，始能即時生效，否則必須要按普通申請期內補申請，但這類補申請要到每年的七月始能生效。凡是第一次申請未能及時趕上，曾拒絕參加醫療保險，或中途停止再申請者，都屬於普通申請，而此項申請所繳的費用可能將增加百分之十至百分之五十。而退出該項保險後，再申請的機會也只有一次。

聯邦保健的主要目的是使年老退休者，能得到更多的生活保障，以達到老吾老以及人之老的目的。使每位老年人在其晚年，失去照顧時，乃有社會作為支柱。亦使其為社會工作了一輩子後，得到應有的補償。

▲ 救濟貧民的「糧食券」

　　美國的物質生活豐富，衣食無虞，大部分家庭皆出有車，住洋房，冰箱裏的牛奶、橙汁、蘋果、肉類不斷。熱水、暖氣、電話等系統也屬必需基本設備，似乎家家戶戶皆生活得安適愜意。

　　但是，在此高度文明的社會下，仍有不少家庭，因失業，失去工作能力，或沒有工作能力，甚或因家庭需撫養人數過多，食指浩繁，而有三餐不繼現象。這類生活清苦的家庭，在此金元王國，亦佔有相當的比數。

　　美國聯邦政府為幫助這些貧民解決吃飯問題，正如孫中山先生所揭櫫鰥寡孤獨廢疾者皆有所養的鵠的，在各地設有申請「糧食券」的機構。凡是收入低微，不足以餬口的居民，均有資格向該機構申請。

　　這種幫助解決一般低收入貧民吃飯問題的糧食券，對於新移民勞動力不夠的人士，幫助甚大，並且足以解一時之難。

　　關於什麼人才有資格申請「糧食券」問題，可以這麼說：如果感覺一家人或個人的收入，不夠維持一家人或個人的最低生活時就可以前往申請。不少新移民至美國者，多以為申請手續麻煩，而不肯去申請，更重要的認為去領「糧食券」形同祈憐「救濟」，有失士大夫之顏面，其實這樣只是自己吃虧。

　　一般而言，如單身一人，月入四百元以下，甚或有家眷者月入一千餘元，乃有資格領受糧食券。目前以五口之家計的最高月入，係定為七百廿三元，但一個月入一千二百元，並撫養四人的家庭計算法是，其可寬減額為：未除稅之二成，加標準扣除額八十五元，另扣除屋租一百一十五元，家裡若有人超過六十五歲，另可再扣三

十五元醫藥費，但有一條件，是私人財產不超過一千五百元，家裡若有六十五歲老人者，而財產未超過三千元者。故實際折算其月入只為七百一十五元，仍夠資格前往申請。

全美各地均設有類似的福利機構，以舊金山為例，在華埠的士德頓街即有一名為「舊金山經濟輔導會華埠北岸區服務中心」（電話 39715305）的機構。申請人只要親往該處，說明其個人或家庭情況，即有專人接見，並發給一份申請表，並需提出個人有關之收入證明，和有關的房租、瓦斯、電費、電話費乃至於垃圾與各項的支出收據證明，和銀行存摺等。

該承辦人員會根據申請人的家庭人口，全家收入和生活支出來計算每月應得「糧食券」金額。通常在受理申請後十日內，即可得到回音，其後主管單位會將一份兌換「糧食券」的卡片寄給受益人。該卡片上寫明了受益人應得的金額，憑卡便可到「糧食券兌換處」按月領取正式的「糧食券」。

有些家庭如撫養有老年人，幼兒或孕婦，另外尚可根據其家庭收入，按月向上述單位領取食物，包括奶粉、肉類、果汁罐頭、和馬鈴薯粉與家庭生活必需的糧食。兒童福利金或緊急救濟者，不需另外申請，只要通知其社會工作員便可。

不論「糧食券」或糧食實物的申請領取，並不限於美國公民或有永久居留權的身分，只要向該單位提出證明確屬貧困清寒，均可獲得該項社會福利的補助。

▲ 福利金對身分上的影響

　　美國龐大的社會福利制度，固然使鰥寡孤獨廢疾者皆有所養，而且使每位納稅的國民皆能蒙受其惠，新移民至美國者，雖然也同享其惠，但在未來申請永久居留權（俗稱綠卡）或申請入籍時，則可能會遭受到程度不同的阻礙。

　　由於美國聯邦政府歷年來，花費在福利金費用過鉅，目前已注意到一項漏洞，就是有關新移民來美的福利金申請。

　　過去不少新移民來美者，每每在居美卅日後即向政府申請福利救濟津貼，尤其是老年人及婦女的案件特別多，使國庫及納稅人的負擔加重。因為過去的法令對年滿六十五歲，或不足六十五歲，但只要證明不能工作；或申請人全部財產不足一千五百元。夫婦同居財產不超過二千二百五十元，甚或只要工資低於規定的限額，在法律上，這輩人即可以經濟發生困難的理由，有權申請「生活補助金（SSI）」，以期維持「最低」限度的生活水準。

　　在新規定下，雖然來美未滿三年，有三種情況其本人及保證人仍然可以不受其限，就是受政治庇護入境的難民，一般難民及不論是否六十五歲入境後始殘廢者。

　　此外，即使已領到「綠卡」，如果過去接受過社會福利，特別是老年人，如果出境後再入境，將會遭受如當初入美國一樣嚴格的調查及保證程序，也很可能會被拒絕入境，即或准許入境後。他日在調查時，有責任要出庭作證。不過凡接受社會安全福利補助金者，一次離境卅天內再回美國，一般均不會惹上麻煩。

其次，可能影響其永久居留權申請權利的包括「難民」，但印支難民如越南，柬埔寨，寮國等在特別情況被准許入境者不在此限。

受政治庇護者在二年後如仍繼續領社會福利金，也會被拒絕申請永久居留權。另一項是凡未被移民局特許居留的外籍人士，包括留學生、非法移民，也均沒有資格申請該福利金。

本來新移民來美，必有生活保證人提供經濟上的擔保，保證該人移民到美後不致成為「公眾負擔」。不過保證人的「負責」年限在法律上並沒有明文規定，無形促使有些新移民者，在抵美後就成為了「公眾負擔」。雖然過去移民法有規定新移民的保證人，要負其生活費用之責，唯實際在法律上該保證人卻不具法律責任，政府即無權強迫擔保人一定要實現其諾言。

因此，該移民法上的漏洞，去年在國會通過的「公眾法」已有所彌補，該法案並在 1980 年 10 月 1 日生效。根據該法，新移民者在進入美國十年之內，如要申請領取生活補助金，除了申請人本人的收入及所有資產外，其生活保證人的收入及其資產，也應一併計算在內，以決定申請人有無資格領取生活補助金。

最為值得注意的是，已遞上身分調整申請書，而正等候回音的外籍人士，如接受社會福利金，便可能將失去改變身分的資格。

一般而言，美國聯邦政府並沒有明文規定領用社會安全福利金者須根據移民身分。理論上申請人不論其「身分」，只要有「工卡」，凡曾工作過，並對社會保險基金有貢獻者，皆有資格領用社會安全福利金。但在某些情況下，目前的利益紀錄，也可能影響及將來更長遠的「利益」，以為被拒絕有關身分變更的理由，因此，凡目前「身分」尚不穩定者，而又有計畫申請「綠卡」身分或入籍為美國公民身分，必將發生程度深淺不一的影響。

後記

　　是誰欺侮中國人？是誰壓榨中國人？是誰坑中國人？對於答案，相信你我心裡有數。

　　美國是一個資本主義社會。因此，錢是很重要的因素。有了錢才能做生意，才能完成理想，才能使自己生活改善。於是有些人滿腦袋都是錢！錢！錢！想錢想到瘋狂時，連自己的至友和手足都坑。

　　今天，我編著這本書的目的，既不為名，也不為利，原始動機乃是基於義憤：「被美國人欺倒也罷了，因為不同文，也不同種，他不欺咱們欺誰呢？！他媽的，最不能忍受的是同文同種，只不過早來美國幾年，竟這樣對待自己同胞和親人！欺他不懂英文，不了解美國環境是不是？！就是坑了他，他也拿你沒辦法是不是？！」

　　既然這樣，我懂英文，雖然比不上美國人那麼懂，但是我有恆心毅力把它弄懂。我更懂中文，先弄懂英文，再用中文把它寫出來，不但不讓美國人欺侮中國人，更提醒所有同胞，不要讓同文同種的人欺侮你！

　　一個人的力量終究有限，願所有的中國人為自己的同胞貢獻一己之力。你看，黑人有政治力量，但是沒有經濟力量。中國人有經濟力量，但是沒有政治力量。猶太人是兩者都有。同是少數民族，猶太人最吃得開，罩得住，猶太人肯為猶太人奉獻一己之力！只要中國人放棄「自我」老大的意識，我們絕對有出頭的一天！

　　最後，感謝所有貢獻一己之力的朋友，他們在報上、在雜誌上寫他們的經驗和知識，我才有機會剪下來編著成這本書。這本書的完成不是我一個人的力量。願這本書對大家有用。

國家圖書館出版品預行編目

在美生活須知 / 王定和著. -- 一版. -- 臺北市：
秀威資訊科技, 2008.08
　　面；　　公分. -- (社會科學類; PF0033)

BOD 版
ISBN 978-986-221-051-2(平裝)

1. 移民　2. 生活方式　3. 美國

577.67　　　　　　　　　　　　　97013345

社會科學類　PF0033

在美生活須知

作　　者 / 王定和（D. D. WANG）
發 行 人 / 宋政坤
執行編輯 / 林世玲
圖文排版 / 郭雅雯
封面設計 / 蔣緒慧
數位轉譯 / 徐真玉　沈裕閔
圖書銷售 / 林怡君
法律顧問 / 毛國樑　律師
出版發行 / 秀威資訊科技股份有限公司
　　　　　台北市內湖區瑞光路 583 巷 25 號 1 樓
　　　　　電話：02-2657-9211　　傳真：02-2657-9106
　　　　　E-mail：service@showwe.com.tw
美加地區購書據點：投資，避稅，理財服務中心
　　　　　（THE CHINESE FINANCIAL SERVICES CENTER）
地　　址：P. O. Box 464
　　　　　Lancaster, CA93584
電　　話：(661)948-0760 (626)353-0196（手機）
付款方式：購買此書支票抬頭請開 D. D. WANG 每本$25.00
　　　　　如郵購請加郵資$2.00
　　　　　COPYRIGHT2008 D. D. WANG(13th Edition)

2008 年 8 月 BOD 一版
定價：460 元

讀者回函卡

感謝您購買本書，為提升服務品質，請填妥以下資料，將讀者回函卡直接寄回或傳真本公司，收到您的寶貴意見後，我們會收藏記錄及檢討，謝謝！
如您需要了解本公司最新出版書目、購書優惠或企劃活動，歡迎您上網查詢或下載相關資料：http:// www.showwe.com.tw

您購買的書名：＿＿＿＿＿＿＿＿＿＿＿＿＿＿＿＿＿＿＿＿＿＿＿

出生日期：＿＿＿＿＿年＿＿＿＿＿月＿＿＿＿＿日

學歷：□高中 (含) 以下　　□大專　　□研究所 (含) 以上

職業：□製造業　□金融業　□資訊業　□軍警　□傳播業　□自由業
　　　□服務業　□公務員　□教職　　□學生　□家管　　□其它＿＿＿

購書地點：□網路書店　□實體書店　□書展　□郵購　□贈閱　□其他

您從何得知本書的消息？

　□網路書店　□實體書店　□網路搜尋　□電子報　□書訊　□雜誌
　□傳播媒體　□親友推薦　□網站推薦　□部落格　□其他＿＿＿＿＿＿

您對本書的評價：(請填代號　1.非常滿意　2.滿意　3.尚可　4.再改進)

　封面設計＿＿＿　版面編排＿＿＿　內容＿＿＿　文／譯筆＿＿＿　價格＿＿＿

讀完書後您覺得：

　□很有收穫　□有收穫　□收穫不多　□沒收穫

對我們的建議：＿＿＿＿＿＿＿＿＿＿＿＿＿＿＿＿＿＿＿＿＿＿＿

＿＿＿＿＿＿＿＿＿＿＿＿＿＿＿＿＿＿＿＿＿＿＿＿＿＿＿＿＿＿＿

＿＿＿＿＿＿＿＿＿＿＿＿＿＿＿＿＿＿＿＿＿＿＿＿＿＿＿＿＿＿＿

＿＿＿＿＿＿＿＿＿＿＿＿＿＿＿＿＿＿＿＿＿＿＿＿＿＿＿＿＿＿＿

請貼
郵票

11466
台北市內湖區瑞光路 76 巷 65 號 1 樓

秀威資訊科技股份有限公司　　　收

　　　　　　　BOD 數位出版事業部

....

（請沿線對折寄回，謝謝！）

姓　　名：_____　年齡：_____　性別：□女　□男

郵遞區號：□□□□□

地　　址：_____

聯絡電話：(日) _____ (夜) _____

E-mail：_____